编委会名单

2023

CHINA JOURNALISM AND COMMUNICATION JOURNAL

中国新闻传播研究

数字视听传播

高晓虹◎主编
刘宏 赵淑萍 曾祥敏 秦瑜明◎副主编

中国传媒大學出版社
·北京·

图书在版编目(CIP)数据

中国新闻传播研究.数字视听传播/高晓虹主编.--北京:中国传媒大学出版社,2024.6.

ISBN 978-7-5657-3665-0

Ⅰ.G219.2

中国国家版本馆 CIP 数据核字第 2024XX1850 号

中国新闻传播研究:数字视听传播

ZHONGGUO XINWEN CHUANBO YANJIU:SHUZI SHITING CHUANBO

主　　编	高晓虹
副 主 编	刘　宏　赵淑萍　曾祥敏　秦瑜明
责任编辑	于水莲
封面设计	拓美设计
责任印制	李志鹏

出版发行	中国传媒大学出版社		
社　　址	北京市朝阳区定福庄东街 1 号	**邮　　编**	100024
电　　话	86-10-65450528　65450532	**传　　真**	65779405
网　　址	http://cucp.cuc.edu.cn		
经　　销	全国新华书店		

印　　刷	唐山玺诚印务有限公司
开　　本	787mm×1092mm　1/16
印　　张	16
字　　数	310 千字
版　　次	2024 年 6 月第 1 版
印　　次	2024 年 6 月第 1 次印刷

书　　号	ISBN 978-7-5657-3665-0/G·3665	**定　　价**	75.00 元

本社法律顾问:北京嘉润律师事务所　郭建平

目录 >>>>CONTENTS

传播与文化

理论与历史

青年视点

媒体融合与传播

逻辑转换与系统共生:后数字视域下媒体深度融合路径探析*

Logic Transformation and System Symbiosis: An Analysis of the Path of Deep Integration in the Post-Digital Perspective of Media

◎ 王润珏　刘嘉音

Wang Runjue　Liu Jiayin

摘要:实现媒体深度融合发展是数字化时代国家发展的需求,媒体融合发展与数字中国建设密不可分。在数字技术与社会、生活深度交织的后数字时代,社会逻辑在媒体融合发展的过程中占据主导地位,我国媒体融合发展方向明确指向了媒介与社会其他领域重新系统化。因此,对数字化进程中媒体系统与中国社会之间互动关系的准确把握就成为后数字阶段探索媒体融合发展方向的基础和起点,数字化中国社会对媒体系统的功能需求则是决定其融合路径选择的深层逻辑。其中,媒体系统应在融合发展的过程中夯实内容生产实力、提升平台算力、拓展服务边界、凝聚社会共识、弥合数字鸿沟、助推数字经济和数字政务发展以及服务生态环境信息化。

关键词:媒体融合;后数字;数字化社会;社会逻辑

Abstract: Achieving deep integration and development of media is a requirement for national development in the digital age, and it is closely related to the construction of Digital China. In the post-digital era, where digital technology is deeply intertwined with society and daily life, social logic dominates the process of media convergence development. The direction of media integration in China clearly points to the re-systematization of the media with other areas of society. Therefore, accurately grasping the interaction between the media system and

* 本文系中国传媒大学亚洲传媒研究中心项目"新加坡媒介融合模式与社会共同意识塑造研究"(项目编号:AMRC2021-6)的阶段性研究成果。

Chinese society in the process of digitization becomes the foundation and starting point for exploring the direction of media integration and development in the post-digital stage. The functional needs of digitized Chinese society for the media system are the underlying logic determining its choice of integration path.

It is particularly noteworthy that the media system should, in the process of integration and development, solidify its content production capabilities, enhance platform computing power, expand service boundaries to promote social consensus, bridge the digital divide, facilitate the development of the digital economy and digital governance, and achieve the informatization of the service ecosystem and the environmental information.

Keywords:media integration, post-digital, digitized society, social logic

2023 年 2 月,中共中央、国务院印发《数字中国建设整体布局规划》,标志着数字中国建设步入全面推进的新阶段。同年 3 月,年度政府工作报告中强调"扎实推进媒体深度融合",再次体现国家对媒体融合的高度关注。数字化建设已成为当今国家发展的重要引擎,媒体系统和媒体服务的数字化水平则是数字化社会发展的重要指征。实现媒体深度融合发展是数字化时代国家发展的战略需求,我国媒体深度融合路径的选择必然要与数字中国建设整体布局规划相契合。

在全球经济增长失速、大国博弈加剧、社会矛盾频发的背景下,世界各国都将深度数字化作为提升社会服务效能、重启经济增长的关键。我国也在《数字中国建设整体布局规划》中明确将数字中国建设作为"数字时代推进中国式现代化的重要引擎,是构筑国家竞争新优势的有力支撑"①。"后数字"(Post-digital)理念的融入成为新冠疫情结束后数字化政策供给的突出特征。

一、后数字、数字中国与媒体融合

(一)"后数字"概念的提出与发展

1998 年,麻省理工学院教授尼古拉斯・尼葛洛庞帝(Nicholas Negroponte)在发

① 中共中央 国务院印发《数字中国建设整体布局规划》[EB/OL].(2023-02-27)[2023-05-20]. https://www.gov.cn/xinwen/2023-02/27/content_5743484.htm.

表于《连线》杂志的文章《超越数字化》(Beyond Digital)中描述了数字化的未来景象："就像空气和饮用水一样,数字化只会因为它的缺失而不是它的存在而被注意到。""计算机将成为我们日常生活中无处不在但无形的一部分:我们将住在其中,穿上它们,甚至吃掉它们。"[①]这被认为是最早的关于后数字时代的描述。

21 世纪初,"后数字"一词开始出现在音乐和视觉艺术研究中。2013 年,丹麦奥胡斯大学组织后数字研究工作坊征集并发布了弗洛里安·克雷默(Florian Cramer)的《什么是后数字?》(What Is "Post-digital"?)、乔治·帕帕多普洛斯(Georgios Papadopoulos)的《后数字时代史前史》(Prehistories of the Post-digital)等一批稿件。随后,"后数字"开始被人文社科领域学者广泛使用和研究。[②]

当前,尽管学界尚未就"后数字"形成明确的定义,但较为一致的观点是:人类的数字化进程已由数字技术从无到有进入创新扩散的"数字革命"(digital revolution)阶段,进而步入数字技术与人类社会深度融合、共同演进的新阶段,即后数字阶段。因此,彼塔尔·扬德里奇(Petar Jandrić)、蒂姆·范恩斯(Tim Fawns)等学者均强调,数字化不是独立于物质和社会系统之外的,也不是独立于政治、经济、生物和环境因素的。[③] 数字活动需通过物质手段实现,并始终植根于人类世界。对后数字时代的研究应更加注重考察数字活动如何在制度、社会层面融入更广泛的物质、人类、政治、经济、环境和生物的相互关系。

为更好地理解后数字时代的特征,大卫·贝里引入了代码(code)的分析视角。基于代码,数字技术无须改变物理机器本身即可实现更新、修复、更改、破解、存储和分析,因此具有可编程、可重新编程的特性和收集、分析数据的可能性。越来越多嵌入式技术的应用导致社会和日常生活、思考和行为方式量化、指标化。作为量化基础的数据流和计算、处理数据的系统本身即由代码及其对应的运行逻辑构成。[④] 从这个意义上来说,后数字时代与此前数字化阶段的重要区别就在于"计算转向"(computational turn),社会因对计算的深度依赖而持续向着信息计算社会(computational information society)的方向发展。

---

① NEGROPONTE N. Beyond digital[EB/OL].(1998-12-01)[2023-06-13]. https://www.wired.com/1998/12/negroponte-55/.

② AARHUS K. Post-digital-research[EB/OL].(2013-10-07)[2023-06-13].http://post-digital.projects.cavi.dk.

③ JANDRIĆ P, KNOX J, BESLEY T, et al. Postdigital science and education[J].Educational philosophy and theory, 2018, 50(10):893-899;FAWNS T. Postdigital education in design and practice[J]. Postdigital science and education, 2019, 1(1):132-145.

④ BERRY D. The philosophy of software[M]. Springer. London: Palgrave Macmillan, 2016: 3.

2020年以来，新冠疫情在全球的扩散加速了社会生活的线上化进程，数字化与社会运行之间相互关联的复杂程度进一步显现。彼塔尔·扬德里奇将新冠疫情全球大流行、由此引发的信息流行病（真假信息同时传播、信息焦虑等现象）、逆全球化行动、全球教育在线化以及一系列大流行结束后仍在延续的现象统称为“极端的后数字事件”[①]，以此提示后数字研究的重要性。

（二）我国的数字化建设与日益明显的后数字特征

党的十八大以来，以习近平同志为核心的党中央作出了建设网络强国的重大战略部署，积极推动网络强国、数字中国、智慧社会的建设。过去十年间，我国在网络基础设施建设、数字技术创新、数字经济发展、数字政务等方面实现了飞速发展。在此过程中，数字技术深度嵌入我国社会经济发展和人们的日常生活，成为常态化社会存在，我国的数字化建设和社会数字化发展也逐渐呈现出后数字阶段特征。

首先，随着网络覆盖率和终端普及率的提升，物理意义上的数字鸿沟正在逐步收窄。截至2022年10月底，我国百兆及以上接入速率用户占比达93.8%，千兆接入速率用户突破8000万，建成全球最大规模5G网络和移动物联网网络。[②] 2022年12月，三家基础电信企业的移动电话用户总数达16.83亿户；我国网民规模达10.67亿，互联网普及率达75.6%。[③]

其次，社会生活的线上化程度持续提升，人与机器的联系更加紧密，社会运行和经济发展深度依赖数字基础设施。2022年，蜂窝物联网终端应用于公共服务、车联网、智慧零售、智慧家居等领域的规模分别达4.96亿、3.75亿、2.5亿和1.92亿户；在个人互联网应用中，即时通信、网络视频、网络支付、网络购物、网络新闻的网民使用率位居前五位，分别为97.5%、90.5%、87.6%、81.6%和74.7%。[④] 电子商务、电子政务、远程办公、在线教育、视频直播等互联网应用全面普及，大幅提升社会运转效率。移动支付年交易规模达527万亿元，新经济形态创造了超过2000万个灵活就业岗位。[⑤]

---

① JANDRIĆ P. Postdigital research in the time of Covid-19[J]. Postdigital science and education，2020(2)：233-238.

② 中国网络空间研究院信息化研究所.数字化驱动经济社会高质量发展：数字中国建设发展成就与变革[J].中国网信，2022(10)：46-49.

③ 中国互联网络信息中心. 第51次《中国互联网络发展状况统计报告》[EB/OL].(2023-03-02)[2023-06-14]. https://www.cnnic.net.cn/n4/2023/0303/c88-10757.html.

④ 中国互联网络信息中心. 第51次《中国互联网络发展状况统计报告》[EB/OL].(2023-03-02)[2023-06-14]. https://www.cnnic.net.cn/n4/2023/0303/c88-10757.html.

⑤ 中国网络空间研究院信息化研究所.数字化驱动经济社会高质量发展：数字中国建设发展成就与变革[J].中国网信，2022(10)：46-49.

最后，后数字阶段常见的潜在风险也开始显现。智能终端、UGC平台、社交媒体平台的普及和网民规模的快速扩大使得个人用户成为重要的传播主体，制造和传播虚假信息、煽动社会负面情绪变得更加容易，网络暴力、虚假信息、网络诈骗、隐私泄露等问题日益突出，提升政府的数字治理能力和公民数字素养的需求更加迫切。

(三)后数字阶段我国媒体融合发展逻辑的再转换

随着数字技术的广泛应用和媒体融合发展程度的持续加深，传媒业更加深刻、细密地嵌入国家和社会发展的进程之中，显现出巨大的数字经济潜力和广泛的社会影响力。我国的媒体融合也因此被赋予了更多责任和期待，其发展路径是在社会效应与经济效应兼顾的总体思路下反复交调、选择的结果，呈现出发展逻辑阶段性转换的特征(见图1)。

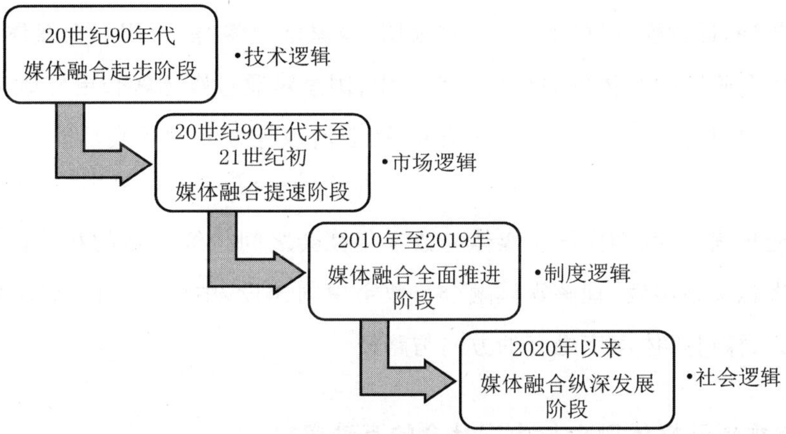

图1　我国媒体融合进程及发展逻辑转换

20世纪90年代是我国以技术逻辑为主导的媒体融合起步阶段。媒体融合在数字技术的创新推动下起步，我国经济发达地区的媒体机构开始自发尝试新技术应用。20世纪90年代末至21世纪初是以市场逻辑为主导的媒体融合提速阶段。文化体制改革为媒体融合提供了宽松的政策环境，加之商业网站快速发展、数字业务市场潜力显现，中央、省、市各级媒体机构都开始主动开展数字化、融合化实践，所有权融合、新媒体业务开发、跨所有制的合作探索全面展开。2010年至2019年是制度逻辑主导下的媒体融合全面推进阶段，政府层面的政策引导、制度供给、行业治理力度明显加大。其中，最具标志性的制度安排是2014年正式出台的《关于推动传统媒体和新兴媒体融合发展的指导意见》，其在将“媒体融合”上升至国家战略层面的同时，也明确了“要一手抓融合，一手抓管理，确保融合发展始终沿着正确的方向推进”的媒体融合发展原则。

2020年以来，我国媒体融合进入纵深发展阶段，媒体融合逻辑正在发生再次转换，“社会逻辑”的主导地位日益显现。在行业实践层面，媒体系统运行的“计算转向”更加显著。从自动化新闻数据采集、智能化内容制作、视听内容深加工到虚拟演播室的搭建、虚拟数字人的广泛应用，再到用户画像、精准化内容推送、用户情绪深度感知，以及平台系统运行、数据传输，越来越多的媒体生产与分发以计算框架为基础展开。媒体系统因为算法的全面应用而更具灵活性和可扩展性，从而得以在更广的范围内与物联网、车联网、工业互联网、生物传感系统相互连接，由此形成的具有快速变化、反馈机制特征的网络交流环境使人类与非人类形成更加紧密的聚合体。在国家政策层面，2020年9月，中办、国办印发《关于加快推进媒体深度融合发展的意见》，提出“坚持正能量是总要求、管得住是硬道理、用得好是真本事”的原则，以及“探索建立‘新闻＋政务服务商务’的运营模式”的要求。[①] 这表明，国家已经将“能否用好全媒体传播体系”纳入深度融合阶段的媒体发展评价体系之中；国家对通过媒体融合更好地实现媒体在舆论引导、国际传播、产业创新、公共服务、社会治理等方面的社会功能有了更加明确的要求。

上述变化表明，我们应该从媒体与数字化社会之间持续不断的相互嵌入、影响和形构的常态化关系出发，理解媒体融合与数字中国建设、中国社会的数字化发展之间的辩证关系，探讨媒体深度融合的方向与路径。

二、后数字视域下媒体融合与中国社会的互动逻辑

彼塔尔·扬德里奇将数字技术和媒体的泛在化、数字技术与社会生活的广泛关联作为后数字世界的重要表征，这也正是我国数字化建设和媒体融合的现时状态。后数字语境下，对数字技术应用方向的思考已脱离“技术决定论”或“工具论”的路径，走向以彼得斯(Michael A. Peters)提出的“信息、技术、社会、生物、科学、政治等领域元融合(meta-convergence)”[②]为基础的新思维框架。这意味着对我国媒体融合未来路径的探索，需要深入理解数字化进程中中国社会发生的系列变化，也需要准确把握媒体

① 中共中央办公厅，国务院办公厅.关于加快推进媒体深度融合发展的意见[EB/OL].(2020-09-20)[2023-06-14].http://www.gov.cn/zhengce/2020-09/26/content_5547310.htm.

② PETERS M A, JANDRIĆ P, HAYES S. Biodigital philosophy, technological convergence, and postdigital knowledge ecologies[J]. Postdigital science and education, 2021(2):370-388.

融合与数字化中国社会的互动逻辑，并更加细致地厘清数字化社会对全媒体系统的价值和功能期待。

(一)媒体融合重塑人与信息的关系

媒体融合对人与信息关系的重塑体现在三个方面。一是媒体融合丰富了个人获取信息的方式和渠道，特别是语音检索、机器翻译等技术的应用使得信息变得更加易得。二是媒体系统的计算转向使信息具有“主动性”特征，即信息的生产和推送基于对用户的深度画像，从而由个人发起的信息检索转向信息“找人”，但也不可避免地造成了信息投喂、回音室等问题。三是媒体的泛在模糊了信息环境与物理环境的边界，良莠不齐的信息持续涌入个人生活，形成对个体思维空间的挤压，由信息接收疲劳而导致的认知懈怠、信息过载等现象更加普遍。个体逐渐形成以媒体、平台、应用设计者或算法预设下的、以默认设置或算法推荐为主导的认知惯性，对信息和平台的依赖程度有增无减。

(二)媒体融合改变社会的连接方式

李普曼指出，个人行为的依据并不是对真实世界的总体认知，而是由自己或别人提供的图像形成的对世界的想象方式，即拟态环境。[①] 以数字技术为基础的“融合”为媒体系统带来了几乎不设边界的塑造“拟态环境”的空间。“万物皆媒”既凸显了“媒介即环境”的重要性，也描述了“环境即媒介”的泛在性。媒体系统不仅为个人的社会行动提供依据，而且广泛地参与到社会交往之中。随着数字技术在物理(数字设备、数字网络、算力中心)和应用(社交媒体、搜索引擎、各类 App)两个层面的不断拓展，融合化的媒体系统对社会连接方式的改变依四个层次呈现递进式发展：第一个层次是线下社会连接的数字化镜像；第二个层次是数字化新关系的建构，包括人与人、人与组织、人与虚拟偶像等非人类之间的社会连接；第三个层次是线上与线下关系的连接、同步与互构；第四个层次是社会连接突破以人类为中心的地理、亲缘、社会关系连接方式，基于 IP 地址、数字痕迹和大数据分析，以算法驱动的数字形象、社交关系网络及行为逻辑、交往规则的重新锚定已初步形成。

(三)媒体融合对不同群体的数字化适应产生差异化影响

我国媒体的融合化进程与社会的数字化进程相互交织，媒体系统成为个体数字化

---

① 李普曼.公众舆论[M].阎克文，江红，译.上海：上海人民出版社，2006：18.

生存的一部分，不同群体接触和使用融媒体的过程是他们对数字化社会产生具身体验的必然过程。但是，生存环境、经济水平、文化程度的差别又使得不同群体在数字化终端普及率、数字媒介素养、数字技能等方面存在明显差异，其能够享受的数字福利、面临的数字化困境和潜在风险亦各有不同。

其中，尤其值得关注的是青少年群体和老年群体。青少年群体在拥有更加突出的数字化生存能力、信息技术驾驭能力的同时，也显现出对互联网、数字技术以及屏幕的高度依赖，青少年隐私保护、屏幕成瘾等问题更加需要重视。老年人作为信息弱势群体，其生活质量与数字素养日益密切。媒体系统不仅是老年群体与数字社会保持联系的关键界面，也是他们缓解数字化焦虑、增强数字技能使用信心、习得数字技能的重要依赖对象。随着融合的深入，解决媒体系统对老年人的数字包容性(digital inclusion)问题更加迫切。

此外，媒体融合还产生了一种“聚光灯效应”，即越能吸引到流量的群体获得的关注和资源也越多；反之，边缘群体、少数群体则容易被忽视。如培根所言，思考一般总是随着视觉的停止而停止，以至于人们对看不见的事物很少有所观察或完全无所观察。[①] 长此以往，这将加深群体隔阂，导致社会的碎片化。

(四)媒体融合促进社会治理方式的迭代

媒体融合对社会治理的影响集中体现在治理能力、治理关系及治理需求三个方面。

首先，媒体融合促进了社会治理工具创新和治理能力提升。搜索引擎、微博、在线文档等多样化的媒体应用为政府和公共服务部门提供了多样化的治理工具，大幅提高了政府感知社会动态、把握社会情绪、开展应急预警、协调社会资源的能力，使社会治理向着更加精细、敏捷、高效的方向发展。

其次，媒体融合在一定程度上改变了治理者和被治理者之间的关系。在数字政务系统的建设过程中，社交媒体、新闻客户端、短视频等新媒体平台和数字媒体技术被广泛应用。该系统也因此融入新媒体的扁平化、交互性、数据化特征，从而兼具政府形象传播、政务信息流通、公共服务供给、公众参与互动等功能，大幅缩短了机构与公众之间信息流动和交互的线程，有助于提升公众参与社会治理的积极性和主体意识。

最后，媒体融合衍生出新的社会治理需求，基于融媒体系统形成的网络空间、虚拟

---

① 培根.新工具[M].许宝骙，译.北京：商务印书馆，2005：27.

社区本身成为数字社会治理的重要内容。智能终端和社交媒体的普及不断强化着网络空间与现实社会的关联，线上、线下社会运行逻辑的相互叠加增加了治理的复杂性。这就要求社会治理在理念、方法、手段方面持续创新，也要求平台运营主体在虚假信息、网络暴力、个人信息保护等方面承担更多责任。

（五）媒体融合与数字经济发展深度结合

G20数字经济工作组将数字经济定义为“以使用数字化的知识和信息作为关键生产要素、以现代信息网络作为重要载体、以信息通信技术的有效使用作为效率提升和经济结构优化的重要推动力的一系列经济活动”①。伴随着传统媒体数字化转型和数字新媒体发展，我国传媒业在全面融入数字经济体系的同时，亦成为兼具数据资产生成、在线推广与销售、资源配置与劳动分工的网络空间。特别是新冠疫情防控期间，传媒机构提供的在线会议、网络直播、信息推送、虚拟体验等服务为不同类型机构的线上活动提供了基础性支撑，发挥着双边、多边对接平台的功能。随着融媒体系统已经与工业互联网、物联网、车联网相互连接，成为社会运行的基础网络，融媒体系统作为社会和数字经济运行数据生成平台和资源的集散中心的意义不断凸显，传媒机构也在适应数字经济运行方式的过程中向着更加柔性化、敏捷化的共同利益型组织发展。

三、后数字阶段我国媒体深度融合发展路径

作为联通信息、知识、思想的枢纽，媒体系统结构及其形成的传播样态对国家发展和社会运行产生了持续而深远的影响。在我国，媒体融合带来媒体系统结构的重组，进而在不断嵌入个人生活、社会关系、经济运行、社会治理的过程中，成为数字社会建设的重要助力。着眼于未来，《数字中国建设整体布局规划》提出“全面提升数字中国建设的整体性、系统性、协同性”的发展要求，并聚焦媒体发展，决定其融合发展路径选择的两个标准是“能否有效回应数字化中国社会对媒体系统的功能需求”和“是否有利于实现媒体系统与多领域社会系统的和合共生”，为媒体的深度融合探索提供了宏观框架。

（一）以内容为引领，凝聚社会共识，繁荣数字文化

媒体系统的功能在融合发展的过程中不断拓展，但面向公众提供优质信息和内容

---

① 二十国集团数字经济工作组.二十国集团数字经济发展与合作倡议[EB/OL].(2016-09-20)[2023-06-14].http://www.g20chn.org/hywj/dncgwj/201609/t20160920_3474.html.

服务依然是其核心。党的二十大报告提出了“建设具有强大凝聚力和引领力的社会主义意识形态”的目标,并明确将“加强全媒体传播体系建设,塑造主流舆论新格局。健全网络综合治理体系,推动形成良好网络生态”列为实现该目标的方法策略。① 这意味着媒体深度融合要以凝聚社会共同意识、推动国家发展为首要目标和核心效果。优质的内容始终是社会主义核心价值观的核心载体,是自信繁荣的数字文化中不可或缺的成分。

要实现这一目标,以下三个方面的工作必不可少。一是对不同用户群体的特征和需求进行深描。依托数字技术,准确把握用户的人口学特征、媒体使用的行为学特征以及作为不同群体成员的社会学特征,以此作为内容设计、生产与传播的依据。二是建立和优化“技术、人才、理论”相互支撑的精品内容生产机制。随着人工智能生成内容(AIGC)的引入,媒体的内容制作能力再次大幅提升,专业人员可将更多的精力投入节目形态研发、价值观阐释、叙事体系建构等方面,提升内容的“精品化”程度。三是对传播环境进行动态评估,及时把握新变化、新态势。后数字时代,线上(平台规则、算法黑箱、虚假信息、网络暴力)线下(市场态势、社会环境、网络设施)因素都会对传播效果产生影响,准确把握和积极应对传播环境及舆情、态度的变化,是构建主流舆论格局、发挥优质内容引领作用的保障。

(二)以服务为核心,弥合数字鸿沟,促进社会整合

数字鸿沟是形成社会不平等、导致社会疏离的重要原因,是信息化进程中必须面对的社会问题。在我国,物理层面的数字鸿沟正因互联网覆盖率和移动互联终端普及率的提高而逐步收窄,但不同地域、收入、教育背景的群体在数字设施使用能力和使用质量方面的差距则在持续扩大。随着数字中国建设的推进,ICT、计算机和互联网在个人成长和职业生涯中的作用程度不断提高,弥合数字鸿沟成为建设平等、包容的数字社会的必然要求。这就需要传媒业依托覆盖范围广、渗透率高、群众基础好的优势,结合语音识别、体感互动、虚拟现实、人工智能等前沿数字技术,提供多样化的数字素养提升服务,以更好地体现媒体系统的社会公益属性。其中至少应包括以下三个方面的服务。

一是媒体机构应制作并通过全媒体平台传播足量有关数字化生活指导和数字技

① 习近平.高举中国特色社会主义伟大旗帜 为全面建设社会主义现代化国家而团结奋斗:在中国共产党第二十次全国代表大会上的报告[EB/OL].(2022-10-25)[2023-06-14].https://www.gov.cn/xinwen/2022-10/25/content_5721685.htm.

能教学的视听内容，确保教育、经济和信息化水平较低的地区、群体能够以非歧视的方式获得提升数字能力和素养的机会。二是媒体平台应保障其应用和服务对较低配置硬件产品的兼容能力，适度降低对网络传输条件的要求，特别是确保媒体平台中接入的电子政务、健康医疗、生活缴费等公共服务应用能在配置较低的电视、手机、电脑上正常使用。三是媒体平台应为公众提供更加简化的使用“入口”和足够的平台保护。作为公众接入数字社会最重要的界面，媒体平台需通过高度简洁化的使用界面设计来尽量避免因用户数字素养水平差异导致的数字鸿沟，同时通过有效的平台治理，建立虚假信息过滤机制、未成年人保护机制等保障用户平台使用的安全性。

（三）以平台为抓手，助力数字经济，增效数字政务

“平台化”是后数字阶段的重要特征之一，也是媒体融合发展趋势。在数字中国建设的系列目标中，“做强做优做大数字经济”和“发展高效协同的数字政务”与媒体的平台化发展关系最为紧密。

全球范围内，以算法为基础、以技术为驱动、以关系为链接的媒体平台的角色已由最初的连接“中介”延展至基础设施和行业应用层面，即成为涵盖何塞·范·迪克(Jose van Dijck)所描述的“平台化树”(platformization tree)三个层面的“全平台”。[①]这要求我国媒体在进一步融合化的过程中提升多领域的连接能力和巨量数据的获取、处理能力，实现物理层、计算层、应用层的多维度平台化，进而真正嵌入平台生态系统和平台社会之中。首先，媒体平台需通过网络和基础硬件的持续建设，提升其作为基础设施的承载能力及与工业互联网、车联网等其他网络体系的兼容能力，为互联网医疗、在线教育、云服务、在线政务等不同行业领域应用的接入创造充分条件。其次，媒体平台需要大幅提升数据处理能力，提高对数据这一数字经济的核心生产要素的配置能力。媒体平台的核心价值之一在于实现了个人、机构等各类数据资源的汇聚，而算法和算力则对数据资源的利用效率具有决定作用。因此，数据处理能力的提升是媒体深度融合阶段的重大课题。

（四）以广电为基础，融入智慧生态，服务生态环境信息化

数字中国建设总体规划将绿色智慧的数字生态文明建设纳入其中，并提出“加快

---

① 何塞·范·迪克用“平台化树”描述平台化的三个“树层”(tree layers)，分别为基础设施层面、中介层面和行业层面。VAN DIJCK J. Seeing the forest for the trees: visualizing platformization and its governance[J]. New media & society, 2021, 23(9): 2801-2819.

构建智慧高效的生态环境信息化体系”的目标。2022年国家广播电视总局印发的《关于推进智慧广电乡村工程建设的指导意见》中也包括“探索智慧广电在森林防火、水利监测、气象预警、环境监测等领域的可视化、远程化场景应用”的内容。在实践中,多个省市的广电网络公司已经广泛参与到重点污染企业环境监控点、河流水质监测站、空气质量监测站的建设和运行中。从长远来看,融媒体系统与生态环境信息体系还有更加广阔的合作发展空间,例如两个系统的结合不仅能够促进生态环境信息监测、数据分析等工作,还能够基于生态环境信息进行数据新闻生产,基于全媒体体系进行生态环境议题的舆情监控;数字孪生流域的建设与元宇宙的探索亦有可供相互借鉴之处。

结　语

我国的媒体融合以数字技术创新应用和数字基础设施建设为支撑。不断融合发展的媒体系统通过对人们信息获取方式、体验世界方式的持续改变影响人们的认知、态度和行为逻辑,改变社会的运行方式。媒体融合也因此深度内嵌于数字中国建设的整体规划和中国社会的数字化进程之中。

面向后数字时代的数字中国建设,媒体深度融合的发展方向和路径必然是既服从、服务于中国式现代化建设和中华民族伟大复兴的战略规划,又回应、适应数字化进程中的中国社会期待和媒体行业自身发展需求。这就要求媒体融合相关实践主体突破媒体系统和传媒产业的发展框架,通过夯实内容生产实力、提升平台算力、拓展服务边界等方式,实现与经济建设、政治建设、文化建设、社会建设、生态文明建设五位一体的中国特色社会主义建设总布局的有机结合。

〔王润珏,中国传媒大学国家传播创新研究中心研究员;刘嘉音,中国传媒大学媒体融合与传播国家重点实验室硕士研究生〕

从"各有所好"到"共同牢笼":推荐算法作用下信息茧房趋同逻辑[*]

From"Everyone Has Their Preference" to "Common Cage": the Role of the Recommendation Algorithm in Information Cocoons' Convergence and Its Logic

◎徐　翔　余珺君

Xu Xiang　Yu Junjun

摘要:对推荐算法带来的"各有所好""千人千面"的信息茧房的判断需要慎思,重审智能时代信息异化的可能方式。推荐算法在个性化导向之下潜藏着推荐内容的有限性与同质性,在基于用户的兴趣与历史行为进行个性化排序的过程中潜藏着算法偏差,在表层多样化推荐之下生成着深层的内容集中和霸权,使用户信息茧房从趋异走向趋同,从"各有所好"走向"共同牢笼"的自我异化。平台推荐算法恰是从"各有所好"的个性化逻辑而自我异化为用户趋同化的反向演绎,从"个性化"投其所好的起点通向"反个性化"的自身对立面。

关键词:推荐算法;个性化推荐;信息茧房趋同;算法牢笼

Abstract:The point of view about recommendation algorithm's role in information cocoons that "everyone has their preference" requires careful consideration, as does an evaluation of potential information alienation in the age of intelligence. Under the personalization logic of the recommendation algorithm, the limited and convergence of recommended contents are hidden; algorithmic bias is concealed during personalized sorting based on users' interests and historical behaviors; and deep content concentration and hegemony are generated under the surface diversified recommendations, so that users' information cocoons

* 本文系上海市软科学研究项目"从各有所好到共同牢笼:推荐算法平台公共信息茧房形成机理与调控策略"(项目编号:23692110600)、中央高校基本科研业务费专项资金资助项目"振荡的琴弦:网络舆论主题的振荡周期特征对主题间触发的影响机理与调节策略研究"(项目编号:22120240589)的阶段性成果。

will be diversity to convergence, from "everyone has their preference" to common cage towards self-alienation. The platform recommendation algorithm correctly deduces self-alienation from the personalization logic of "everyone has their preference" to users' convergence, moving from the initial point of "personalization" to the opposite of "anti-personalization". The platform recommendation algorithm goes from "personalization" as its starting point to "anti-personalization", which is the complete opposite.

Keywords: recommendation algorithm, personalized recommendation, information cocoons' convergence, algorithm cage

一、引言:推荐算法带来了"各有所好"还是"共同牢笼"?

算法推荐技术,是指利用生成合成类、个性化推送类、排序精选类、检索过滤类、调度决策类等算法技术向用户提供信息。[①] 随着媒介传播进入智能传播时代,算法已成为传播的灵魂。[②] 推荐算法广泛影响着我们通过各种平台获取的互联网信息服务,在提高信息处理效率的同时,也使得以信息茧房为代表的新型社会风险越发成为社会关注的焦点。[③] 信息茧房指的是"我们只听我们选择的东西和愉悦我们的东西的通信领域"[④],内容智能分发平台利用特有的算法技术与方法将互联网上丰富的内容信息传递给信息用户,但算法技术无法准确感知用户随时变化的"兴趣点",从而使用户受困于信息茧房,无法接触到其他领域的优质内容,导致"信息窄化"[⑤]。而由于推荐系统的功能是满足用户的个性化需求[⑥],因此学界对于信息茧房的探讨往往默认其具有"千人千面"的差异性,例如学者们往往认为"茧房"所指代的个人信息系统是各有所好的[⑦],每个过滤气泡内部的信息多样性很低,且不同过滤气泡之间的信息差异性有可

---

① 国家互联网信息办公室.互联网信息服务算法推荐管理规定[EB/OL].(2022-03-01)[2022-08-07].http://www.gov.cn/zhengce/zhengceku/2022-01/04/content_5666429.htm.

② 王敏芝.算法时代传播主体性的虚置与复归[J].苏州大学学报(哲学社会科学版),2021,42(2):166-175.

③ 李龙飞,张国良.算法时代"信息茧房"效应生成机理与治理路径:基于信息生态理论视角[J].电子政务,2022(9):51-62.

④ 桑斯坦.信息乌托邦:众人如何生产知识[M].毕竟悦,译.北京:法律出版社,2008:8.

⑤ 罗昕,肖恬.范式转型:算法时代把关理论的结构性考察[J].新闻界,2019(3):10-19.

⑥ 朱郁筱,吕琳媛.推荐系统评价指标综述[J].电子科技大学学报,2012,41(2):163-175.

⑦ 喻国明,曲慧."信息茧房"的误读与算法推送的必要:兼论内容分发中社会伦理困境的解决之道[J].新疆师范大学学报(哲学社会科学版),2020,41(1):127-133.

能很高[①]。在此，需要对推荐算法作用下“千人千面”的信息茧房观点提出质疑。所谓“千人千面”的信息茧房，是面对推荐算法“投其所好”的个性化推荐时产生的简单判断与误识。

当然，目前已有不少学者对算法个性化推荐内容的同质性，以及个性化推荐算法导致用户间内容消费的同质性进行了实证研究。有学者通过对一项音乐行业推荐服务的实证研究发现，在“数量效应”和“品味效应”的影响下，个性化推荐并未导致用户内容消费走向碎片化，反而创造了用户与他人的共性。[②] 有学者发现不同用户被推荐的新闻的同质性和集中度非常高，即使对有不同内容偏好的用户，算法仍会分发给他们相似的内容[③]，并未发现“千人千面”的“信息茧房”[④]。有学者以今日头条为例，依托健康信息管理的相关知识来评价算法相关性效果，发现在标榜“千人千面”的精准推荐算法的推荐过程中，针对热门信息，用户偏好＞热点趋势；针对非热点趋势，热点趋势＞用户偏好，这说明“算法推荐所构建的健康知识环境，并未充分尊重个体的差异性，实现真正的精准推送”[⑤]。有学者分析了基于算法推荐的主流音乐流媒体 Spotify，发现 Spotify 会使不同人群的倾听行为更加相似。[⑥] 有学者调查了电子商务中常用的协同过滤推荐算法对销售的影响，发现协同过滤推荐算法会减少销售的多样性。[⑦] 上述研究尽管涉及了对推荐算法带来的非“千人千面”的推荐结果的质疑与探讨，但是并未将其与信息茧房相联系，也未对推荐算法作用下信息茧房的“千人千面”这一观点提出质疑。也即并未进一步探究推荐算法遵循“投其所好”的推荐原理时，是否以及如何使得用户陷入彼此相似的同质化内容空间之中，从而产生“信息茧房”的趋同化而非趋异化。

因此，针对智能推荐算法机制下的信息茧房的研究，特别是推荐算法会导致“千人千面”的信息茧房这一观点，可以从以下两个角度梳理并审视其不足。第一，从推荐算

---

① 姜婷婷，许艳闰.国外过滤气泡研究：基础、脉络与展望[J].情报学报，2021，40(10)：1108-1117.

② HOSANAGAR K, FLEDER D, LEE D, et al. Will the global village fracture into tribes? Recommender systems and their effects on consumer fragmentation[J]. Management science, 2014, 60(4):805-823.

③ NECHUSHTAI E, LEWIS S C. What kind of news gatekeepers do we want machines to be? Filter bubbles, fragmentation, and the normative dimensions of algorithmic recommendations[J]. Computers in human behavior, 2019, 90(1):298-307.

④ 陈昌凤，仇筠茜.“信息茧房”在西方：似是而非的概念与算法的“破茧”求解[J].新闻大学，2020(1)：1-14，124.

⑤ 聂静虹，宋甲子.泛化与偏见：算法推荐与健康知识环境的构建研究——以今日头条为例[J].新闻与传播研究，2020，27(9)：23-42，126.

⑥ KNOX G, DATTA H. Streaming services and the homogenization of music consumption[R]. Netherlands: Tilburg University, 2020.

⑦ LEE D, HOSANAGAR K. How do recommender systems affect sales diversity? A cross-category investigation via randomized field experiment[J]. Information systems research, 2019, 30(1):239-259.

法技术本身来说,需要跳出对个性化推荐的盲目乐观,也需要跳出对推荐算法必然带来“千人千面”的信息茧房的简单判断,也即推荐算法尽管标榜着“千人千面”的精准推荐,但其技术本身不一定能够真正带来“千人千面”的推荐内容。研究者们貌似辩证地指出,算法个性化具有欺骗性、迷惑性,由于我们无法知道其他人在他们各自的个性化算法塑造的用户界面中看到了什么,因此我们无法确定自己是在一个个性化的空间里,还是在一个“共同世界”中。[①] “算法结果是个性化的”这一认知指向了对特定用户的性格和行为的计算,但是算法预测行为只是为了“告诉观众他们感兴趣的东西,而不涉及观众的实际兴趣”,它们依赖对其他相关用户数字行为的计算。[②] 个性化一直是一种以服务于组织目标的方式操纵需求的技术,[③]用户在获得个人的、独特的平台版本的承诺下,整合了平台试图驯化他们的精确机制,即将消费行为划分为不同的区域,从而控制用户,并将用户变成理想的消费者。[④] 然而,这种技术反思并未进一步深入讨论推荐算法从“投其所好”走向同质性的必然结果与内在逻辑。换言之,这些研究只是表达了对算法个性化的质疑与思辨,却并未进一步探讨算法推荐“投其所好”的逻辑是否必然会走向其反面。同时,这种视角更加强调推荐算法可能会被各种商业资本、政治、社会的力量和机制所操控,把推荐算法可能产生的非个性化推荐后果归于商业与资本利益操纵或网络平台治理的不完善,而并非深入讨论推荐算法技术个性化表面之下蕴含的同质性逻辑。第二,从推荐算法对“信息茧房”的作用来看,不能只笼统地强调推荐算法对用户视野的窄化,忽视对推荐算法所构筑的“信息茧房”内部的信息构成,以及彼此之间的关系的进一步思考。现有研究往往认为“推荐系统会不断重复推荐用户感兴趣的内容来取悦用户,减少甚至不推荐其他方面的内容,使得用户以自身兴趣为砖瓦构筑了信息茧房,收窄了用户的信息接收范围,并减少了接收差异化信息的可能性”[⑤],这仅是对推荐算法带来的信息茧房风险进行的笼统探讨,并未进一步探究信息茧房内部的同质化信息构成及彼此之间的关系。推荐算法通过为每个用户推荐感兴趣的内容,从而使用户陷入由自身兴趣偏好构筑的信息茧房,但这并不必然意

① BRINCKER M. Disoriented and alone in the “experience machine”—on netflix, shared world deceptions and the consequences of deepening algorithmic personalization[J]. SATS, 2021, 22(1):75-96.

② HELBERGER N. Policy implications from algorithmic profiling and the changing relationship between newsreaders and the media[J]. Javnost-The public, 2016, 23(2):188-203.

③ BODÓ B. Selling news to audiences—a qualitative inquiry into the emerging logics of algorithmic news personalization in European quality news media[J]. Digital journalism, 2019, 7(8): 1054-1075.

④ SILES I, ESPINOZA-ROJAS J, NARANJO A, et al. The mutual domestication of users and algorithmic recommendations on Netflix[J]. Communication, culture & critique, 2019, 12(4): 499-518.

⑤ 黄勃,严非凡,张昊,等.推荐系统研究进展与应用[J].武汉大学学报(理学版),2021,67(6):503-516.

味着不同用户一定陷入内容各异、各有所好的信息茧房，这两者是相互独立的变量。例如，有学者对新浪微博用户内容生产的“茧房”进行实证研究发现，随着用户信息茧房程度的加深，彼此之间越是趋同而非趋异。[①②] 概言之，“千人千面”的信息茧房观点是对标榜着“千人千面”的推荐算法推荐效果的盲目乐观，且是对信息茧房内部同质化信息构成及彼此关系的轻率判断。

基于此，本文强调，推荐算法在标榜个性化的设计原理之下潜藏着推荐内容的有限多样性与同质性，在基于用户的兴趣与历史行为进行个性化排序的过程中潜藏着多种算法偏差，其作为智能时代用户个性化内容消费的过滤、分发机制，恰恰加剧了社交媒体平台“霸权”并“驯化”内容生产者。本文在此讨论的不是网络平台与商业资本等外部力量借由推荐算法所带来的信息操纵，而是推荐算法如何在“投其所好”的表象基础上，导向信息茧房趋同而非趋异的异化后果。

二、“各有所好”抑或“共同牢笼”：推荐算法技术之维

与大众媒体时代相比，算法避开了传统媒体的一个主要特征——大众化，实现了个性化内容推荐[③]，“推荐系统通过分析用户的历史交易记录或行为挖掘用户的潜在兴趣，进而对其进行推荐，更能满足用户个性化的需求”[④]。由此，在讨论推荐算法对信息茧房的作用时，研究者倾向于认为推荐算法作用下的信息茧房是“千人千面”的。但是，推荐算法根据用户的需求将符合用户兴趣偏好的内容推荐给用户，并不等于这种个性化信息过滤技术会为用户量身定制与其他用户完全异质化的内容。推荐算法技术自身存在的局限性与缺陷，使“千人千面”的信息茧房从技术本身而言便难以完全实现。

通用的推荐系统模型流程为：推荐系统匹配用户模型中兴趣需求信息和推荐对象模型中的特征信息，同时使用相应的推荐算法进行计算筛选，找到用户可能感兴趣的内容，然后推荐给用户[⑤]，主流的推荐方法包括：基于内容推荐、协同过滤推荐、基于知

---

① 徐翔，敖子棋，史静远，等.殊途同归：社交媒体用户内容生产中信息茧房趋同化——基于新浪微博的实证分析[J].西安交通大学学报(社会科学版)，2022，42(3)：133-140.

② 徐翔，余珺君.社交网络内容用户“茧房趋同性”：基于BERT模型的新浪微博样本研究[J].北京理工大学学报(社会科学版)，2023，25(4)：182-191.

③ SOFFER O. Algorithmic personalization and the two-step flow of communication[J]. Communication theory，2021，31(3)：297-315.

④ 朱郁筱，吕琳媛.推荐系统评价指标综述[J].电子科技大学学报，2012，41(2)：163-175.

⑤ 王国霞，刘贺平.个性化推荐系统综述[J].计算机工程与应用，2012，48(7)：66-76.

识推荐和组合推荐。①

一方面,不同类别的推荐算法尽管具有不同的设计原理和各自的特点,但推荐算法中推荐内容的多样性程度本身就是受限的,在协同过滤框架中,无法生成足够的多样性来匹配所有用户的偏好,协同过滤推荐算法中包含有限多样性,②无论用户的喜好如何,都会被推荐最热门的话题,具有不同偏好的一小群用户会被具有较少不同观点的大多数用户"纳入"③;既要保证推荐的多样性,又不能与用户看过的对象重复或毫不相关,这一问题是推荐系统研究的一个难点和重点。④ 推荐系统存在稳定性、准确性和多样性之间的矛盾,这将会导致有偏差的推荐,要么准确性差,要么多样性差。这种困住用户的恶性循环不断使少数对象占据大部分网络流量,用户在浏览时很容易落入一小群对象中,并黏在这些对象上,几乎没有机会甚至根本没有机会访问其他对象。⑤ 算法随着时间的推移会导致不理想的集中效应,并导致许多提供的建议主要由普遍流行的项目组成。

另一方面,推荐算法存在的数据稀疏性与冷启动问题,也使内容推荐的个性化、多样性的实现存在局限性。数据稀疏性即缺少关于项目或用户的信息。在非常稀疏的应用程序域中,数据稀疏性会完全阻碍推荐的创建。冷启动问题分为新项目推荐和新用户推荐,如果一个新项目没有人去评价它,则该项目便得不到推荐,同样,如果一个新用户从来没有对系统中的任何项目进行过评价,则系统无法获知其兴趣偏好,进而无法确定其近邻用户,也就无法对其进行推荐,⑥每当一个新用户加入时,推荐产品的唯一方法就是将他或她与活跃用户联系起来。⑦ 有学者报告了对两个大型网站的实证分析,发现新用户倾向于选择非常受欢迎的对象,这一现象从经验上解释了所谓的冷启动问题,即对非常小程度用户的个性化推荐通常是不准确的。⑧

---

① 许海玲,吴潇,李晓东,等.互联网推荐系统比较研究[J].软件学报,2009,20(2):350-362.

② ROBINSON K, BROWN D. Quantitative user perceptions of music recommendation list diversity[C]//Proceedings of the 22nd ISMIR Conference. Canada:ISMIR,2021: 562-568.

③ LIU J, CONG Z. The daily me versus the daily others: how do recommendation algorithms change user interests? Evidence from a knowledge-sharing platform [J]. Journal of marketing research, 2023: 00222437221134237.

④ 王国霞,刘贺平.个性化推荐系统综述[J].计算机工程与应用,2012,48(7):66-76.

⑤ HOU L, PAN X, LIU K. Balancing the popularity bias of object similarities for personalised recommendation [J]. The European physical journal B, 2018, 91(3): 1-7.

⑥ 于洪,李俊华.一种解决新项目冷启动问题的推荐算法[J].软件学报,2015,26(6):1395-1408.

⑦ ALAIMO C, KALLINIKOS J. Computing the everyday: social media as data platforms[J]. The information society, 2017, 33(4):175-191.

⑧ SHANG M S , L Lü,ZHANG Y C , et al. Empirical analysis of web-based user-object bipartite networks[J]. EPL (Europhysics letters), 2009, 90(4):1303-1324.

三、“各有所好”抑或“共同牢笼”：推荐算法运行之维

算法推荐的主要目标和特点是过程和结果的个性化。[①] 在此固有认知之下，尽管学界目前对推荐算法是否必然带来信息茧房仍然存在争议，但对于在个性化推荐算法作用下形成的信息茧房彼此之间是差异化的这一观点从未产生怀疑。但需要指出的是，尽管“通常认为由推荐系统产生的最优结果理论上是真值，但在实际的应用中，推荐系统中存在许多偏差”，这些偏差会导致算法推荐的“个性化”内容存在强烈的集中性、同质性趋向，且这种趋向会在推荐系统的反馈循环中不断被加剧，[②]成为推荐算法运行过程蕴含的“同质化”内在机理，使在算法运作逻辑下形成的信息茧房也存在“同质化”运作逻辑的束缚。

推荐算法包含召回和排序两个组件，召回阶段会根据用户的兴趣和历史行为，从海量的物品库中快速筛选出用户潜在感兴趣的小部分物品，送入排序，排序可以分为粗排、精排和重排三个环节。而在排序过程中，会产生许多算法偏差，包括位置偏差、曝光偏差、选择偏差、一致性偏差、流行度偏差等，造成推荐结果中内容的偏向性与非均衡分布。流行度偏差会导致推荐内容过度集中于热门内容之中，无法推荐足够的符合用户长尾兴趣的内容。流行偏好(Popularity bias)是一种与推荐算法相关的现象，即流行的条目往往比长尾条目更容易被推荐，即使长尾条目对个人来说是合理的兴趣。[③] 在许多推荐算法中，即使用户对长尾和非流行项目感兴趣，所得到的推荐也会非常集中在热门项目上，显示出极端的偏见。[④] 有学者通过网络演化模型研究了推荐系统与用户决策之间的长期反馈，发现典型的推荐算法以长尾项目为代价，加强了已经流行的项目的地位。算法推荐可能会将系统转移到一种状态，即一些项目受到用户极高的关注。[⑤] 与推荐内容偏向于流行性内容相似，推荐算法推荐的结果还会偏向于活跃用户、主流用户的内容偏好，无法为具有小众兴趣的非主流用户提供符合其偏好的内容。每种算法的性能都高度依赖活跃用户，每当活跃用户发生变化时，推荐命中

---

① JUST N, LATZER M. Governance by algorithms: reality construction by algorithmic selection on the Internet[J]. Media, culture & society, 2017, 39(2):238-258.

② 黄勃，严非凡，张昊，等.推荐系统研究进展与应用[J].武汉大学学报(理学版)，2021，67(6):503-516.

③ YALCIN E, BILGE A. Investigating and counteracting popularity bias in group recommendations[J]. Information processing & management, 2021, 58(5):102608.

④ ABDOLLAHPOURI H, MANSOURY M, BURKE R, et al. The unfairness of popularity bias in recommendation[EB/OL].(2019-09-19)[2022-08-07]. https://arxiv.org/abs/1907.13286.

⑤ ZENG A, YEUNG C H, MEDO M, et al. Modeling mutual feedback between users and recommender systems[J]. Journal of statistical mechanics: theory and experiment, 2015(7):1-13.

率就会显示出很高的偏差，[①]过度活跃的用户会强烈影响特定类型的推荐系统，平台可能会推荐与过度活跃用户的政治利益一致的内容，无意中放大了过度活跃用户的兴趣。[②] 不同的协同过滤算法会优先考虑主导群体的偏好，偏爱主流项目之外的小众用户可能会收到较差的推荐。通过对所有用户进行平均，决策指标为衡量用户群体的总体满意度，倾向于满足大多数人的需求，而不管少数人的需求如何。[③] 对于很多推荐算法来说，只使用核心用户就可以达到很好的推荐准确率。实验结果表明，推荐系统仅考虑 20％的用户，就可以使 top-L 推荐的准确率达到 90％。[④] 其他算法偏差还包括项目推荐不足偏差、歧视偏差等，这些都会导致算法推荐内容的非均衡性。由于推荐算法通常基于用户—项目交互（例如点击、喜欢或评级）构建模型，以提供个性化的项目排名列表，由于不同用户具有不同的偏好，这些交互通常不均匀地分布在不同的项目组中。推荐算法可以继承甚至放大这种不平衡分布，从而导致项目推荐不足偏差；[⑤]若是数据不均衡，推荐的结果还会有歧视性偏差，使得某些群体收到的推荐结果有偏。

同时，算法排序还存在推荐信息源的集中性、推荐内容的偏向性，这会塑造、突出并推荐某些内容而不是其他内容，这也是推荐算法推荐内容的同质化、窄化结果的重要偏差。针对 Google 新闻推荐的研究发现，新闻搜索结果高度同质化，其中传统媒体品牌占据主导地位，“几乎没有发现新闻个性化的证据”[⑥]。有学者测试了隐式和显式个性化对 Google 新闻内容和来源多样性的影响，发现了一个普遍的偏见，即谷歌新闻过度代表某些新闻媒体，而低估了其他经常光顾的新闻媒体。[⑦] 有学者对 202,509 个平台用户细分 14,865 个音乐视频的自动推荐和品味模式进行实证调查，发现

---

① YU S J. The dynamic competitive recommendation algorithm in social network services[J]. Information sciences，2012,187(1):1-14.

② PAPAKYRIAKOPOULOS O，SERRANO J C M，HEGELICH S. Political communication on social media：a tale of hyperactive users and bias in recommender systems[J]. Online social networks and media，2020,15(1):1-15.

③ BELLOGÍN A，CASTELLS P，CANTADOR I. Statistical biases in information retrieval metrics for recommender systems[J]. Information retrieval journal，2017，20(6)：606-634.

④ ZENG W，ZENG A，LIU H，et al. Uncovering the information core in recommender systems[J]. Scientific reports，2014,4(1):1-8.

⑤ ZHU Z，WANG J，CAVERLEE J. Measuring and mitigating item under-recommendation bias in personalized ranking systems[C]//Proceedings of the 43rd international ACM SIGIR conference on research and development in information retrieval. New York：Association for Computing Machinery,2020:449-458.

⑥ EVANS R，JACKSON D，MURPHY J. Google news and machine gatekeepers：algorithmic personalisation and news diversity in online news search[J]. Digital journalism，2023:11(9):1682-1700.

⑦ HAIM M，GRAEFE A，BROSIUS H B. Burst of the filter bubble? Effects of personalization on the diversity of Google news[J]. Digital journalism，2018，6(3):330-343.

YouTube 使用的推荐系统在很大程度上涉及同一类型的音乐视频，YouTube 上的自动推荐“往往容易受到限制”，这会在一组类似的视频周围产生“泡沫”，进而形成反馈循环，①YouTuber 认为该算法优先考虑点击诱饵和耸人听闻的内容，使平台上的内容具有同质性，②YouTube 推荐算法设计对创意性高的视频并不友好，倾向于边缘化这些有创意的视频，推荐那些符合观众观看/搜索历史的视频。③

上述由于各种算法偏差导致的内容偏向性，会在推荐系统的反馈循环中不断加剧，使推荐内容的同质化趋向不断放大，推荐系统的内容生态逐渐恶化，为信息茧房趋同的形成提供了难以摆脱的土壤。推荐系统通常使用已经接触算法推荐的用户的数据进行评估或训练，这会形成一个有害的反馈循环。推荐反馈循环的这种方式使用混杂的数据来同质化用户行为，而这种同质化又会随着循环的增加而被放大。真实世界中存在的并且在训练数据中体现的偏差可以被推荐系统建模和放大，并且最终作为有偏差的建议返回给用户，这个反馈过程会产生一个自我延续的循环。④

四、“各有所好”抑或“共同牢笼”：推荐算法后果之维

对推荐算法产生的推荐效果，不少研究者在当前依然不假思索地套用“千人千面”的个性化效果的表述，“个性化推荐系统是在掌握用户数据的基础上，对用户的兴趣和需求做出预测，并通过信息过滤算法将不同的信息推送给不同的用户，从而实现‘千人千面’的个性化效果”⑤，并由此自然推导出信息茧房的“千人千面”性。但需要指出的是，推荐算法会导致网络平台中具有不同传播效果的内容、不同影响力的用户之间的“马太效应”进一步加剧，这种后果会助推社交媒体平台“霸权”。这会使可供推荐算法选择的推荐内容在这个过程中走向单一化与集中性，使得“投其所好”的推荐算法难以形成“千人千面”的信息茧房。

一方面，推荐算法会加剧网络平台内容和用户影响力“强者愈强、弱者愈弱”的“马太效应”。有学者在 Spotify 和 SoundCloud 这两个被广泛用于音乐发现的流媒体平

---

① AIROLDI M. The techno-social reproduction of taste boundaries on digital platforms: the case of music on YouTube[J]. Poetics, 2021, 89(1):1-13.

② PEDERSEN E. My videos are at the mercy of the YouTube algorithm: how content creators craft algorithmic personas and perceive the algorithm that dictates their work[R]. Berkeley:University of California, 2019.

③ WANG X. YouTube creativity and the regulator's dilemma: an assessment of factors shaping creative production on video-sharing platforms[J]. Albany law journal of science and technology, 2022, 32(3):1-41.

④ EDIZEL B, BONCHI F, HAJIAN S, et al. FaiRecSys: mitigating algorithmic bias in recommender systems [J]. International journal of data science and analytics, 2020, 9(2): 197-213.

⑤ 杨莉明.个性化推荐在移动新闻资讯传播中的应用、影响与反思[J].新闻与传播评论,2020,73(2):47-58.

台上创建了新的用户配置文件，并记录了新用户发现音乐过程的每个步骤。实验结果表明，推动这些发现播放列表的推荐算法在本质上促进了明星驱动、赢家通吃的市场的延续。[①] 虽然算法推荐随着时间的推移提供了视频的多样性，但在频道级别有明显的“赢家”，它们在 YouTube 的“下一个”功能中得到了提升。[②] 用户的完播率、点赞量、评论量、转发量等数据是内容综合权重的关键指标，“叠加推荐算法会根据内容综合权重进行排序和叠加推荐，从而内容可见性的等级次序迅速呈现并拉开巨大的差距”[③]。从用户角度而言，与自发行为相比，链接推荐系统使网络的构建过程向更受欢迎的联系人倾斜。

另一方面，推荐算法排序机制带来内容生产者的排序，进一步加剧了平台内容生产带来的同质化“规训”后果。网红对影响力的追求类似于围绕算法编码的“规则”构建的游戏。内容创造者通过开发策略来了解算法塑造的平台使用规则，以及追随者如何与内容互动，来进行“可见性游戏”，内容生产者所经历的商业循环受到算法的负面影响，导致平台运行中的同质化。[④] “在平台组织外部，已经获得流量倾斜的头部创作者是内容生产网络的关键行动者，他们自身的商业成功来源于算法规则的赋能，他们会主动强化与算法平台的合作，将更多数量的创作者收编到算法平台主导的价值体系中。”[⑤]有学者通过 YouTube 的算法来评估这种机械的决策形式是如何造成了视频博主的可见性等级歧视，对于 YouTube 上的女性创作者来说，该算法特权和奖励针对的是女性化内容，这些内容与消费、美容、时尚、烘焙、友谊和男友深深交织在一起，影响着她们的自我呈现方式、语调、内容选择、词汇和句子结构的使用。[⑥] 算法“专家”的影响力日益增大，“专家们”将自己定位为 YouTube 的对手，进行表面上的“实验”，以揭示或翻译隐藏的算法信号，或纠正“误导性”信息，但该建议涉及算法知识或稳定逻辑，旨在通过同质化内容、适应固定类型和归因于营销日历的逻辑来管理风险，最终，他们

---

① SILBER J. Music recommendation algorithms: discovering weekly or discovering weakly? [D]. Pennsylvania: Muhlenberg College,2019.

② MATAMOROS-FERNANDEZ A, GRAY J E, BARTOLO L, et al. What's "up next"? Investigating algorithmic recommendations on YouTube across issues and over time[J]. Media and communication, 2021, 9(4):234-249.

③ 李婧，陈龙.算法传播中的文化区隔与分层[J].苏州大学学报(哲学社会科学版)，2021，42(2)：176-184.

④ COTTER K. Playing the visibility game: how digital influencers and algorithms negotiate influence on Instagram[J]. New media & society, 2019, 21(4):895-913 .

⑤ 黄森，黄佩.算法驯化：个性化推荐平台的自媒体内容生产网络及其运作[J].新闻大学，2020(1)：15-28，125.

⑥ BISHOP S. Anxiety, panic and self-optimization: inequalities and the YouTube algorithm[J]. Convergence, 2018, 24(1):69-84.

教导创作者与 YouTube 的组织战略和商业模式同流合污。[①]

五、结语与思考:算法“公共牢笼”

对推荐算法带来的信息茧房进行反思时,在探讨其是否必然导致信息茧房的风险之时,也要放弃对“千人千面”的信息茧房这一观点的轻率套用,避免停留于对推荐算法所标榜的“个性化推送”“满足个性化需求”的盲目乐观,进而忽视这种“投其所好”的逻辑背后的内容同质性风险;研究者应正视推荐算法技术本身、其运行过程及运行结果对信息茧房内部同质化内容构成所带来的同化后果,及其导致信息茧房走向趋同而非趋异的异化逻辑;必须更彻底地认识到,算法推荐作为一种信息分发机制在根本上并没有比其他信息分发方式提供的内容更加多样化、丰富化,推送的内容也难以真正实现符合每个用户独特内容需求的“千人千面”化,因此,在此基础上形成与加深的信息茧房也并不必然具有“千人千面”的内容差异性。

推荐算法“投其所好”的逻辑看似会使用户陷入由自身偏好构筑的信息茧房,但实际上却使用户困入共同的“算法公共牢笼”,使信息茧房产生从趋异走向趋同的自我异化。这种异化指的是个性化推荐算法作用下形成的信息茧房,从“千人千面”的相互趋异走向“千人一面”的彼此趋同。它意指的不仅是推荐算法导致用户个体内容视野的窄化与封闭,更体现出推荐算法对于异质化“茧房”内容的消解,以及“算法牢笼”对用户无意识的“规训”与个性束缚。推荐算法正以“投其所好”的名义,构建趋同的信息茧房,使我们成为“算法牢笼”里的囚徒。推荐算法技术原理与设计对于实现个性化需求的标榜,无法摆脱技术本身存在的有限多样性缺陷,使得“千人千面”的信息茧房从技术角度而言便难以完全实现;推荐算法排序机制与反馈循环使算法在进行信息分发的过程中不断产生着流行性、主流性与偏见性、歧视性等算法偏差,使得推荐算法作用下形成的信息茧房也难以摆脱内容偏差及其带来的同质性后果;推荐算法并未改变社交媒体中存在的“霸权”,反而成为加剧“霸权”的力量,使推荐算法在运行过程中不断加剧着社交媒体内容可见性的“马太效应”,使可供推荐算法选择的推荐内容在这个过程中走向单一化与集中性。推荐算法本身就成为反“千人千面”的推荐内容的力量之一,使得“投其所好”的推荐算法难以实现“千人千面”的个性化效果,因此也难以形成“千人千面”的信息茧房。因此,所谓推荐算法作用下的“千人千面”的信息茧房只是一种

① BISHOP S. Algorithmic experts: selling algorithmic lore on YouTube[J]. Social media＋society, 2020, 6(1):1-11.

基于对推荐算法会满足个性化需求所推导出的简单判断。对信息茧房应有新的审视方式，而不是仅立足于推荐算法标榜的个性化口号，就轻率地得出信息茧房趋异的结论。

诚如有学者指出，“技术的本质，与制度的本质类似，因有强烈的路径依赖性而常将人类‘锁入’既有的技术路径或制度路径”[①]。辨析推荐算法作用下的信息茧房的趋同逻辑，是对推荐算法作用下“千人千面”的信息茧房的观点的反思，也是从技术政治学意义上对算法进行的思考。在多明戈斯看来，“服务”和“操纵”是同时进行的，这一过程体现了技术逐渐显现的能动性和意志。[②] 推荐算法最初是为用户提供个性化信息消费的服务，并在这个过程中产生信息茧房的风险，但其技术逻辑本身又进一步导致信息茧房从趋异走向趋同，使用户陷入共同的“算法牢笼”。这一趋同逻辑的背后也潜藏着个性化的内容消费消减风险、自主性的网络社会异化风险、可达性的公共领域反公共化风险、集中式的算法社会操控风险。所谓“千人千面”的信息茧房，只是一种未经证明的简单判断，推荐算法技术不断生成着表层的个性化、多样化向深层的内容和霸权集中的异化。而平台推荐算法恰是从“各有所好”的个性化逻辑而自我异化为用户趋同化的反向演绎，从“个性化”投其所好的起点通向“反个性化”的自身对立面。

马克斯·韦伯曾用“铁的牢笼”来比喻现代人无可选择和不可抗拒地受到强大的资本主义经济秩序的控制。[③] 借鉴这一表述，“算法牢笼”是否如“铁的牢笼”一般，成为悬挂在网络用户头顶上的“达摩克利斯之剑”？尽管仔细讨论“算法牢笼”的必然性问题已经超出本文的范畴，但是“算法牢笼”从更深层的角度而言也与正义问题有关。从柏拉图到罗尔斯，“应得”被理解为正义的基本内涵，即应得者得其所应得是谓正义。[④] 推荐算法作为智能时代信息分发的中介，对于内容可见性与内容流量的调节具有重要作用，算法往往并不直接生产内容（写作机器人除外），而恰是在生产内容的可见性——将新闻、信息和观点推荐至受众面前。[⑤] 但不同内容、不同用户本身就存在着前提性的不平等，如行业精英、娱乐明星相比于草根用户更容易获得关注度。相比于复杂的政治、经济议题，娱乐性、简单性的内容更容易获得传播加权，“过滤气泡中

① 刘瑞生.传播“重构”与技术“异化”视角下的算法辨析[J].西南民族大学学报(人文社会科学版)，2022，43(6)：164-172.

② 多明戈斯.终极算法：机器学习和人工智能如何重塑世界[M].黄芳萍，译.北京：中信出版集团，2020：1.

③ 韦伯.新教伦理与资本主义[M].康乐，简惠美，译.上海：上海三联书店，2019：180.

④ 王新生.马克思正义理论的四重辩护[J].中国社会科学，2014(4)：26-44，204-205.

⑤ 周葆华.算法、可见性与注意力分配：智能时代舆论基础逻辑的历史转换[J].西南民族大学学报(人文社会科学版)，2022，43(1)：143-152.

大多只充斥着人们感兴趣的信息，所以那些相对枯燥、复杂的话题，如政治、环境等重要的公共议题将会逐渐被动地退出社会大众的视线”①。这种前提性的不平等是必然存在的，因此使不同内容得到同等关注度的“正义”本就难以实现。而这种前提性的不平等不仅作为供算法学习的原始数据被嵌入推荐算法的设计之中，还通过算法偏差形成反馈循环，其结果是不断提升着一些内容的流行，使另一些内容更加无人问津，最终导致前提性的非公平与非正义的无限循环。正如有学者提出的“流媒体悖论”(streaming paradox)，即推荐算法与平台设计相结合，通过混合把关机制，使某些类型的内容更容易被用户获得，某些类型的内容更加难以逃脱来引导或推动用户的内容消费，使用户总体的内容消费模式从丰富走向狭隘与封闭。② 推荐算法自身无法改变或者减轻前提性的非公平与非正义，且其设计原理与运作逻辑又使其成为延续内容非公平与非正义的力量，因此注定难以实现其标榜的“千人千面”的理想结果。从这一角度而言，推荐算法正使用户从表层个性化、定制化的“我的日报”，走向深层的同质性、封闭性的信息茧房之中。“算法牢笼”的形成具有一定意义上的必然性，“算法牢笼”形成背后的必然性机制及其演变机理、如何破解“算法牢笼”，这些都有待进一步详考，也生发出更多值得深入研究的问题。

〔徐翔，博士，同济大学艺术与传媒学院副院长、教授；余珺君，同济大学艺术与传媒学院硕士研究生〕

---

① 姜婷婷，许艳闰.国外过滤气泡研究：基础、脉络与展望[J].情报学报，2021，40(10)：1108-1117.

② MAASØ A, SPILKER H S. The streaming paradox: untangling the hybrid gatekeeping mechanisms of music streaming[J]. Popular music and society, 2022,45(3):300-316.

记忆之场与文化造型:年代类互动新闻产品中的时空迁移*

The Lieux de Mémoire and Kulturelle Formung: Space-time Migration in Chronologically Interactive News Products

◎ 赵如涵　刘寒月

Zhao Ruhan　Liu Hanyue

摘要:在新兴媒体技术和新闻场域产品化的双重驱动下,主流媒体机构通过自主创新,探索出年代记忆与当下新闻议题连接的互动型新闻产品。本研究以沟通记忆理论为切入点,对27个年代类互动新闻产品进行符号分析和文本分析,辅以15名新闻生产者的深度访谈,尝试解构与阐释年代类新闻产品时空场景的搭建及其装置策略,分析时代记忆、媒介记忆与个体记忆的联动机制,以及"文化造型"下产生的新文化记忆。通过探究记忆的媒介化与数字化过程,本研究绘制了国家记忆与社会记忆在新闻场域中的融合图景。

关键词:沟通记忆;文化造型;新闻生产;年代类互动新闻产品

Abstract: Driven by the new media technology and the productization of the journalism field, mainstream media organizations innovate and explore interactive news products independently that connect the memory of the era with the current news issues. This study generated from *Kommunikative GFedächtnis* , attempted to deconstruct and explain the construction of time and space scenes of the news products of the period and their installation strategies, analyzed the linkage mechanism of era memory, media memory and individual memory and the new cultural memory produced under *Kulturelle Formung*. Therefore, this study conducted symbolic analysis and text analysis on 27

---

* 本文系北京市社科基金重点项目"可沟通视野下的北京城市国际传播能力建设研究"(项目编号:21DTR04)的阶段性研究成果。

interactive news products, accompany with in-depth interviews with 15 news producers. By exploring the mediatization and digitization process of memory, this study draws the mixed picture of national memory and social memory in the journalism field.

Keywords: Kommunikativegedächtnis, Kulturelle formung, News production, Interactive chronology news products

在数字与智能媒体技术的推动下,不同阶层与群体参与的媒体记忆书写方式得到了多维延伸。我国新闻业"以用户为中心"的产品化的探索,拓展了个人参与新闻的互动方式。年代类互动新闻产品由主流媒体制作,以媒介化的方式对个人记忆、社会记忆与时代记忆进行场景重建,将已不存在的记忆环境具身化为特定的符号,与当下的新闻议题共筑了"记忆之场"(lieux de mémoire)。

近年来,以"年代"为主题的H5互动新闻产品成为人民日报社、新华社等多家主流媒体关注的热点。2017年,为配合建军节新闻议程,由人民日报新媒体中心制作的首个年代类互动新闻产品《穿上军装》上线。截至2022年年底,多个年代类互动新闻产品浏览次数破10亿,用户上传自拍照超过8亿。[①] 为深入理解此类新闻产品的生产和传播实践,本研究希冀以"沟通记忆"(Kommunikative Gedächtnis)为理论切入点,对2019—2022年媒体中27个年代类互动新闻产品进行符号分析和文本分析(见表1),并结合对参与此类新闻产品生产的实践者(15位)的深度访谈,阐释此类产品的生产理念和机制,以及此类新闻产品是如何对时代记忆与新闻议题进行重组、重构与场景建造的。

表1 本研究中的27个年代类互动新闻产品概况

序号	新闻产品	报道主题	产品形式	出品单位
1	《复兴大道70号》	新中国成立70周年	H5	人民日报社
2	《我的年代照》	新中国成立70周年	H5	人民日报社
3	《一笔画出70年》	新中国成立70周年	H5	人民日报社
4	《记载了70年美好的抖音号》	新中国成立70周年	H5	人民日报社
5	《70年,我是主角》	新中国成立70周年	微电影	人民日报社
6	《时光打印机》	新中国成立70周年	H5	人民日报社
7	《幸福长街40号》	改革开放40年	H5	人民日报社
8	《40年光阴的故事》	改革开放40年	H5	人民日报社

① 余荣华."军装照"H5为何能刷屏朋友圈[J].新闻与写作,2017(9):78-80.

续表

序号	新闻产品	报道主题	产品形式	出品单位
9	《生于1978》	改革开放40年	纪实短片	人民日报社
10	《时光迪士高》	改革开放40年	H5	人民日报社
11	《用歌声记录40年美好时光》	改革开放40年	H5	人民日报社
12	《时光照相馆》	改革开放40年	H5	人民日报社
13	《这是一次令中国人振奋的穿越》	纪念2014年全国两会	H5	人民日报社
14	《刻度上的五年》	展现党的十八大到十九大期间的建设成就	动画短片	人民日报社
15	《七十年,一路同行》	人民日报创刊70年	H5	人民日报社
16	《课本里的新中国》	新中国成立70周年	H5	中央电视台
17	《头条里的青春中国》	新中国成立70周年	微电影	中国青年报社
18	《浙江路70号》	新中国成立70周年	H5	浙江日报社
19	《时光方程式——你的记忆深处是什么?》	新中国成立70周年	H5	人民日报社
20	《40年金曲挑战赛》	改革开放40年	H5	光明日报社
21	《经典影视闯关赛》	改革开放40年	H5	光明日报社
22	《方言猜猜猜》	改革开放40年	H5	光明日报社
23	《拆盲盒寻宝物》	建党100周年	H5	新华社
24	《2021,送你一张船票》	建党100周年	H5	新华社
25	《老照片会说话 穿越时空遇见TA》	建党100周年暨五四青年节	互动视频	新华社
26	《党员,请选择》	建党100周年	互动视频	华龙网
27	《一颗红星的旅程》	建党100周年	H5	央广网

一、文化造型:新闻、媒介与记忆研究

对记忆的系统研究始发于心理学,该学科定量实验研究的开创者艾宾浩斯(H. Ebbinghaus),以无意义的音节和诗歌作为实验材料来衡量人类记忆的潜力。① 随着各学科的发展与交融,记忆研究成为重要的跨学科切入点。法国记忆研究学者皮埃尔·诺拉(Pierre Nora)在《记忆之场》中提出:"记忆之场的特征是实在的、象征的和功能的,包含自然的也包含人为的。在现实中,记忆之场没有所指对象,它只指向自身符号,纯粹的符号。"②

在新闻与传播研究中,学者们多从媒介记忆、集体记忆着手对媒介呈现、记忆和空间的互动等进行探索,丰富的研究几乎涵盖了媒体变迁的所有阶段。例如,周雅通过

① 邵鹏.媒介作为人类记忆的研究:以媒介记忆理论为视角[D].杭州:浙江大学,2014.

② 诺拉.记忆之场:法国国民意识的文化社会史[M].黄艳红,等译.南京:南京大学出版社,2020:1-15.

解读1949—1956年这一社会主义过渡时期的"国家史"和"广播史",认为广播从业者在生产过程中承担了历史当事人和新闻权威讲述者的双重角色,他们重新阐释了新中国成立等一系列"关键事件",在历史叙述中完成了集体记忆建构。① 进入电视时代,以春晚为典型的电视晚会,承载着家庭和社会有关春节和观影的记忆,也是"家—国"记忆的召唤者,是大众媒介时代观众借此来理解自己与家庭、社会和国家关系的途径。② 邵鹏将互联网时代总结为记忆4.0时代,其特征是媒介记忆已经全面数字化,并为社会记忆搭建了数字化图书馆,人类记忆将被带上了一个新的高度。③ 国内较早探讨媒介与记忆关系的学者李红涛在其专著《记忆的纹理》中,将不同类型的媒介、空间、创伤进行整合研究,追溯南京大屠杀创伤叙事在主流媒体中的建构过程,立体地阐释了创伤叙事的生产和再生产、媒介纪念空间的生成,以及媒介舞台上和记忆之所里的记忆实践。④

大众媒体是启动、制约、更新、改写人们记忆的最重要的社会机制之一,因此媒体经验是构成公众记忆的重要因素。⑤ 作为媒体的核心内容之一,新闻为构成个人记忆与集体记忆提供了丰富的素材和解释框架。沃克默(Volkmer)运用焦点小组方法比较了九个国家不同世代的公众与新闻媒体相关的记忆,其结果显示,过往的事件不仅是历史或事实,还为形成新的全球集体记忆提供了大量素材。⑥ 基奇(Kitch)也认为新闻媒体具有修正功能,其记忆工作与其他文化记忆形式紧密关联,广泛存在于不同时空和不同类型的新闻报道当中。例如,全球媒体对美国"9·11"事件的报道构成了该事件的全球记忆缩影。记忆的国际化与新闻的国际化相互呼应,而新闻的全球化流动也影响了媒体在生产过程中援引或调用记忆的方式。⑦ 值得注意的是,由于全球媒体的制度性与文化性差异,关于特定事件或议题的记忆流动也存在时间和价值上的秩序差距。

本研究则倾向以记忆研究中的重要概念"沟通记忆"作为棱镜来理解年代类互动新闻产品的深层传播机制。沟通记忆是著名记忆研究学者扬·阿斯曼(Jan

① 周雅.新中国广播的媒介记忆:国家史与广播史的双重阐释(1949—1956)[M]//中国新闻传播研究,2019:101-117.

② 谢卓潇.春晚作为记忆实践:媒介记忆的书写、承携和消费[J].国际新闻界,2020(1):154-176.

③ 邵鹏.记忆4.0:数字记忆与人类记忆的归宿[J].新闻大学,2016(5):67-72,149.

④ 李红涛,黄顺铭.记忆的纹理[M].北京:中国人民大学出版社,2017.

⑤ 王纪潮.有选择的社会记忆[J].博览群书,2006(5):41-47.

⑥ VOLKMER I. News in public memory: an international study of media memories across generations[M]. New York: Peter Lang Publishing,2006:195-251.

⑦ 李红涛,黄顺铭.新闻生产即记忆实践:媒体记忆领域的边界与批判性议题[J].新闻记者,2015(7):36-45.

Assmann)在与托尼奥·霍尔谢尔(Tonio Hölscher)合作的著作《文化与集体记忆》中提出的概念。作为其后续更宏观的文化记忆研究中的一部分,沟通记忆理论探讨了非专业性、角色交互性、无组织性和不确定性的短期记忆,以及如何通过"文化造型"(Kulturelle Formung),即过去进行的有组织的和仪式化的沟通与交往(文字记载、礼仪仪式、文物等),以及机构化或制度化的沟通交往(庆祝和观看等),把记忆的内容持久固定。① 沟通记忆理论强调,这些由短期记忆转换成的具有延续性的持久记忆并不是任意形成的,而是个体在与所在群体进行沟通、互动后建构的,是建立在对过去的共同认识之上的。在本研究中,年代类互动新闻产品通过建立"过往"与"当下"、"个体"与"国家"、"用户"与"新闻"的连接与互动,完成了对特定时代记忆的重塑与文化造型,并形成了当下的集体记忆。

二、时空再现:年代类互动新闻产品的装置与构件

年代类互动新闻产品的传播机制是对具有记忆功能的符号进行调用和重组以制造新的场景,并通过吸引用户在具有文化属性的记忆空间内的互动,完成对新闻报道的体验。文化的记忆空间的结构和性质主要是由它们的记忆媒介的材料决定的,即每种媒介都会打开一个通向文化记忆的特有通道。② 相比其他新闻产品,年代类互动新闻产品主要通过记忆装置与构件生成特定年代的场景,这也是一种新闻策展(News Curation)。本文通过对 27 个样本的分析发现,媒体形塑时空场景的装置与构件主要有如下特征。

(一)宣传标语:场景中的时代话语

"标语"通常是简练的文字宣传口号,以粗体的、醒目的方式放置于人流密集的场所,与公众的日常生活实现了广覆盖、多嵌入的融合。基于特定时代的政治现实,精练的、便于记忆的标语从国家发展理念、政策文件、领导人发言中被提炼出来,通过媒体向大众传播以进行社会动员。作为一种制度文化的表征,宣传标语是社会成员理解、记忆国家核心价值观和政治环境的有效途径。标语通常伴随时代的变迁而更替,这些带着时代烙印的符号与社会成员的生活空间共同形成一种政治景观。在本研究的样

---

① ASSMANN J. Kollektives gedächtnis und kultlurelle identität[M]//ASSMANN J, HÖLSCHER T. Kultur und gedächtnis. Frankfurt am Main,1988:9.

② 阿斯曼.回忆空间:文化记忆的形式和变迁[M].潘璐,译.北京:北京大学出版社,2016:410.

本中，新闻媒体通过对标语的选调，还原了这种极具中国特色的宣传实践。

整体而言，研究样本中的标语篇幅通常在20字以内，涉及社会发展、体育赛事、精神倡导等多个方面。这些宣传话语强化了用户对过往时代的感知、对社会发展或执政绩效的积极评价，以及媒体的新闻权威，巧妙地利用"过去的新闻"建构了当下新闻的正当性。以人民日报社年代类互动新闻产品《复兴大道70号》为例，"热烈庆祝我国第一颗氢弹爆炸成功""热烈祝贺第十一届亚洲运动会开幕"等标语在年代类新闻产品中分别代表了20世纪60年代的科技突破和90年代中国国际形象的提升(见表2)。

表2 人民日报社年代类互动新闻产品《复兴大道70号》中使用的部分标语

年份	标语内容	年份	标语内容
1950年	保卫和平是英雄 建设祖国是好汉	1983年	为早日实现四个现代化贡献力量
	改变粮食加工标准 制用九二米八一面		遵守交通规则 听从民警指挥
	抗美援朝 保家卫国		教育要面向现代化 面向世界 面向未来
1952年	发展体育运动 增强人民体质	1986年	实施义务教育不收学杂费
1953年	为胜利完成第一个五年计划而奋斗	1990年	热烈祝贺第十一届亚洲运动会开幕
	庆祝朝鲜停战协定签字	1991年	支持希望工程 关心孩子成长
1963年	向雷锋同志学习		安全生产1000天
1964年	热烈庆祝我国第一颗原子弹爆炸成功	1996年	热烈庆祝京九铁路开通运营
	工业学大庆 农业学大寨 全国人民学解放军	2000年	开发西部 建设家园
1966年	抓革命促生产	2003年	众志成城 抗击非典
1967年	热烈庆祝我国第一颗氢弹爆炸成功	2005年	取消农业税，繁荣农村，发展农业
1976年	向战斗在抗震救灾前线的英雄们致敬！	2008年	北京欢迎您
1977年	尊重知识 尊重人才	2010年	城市让生活更美好
1978年	我们要跑步奔向祖国的未来	2012年	热烈庆祝作家莫言先生荣获诺贝尔文学奖
	热烈庆祝全国科学大会胜利召开	2013年	"一带一路" 共建繁荣
	热烈拥护党的十一届三中全会的胜利召开	2015年	中华圆梦 百姓有福
	向科学进军		热烈庆祝申冬奥成功
1981年	团结起来 振兴中华	2017年	热烈庆祝"复兴号"中国标准动车组首发
1982年	全国各族人民积极参加人口普查	2019年	我们都是追梦人
	计划生育 基本国策		

(二)国家符号:场景中的"三原色"

年代类互动新闻产品场景塑造的第二个策略是对图像符号的重组。鉴于分析样本中符号的复杂性,本研究采用皮尔斯的像似符号(Icon)、指示符号(Index)、规约符号(Convention)分类方法进行分析。具体而言,年代类互动新闻产品的符号选用具有如下特征。

在本研究中,重要历史事件与新闻人物、体育名人等是像似符号的重要组成部分,即通过肖似的方式表征对象。在研究样本中,中国女排作为符号被频繁选用。因为"'民族/国家'的概念可以围绕其自身的体育代表而建构起来,这一概念通过媒体机构在内部和外部被广泛传播,从而成为在人类情感世界的深处连接国家记忆的重要文化象征"[①]。新闻产品通过排球将体育活动、集体精神与国家发展联系起来,结合时代背景创造新的记忆点。再如,在展现我国现代化发展成效的场景中,火车与铁路是重要的表意符号。国家铁路的发展历程展现了国民经济的发展动脉,公共交通的建设成果也是社会生活质量提升的重要标志。

年代类互动新闻产品惯用的第二类符号为指示符号,即符号与对象之间建立的一个确定的、与时空相关联的实物或实践。例如前文涉及的标语,就是典型的指示符号,内容大体可分为军事领域、经济建设、科教文卫建设、政治与社会动员。这些指示符号以凝练的文字体现了特定时代的政策导向、文化价值观以及新闻实践,在建构当前与历史融合的场景中具有重要的缩短时空距离的作用。

作为建立在社会约定基础上的符号,规约符号通过社会团体的约定进行表征。年代类产品中,规约符号是产品符号体系的核心元素,其中包括代表中国共产党的五角星,代表中国的五星红旗。在研究样本中,《复兴大道 70 号》中的火车、《幸福长街 40 号》中的照相馆以及《我的年代照》中的服饰上都有五角星符号呈现。

(三)时代声音:原声切片与流行金曲

音乐作为一种表现艺术与社会意识形态载体,反映了人类的思想情感。因此,音乐的形成必然是其时代多种元素的文化造型结果。声音是年代类互动新闻产品中唤起情绪与记忆的重要元素,它通过激发体验者的音乐审美心理结构的变化产生传播效果。研究发现,年代类互动新闻产品通常以两种方式调用声音:一是对历史原声与录

① 伯顿.媒体与社会:批判的视角[M].史安斌,译.北京:清华大学出版社,2007:347-348.

像进行切割使用,重现重要的历史性时刻;二是利用时代的大众流行音乐唤起情绪,建立用户对年代的回忆联结。

在本研究的样本中,声音的运用呈现碎片化、非连续的特征,作为一种伴随文本参与叙事。这些声音符号以生活性声音符号和政治性声音符号为主,其次是文化性声音符号和社会性声音符号。这些“重复”的声音指向特定的历史记忆。相较其他符号,音乐符号的历史固定点更难以追溯,并在社会变迁中被不断再造。

(四)虚拟空间:地理迁移与场景搭建

地理环境和空间的构造对记忆唤起有独特的作用,它们不仅能够通过物化的手段加固记忆,还能体现历史的延续性。年代类互动新闻产品场景的互动基础是将建筑与地域作为记忆的考察空间,通过地理迁移将记忆视觉化,将空间概念模拟化、具象化。例如,样本中的场景空间多选择公共区域,如广场、街道、工厂等。地理空间被极具时代特征的物品图像装饰,从而搭载出明确的年代框架。作为场景的背景和基础元素,地理空间在新闻产品中完成了时间迁移,描摹了跨越时空的“混杂的”(hybrid)的个体日常生活。年代类互动新闻产品也正是通过空间的历史性传播创造了新的记忆场所,为用户提供了游走于不同时空的体验(见图 1)。

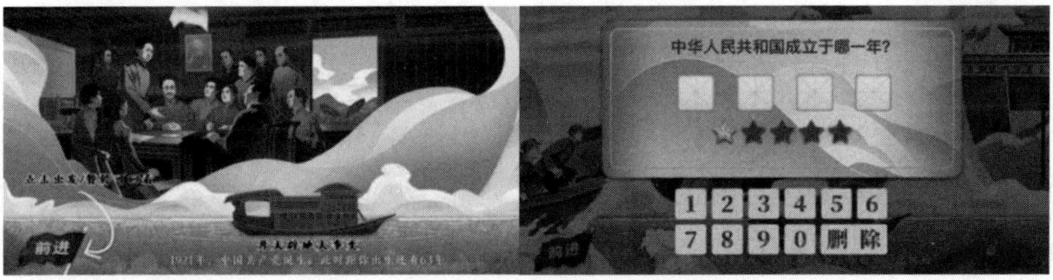

图 1 《2021,送你一张船票》互动页面

(五)典型模范:时代精英与精神风尚

每个时代与社会都通过对特定材料的“呵护”巩固和传达自我形象。以“时代楷模”为代表的典型人物即重要的“材料”,是历史现实的重要贡献者。英雄模范、先进典型、时代楷模是近代史上极具中国特色的社会文化现象,他们在发挥价值示范作用的同时,也成为延续历史记忆的重要叙事对象。这些原型人物通过文化造型,为当前的新闻用户设置了铺垫,使受众能够迅速建立起对新闻文本中对象的联系与认知,重温时代的精神风尚(见图 2)。

图 2 《渐渐远去的老行当》互动页及分享页面

在年代类互动新闻产品中,以政治领导人、科学家等为代表的精英人物与以农民、工人为代表的工薪阶层都作为时代的文化形象被呈现。这种以人作为“历史存在物”的文化造型是典型的制度化产物。部分年代类互动新闻产品中的“换脸”体验,让人们以沟通、协商的方式把过去的经历现实化,以“假想”“扮演”的方式实现意义的更新。

三、时空连接:新闻记者的生产动因与体验

相比传统新闻报道,年代类互动新闻产品的生产需要多层次的技术支持与采编实践。通过协作式生产,新闻生产者的记忆被激活,不同代际的合作者以自身体验为基础,对当前的新闻议题进行场景重制和记忆更新。根据深度访谈,我们发现年代类互动新闻产品的生产动因和体验主要有如下三个方面。

首先,新闻场域的产品化趋势。面对媒介技术带来的新闻业态变迁,新闻实践者在多重压力下,以产品化为契机,尝试创新新闻报道模式,通过互动强化时代记忆的传承,弥补了传统宣传实践中记忆元素的缺位。在内容层面,年代类互动新闻产品是新闻内容、形式、功能的多维创新。这一连接历史与当下、实现跨时空的互动体验的新产品,是新闻场域产品化创新的探索。同时,受访者普遍认为,“旧识”+“新知”的复刻更容易引起用户共鸣,这种新型新闻产品可以根据以往的文字和影像资料,依据现实经验,从中抽离记忆符号,借助媒介手段搭建记忆空间。基于平台社会的发展,新闻生产由单一主体转向融合创作,催生了图像呈现、互动体验、技术更新等环节的协作式生产。年代类互动新闻产品的生产即采用团队合作模式,由专业记者和编辑把控产品内

容、价值导向,由技术团队实现记忆与互动的具象化和操作化。

其次,主流媒体的记忆权威与"怀旧"精神。在制作年代类互动新闻产品的过程中,主流媒体在历史原始材料的保存与调用、新闻报道的协作生产等方面具有明显优势。特别在国家纪念、体育赛事等重大活动的新闻议程设置中,主流媒体能运用丰富的媒体资源和历史经验更新传统的叙事方式,建立历史与当下的连接,塑造独具特色的"中国记忆场"。另外,在年代类互动新闻产品之前,新闻媒体已呈现出对过往的"热忱",例如,《南方周末·文化》设立的"往事"专版,其前身是1998年出炉的"解密新闻"。更有学者将此类实践定义为"史态类新闻",即"报道内容主体为与新近事实相关联的过去事实的新闻"①。其具体表现为,新闻从业者致力于发掘另一种"崇高"的历史,呼唤怀旧的记忆和意象,重构集体记忆和尚留存的日常生活实践。② 基奇(Kitch)在回应泽利泽(Zelizer)有关媒体记忆研究现状的文章时指出,媒体记忆与日常生活牵涉到的两个核心概念是"怀旧"和"流行"。③这种"怀旧"作为连接历史与当下的记忆重组要素,在媒介机构和政治制度的文化造型下,被年代类互动新闻产品调用为吸引用户深度参与的情感动因。

最后,新闻实践者的"双重把关"。1950年,怀特(White)在《新闻学季刊》(*Journalism Quarterly*)上发表了著名的文章《把关人:对新闻选择的个案研究》,通过研究电讯编辑对信息的加工与过滤行为,怀特发现电讯编辑的把关行为在很大程度基于"自身的经验、态度和期望"④。年代类互动新闻产品具有新闻与历史的双重属性,其生产包含对新闻议题的呈现与历史场景的再现,因此其生产过程需要完成对新闻议题与历史元素的过滤和加工。研究显示,新闻实践者的把关标准主要包括知名度高且具有一定历史价值的历史事件、符合主流媒体核心立场和方针的内容、贴近用户日常生活且能展现时代面貌的旧新闻与典范人物。

四、记忆延续:年代类互动新闻产品再思考

年代类互动新闻产品是媒体融合下出现的创新型新闻文本,其内容、符号、音乐的

---

① 杨琴.新闻叙事与文化记忆[D].成都:四川大学,2007.

② 杨琴.新闻叙事与文化记忆[D].成都:四川大学,2007.

③ KITCH C. Twentieth-century tales: newsmagazines and American memory[J]. Journalism & communication monographs,2000(2):119-155.

④ 白红义.媒介社会学中的"把关":一个经典理论的形成、演化与再造[J].南京社会科学,2020(1):106-115.详见WHITE D M.The gate keeper: a case study in the selection of news[J].Journalism quarterly,1950,27(4):383-396.

使用，都折射了我国新闻从业者对中国历史时代特征的理解。它将历史、记忆片段和互动体验作为新闻叙事策略，借助多种媒介形式连接过往与当下，强调集体记忆与个体记忆的双重体验。尽管具有“游戏”属性，但年代类互动新闻产品与强调新闻液态性、沉浸体验的“新闻游戏”概念的差异在于，年代类互动新闻产品的核心是通过符号重组完成对特定集体记忆的强化、传承及其空间的流动，再现特定历史时期的记忆缩影，强化用户对历史的“虚拟”参与。在这种新闻文本中，过往时代的短期记忆，被有组织的和仪式化的视觉图像、标语、音乐、地理迁移再造，并在机构化与制度化的庆祝和纪念中被延续至当下的新闻议题，在唤起用户情绪的同时，也通过文化造型建构了新的集体记忆。

另外，年代类互动新闻产品推动了国家记忆和社会意识的形塑。这些新闻产品从国家、社会、家庭维度展开，将国家成就与社会情怀相结合，引导用户在感受时代巨变和国家发展的同时，意识到个体在社会变迁中的角色和贡献，强调“我”与社会、与国家的联系。作为新闻的记忆，新闻记者勾勒了一幅以劳动者为基底，以政治领导人和科学家为典型模范的记忆图景，其中也融合了以“非典”“汶川地震”等为代表的创伤叙事。在年代类新媒体产品中，记忆化身为带有历史观和历史规律的史料、客观记录的旧新闻和新闻记者的口述经历。本研究中的受访者普遍认为，传统的宏大新闻主题的系列报道急需创新，新媒体生态将迫使新闻生产的思维继续转向。

结　论

年代类互动新闻产品是记忆的数字化与媒介化，是新闻媒体运用新兴技术对国家记忆、社会记忆与个体记忆的整合，也是新闻从业者对国家重要历史事件和历史时期的再塑。参照样本案例的互动评论可知，此类产品的用户也通过记忆唤起、重塑和场景体验不断调整个体的国家记忆和社会记忆。年代类互动新闻产品作为中国国家记忆的有机组成部分，通过“记忆之场”重现和强化了中国式现代化发展的时代特征和历史成就。“记忆之场”也记录着国家发展历程中的“情绪”，并通过片段的接合，完成民族情绪的书写和建构。

值得注意的是，尽管年代类互动新闻产品的创新实践获得了较为积极的反馈，但对其未来发展与系统研究我们仍需保持警惕。一方面，社交媒体与智能技术的高频迭代为“记忆的操演”提供了更多可能，传达和维持着社会记忆。但与此同时，部分年代类新闻产品使用的“AI 换脸”（AI-powered face changing）等技术衍生的伦理问题论争仍悬而未决。另一方面,作为社会系统的重要组成部分,新闻媒体以记忆调用为策略生产的新闻产品是否能在其主导的历史叙事之外,产生更广泛的社会连接和多角度的记忆书写,以及此类产品如何与中国式现代化故事的叙述与对外传播产生更积极的互动,值得未来持续探索。

〔赵如涵,中国传媒大学传播研究院教授、博士生导师;刘寒月,中国传媒大学新闻学院硕士毕业生〕

数字平台与新闻业的博弈:"科技风暴"浪潮下新闻监管的新趋势*

——对澳大利亚等国新闻强制议价制度的反思与启示

The Game between Digital Platforms and Journalism: the New Trend of News Supervision under the Wave of "Tech Storm"

—Reflections and Enlightenment on the Forced Bargaining System of News in Australia and other Countries

◎袁　锋

Yuan Feng

摘要:在数字时代,传统新闻业正陷入日渐式微的危机之中。澳大利亚等国的政府调查报告揭示,数字平台的市场力量以及新闻出版商和数字平台之间议价能力的不均衡,影响新闻出版商在线市场的发展和生存能力。据此,澳大利亚、意大利、法国等国在其竞争法体系或版权法体系中制定了新闻强制议价制度,以加强新闻业的公共监管,实现新闻出版商和数字平台的平衡发展。新闻强制议价制度被视为解决新闻市场失灵问题的有效工具、实现数字平台社会责任的重要方式,同时也是对数字平台自我监管的纠正。但就我国而言,新闻强制议价制度并非解决新闻业问题的根本路径,从立法论角度考量,移植和构建新闻强制议价制度的转换成本远大于其所可能实现的制度收益,因而我国并无必要构建新闻强制议价制度。

关键词:数字时代;新闻业;数字平台;新闻监管;强制议价

Abstract: In the digital age, traditional journalism is facing a dwindling crisis. Government investigation reports in Australia and other countries reveal that the market power of digital platforms and the imbalance in the bargaining power between news publishers and digital platforms have affected the development and viability of news publications in the online marketplace for commerce.

* 本文系上海市哲学社会科学规划课题"数字化转型背景下上海网络直播产业良性发展的版权保障研究"(项目编号:2022EXW006)的阶段性成果。

Accordingly, Australia ,Italy, France and other countries have set up a news forced bargaining mechanism in their own competition law system or copyright law system to strengthen public supervision of the news industry and achieve balanced development of news publishers and digital platforms. The news forced bargaining system is regarded as an effective tool to rescue the failure of the news market, an important way to realize the social responsibility of digital platforms, and also to correct the self-regulation of digital platforms. However, as far as my country's national conditions are concerned, from the perspective of legislation, the conversion cost of transplanting and constructing the news forced bargaining system is far greater than the possible institutional benefits, so it is not justified to transplant and construct this system.

Keywords: digital age, journalism, digital platforms, news regulation, forced bargaining

引 言

新闻业在公共生活领域中承担着重要的角色，向来被视为惠及广泛受众的公共机构。① 然而在数字时代，虽然新闻出版商一直在努力调整其商业模式以适应数字生态系统，但传统新闻业正陷入日渐式微的危机之中。澳大利亚、英国等国政府的调查报告和主流观点都把引发这一危机的矛头指向谷歌、脸书等大型数字平台的崛起。互联网经过半个世纪的商业化和社会化演进，逐渐由非营利的资源共享向"网络效应"和规模经济转向。大型数字平台依托其数字市场的商业模式创新和垄断性的市场优势日益成为全球数字经济的核心，②进而给新闻业等传统行业带来颠覆性影响。数字平台改变了整个新闻生态系统，集合了从在线发布到托管、聚合和新闻内容策划等多项功能，逐渐成为社会信息传播的核心载体，被视为"新闻和信息的中央看门人"③。数字平台的飞速发展致使新闻出版商广告收入锐减、行业萎缩、影响力衰退。数字平台和新闻出

① BROERSMA M, PETERS C. Introduction: rethinking journalism: the structural transformation of a public good[M]//Rethinking journalism. London:Routledge, 2013: 1-12.

② FELD H. The case for the digital platform act: market structure and regulation of digital platforms[J]. Roosevelt institute, 2019(5):28.

③ NAPOLI P M. What if more speech is no longer the solution: first amendment theory meets fake news and the filter bubble[J]. Fed. Comm. LJ, 2018, 70(1): 55.

版商之间复杂的竞争博弈关系影响了新闻业发展的可持续性。

面对这一问题,西方各国政府都在积极改革,以加强对新闻业的公共监管。这一趋势被描述为“科技风暴”浪潮和“新布兰代斯”运动的一部分。[①] 澳大利亚率先开启了“科技风暴”浪潮的序幕,其在2021年通过了《新闻媒体和数字平台强制议价法案》(News Media and Digital Platforms Mandatory Bargaining Code)。该项法律全球首次在竞争法体系内构建数字平台与新闻出版商强制议价的机制,反映出西方国家开始深度介入数字平台和新闻业之间复杂的博弈关系,引发了国际社会的高度关注,其示范效应和连锁效应不容低估。美国、加拿大、意大利、法国等国也竞相效仿,纷纷颁布相关法令。其中,意大利、法国等欧盟国家开辟了另一种路径,即在著作权法的框架内,在增设新闻出版者邻接权的基础上构建新闻强制议价机制。对于这一浪潮,不少学者对其赞誉有加,认为这是传统新闻业一场久违和难能可贵的胜利,有利于实现新闻出版商和数字平台之间利益关系的再平衡,为挽救传统新闻业带来了契机。[②] 但也有不少学者质疑此举,他们认为这些法律虽然都有着良好的立法初衷,但在实际效果和执行层面都面临着巨大挑战。[③] 也有学者对这些法律的正当性、合理性和有效性提出了质疑,甚至有学者称这些监管政策是一记重磅炸弹,有可能打开了“潘多拉盒子”。[④] 由此可见,在“科技风暴”浪潮下如何通过政策与制度创新加强新闻监管已成为一个迫在眉睫的问题。对此,本文将对“科技风暴”浪潮下澳大利亚等国新闻强制议价制度的渊源及具体机制构建进行全面研究和反思,同时结合我国新闻业实际情况,分析这一监管制度给我国带来的启示和借鉴。

一、新闻强制议价制度的渊源:数字平台崛起与新闻业数字化生存的危机

数字时代的新闻业和数字平台之间存在着竞争又相互依赖的复杂关系,国际社会越来越担心数字平台的市场力量会进一步影响新闻内容的供应,降低新闻出版商投资公益新闻的能力和动力。这几年,澳大利亚、英国、美国、加拿大、法国、德国、荷兰、新

---

① KHAN L M. Sources of tech platform power[J]. Georgetown law technology review, 2017(2):325.

② ROYAL A, NAPOLI P M. Platforms and the press: regulatory interventions to address an imbalance of power[M]//Digital platform regulation. London:Palgrave Macmillan, Cham, 2022: 43-67.

③ 彭桂兵,吴基祥.新闻付费议价制度在利益平衡中的作用与省思:评澳大利亚《新闻媒体和数字平台强制议价法案》[J].出版发行研究,2022(2):53-61;方兴东,钟祥铭.媒体传播变革的本质与逻辑:由媒体议价法案“澳大利亚模式”引发的思考[J].新闻与写作,2021(6):36-44.

④ FLEW T, GILLETT R, MARTIN F, et al. Return of the regulatory state: a stakeholder analysis of Australia's digital platforms inquiry and online news policy[J]. The information society, 2021, 37(2): 128-145.

西兰、瑞士等西方国家都不约而同对数字平台开展全面调查。[①] 西方政府的调查报告所得出的结论具有一致性，正如澳大利亚竞争和消费者委员会（Australian Competition and Consumer Commission ，ACCC）主席罗德·西姆斯（Rod Sims）对外宣布的那样：数字平台对新闻市场的主导行为不是熊彼特式的“创造性破坏”，而是一种威胁和危机。[②] 下文便以各国最新的政府调查为范本，对数字平台和新闻业的关系进行分析。

互联网改变了用户对新闻内容的消费方式和需求，消费者越来越倾向于通过网络媒介获取新闻，[③]因此，在数字时代，新闻出版商的主要盈利模式逐渐趋于网络订阅和数字广告。相关统计数据显示，2013—2018 年，全球网络新闻订阅数量增长了 307%，约 2600 万。[④] 数字时代数字平台的崛起影响了整个新闻业。大型数字平台逐渐统治了互联网的大部分流量和基础设施，依托其规模效应、多边市场等优势，其规模和主导地位远远超过了其他任何商业实体，尤其是“FAMGA”（Facebook、Apple、Microsoft、Google、Amazon）5 家大型数字平台正日益控制着全球数字市场经济。[⑤] 数字平台的影响力也逐渐渗透和改变了整个新闻生态系统。一方面，数字平台是多种网络服务的混合体，能提供在线搜索、社交网络和新闻聚合等服务，这些服务改变了新闻的生产、传播和消费方式。另一方面，在实现这些功能的同时，数字平台使消费者更容易搜索和获取内容，因此数字平台逐渐取代新闻出版商成为新闻内容的策划者，干预了新闻出版商和内容消费者之间的直接联系，同时改变了整个数字广告市场的格局。[⑥] 数字平台和新闻业之间也逐渐形成包含技术、流量与用户等多种复杂因素的依赖和博弈关系，主要体现为以下几点：

（1）在与新闻出版商的“用户注意力”的竞争中，大型数字平台依托其网络效应、规模经济、消费者在选择搜索或社交媒体服务时的惯性、反馈环路等优势，获得了实质性的市场力量。例如澳大利亚人花一半的时间在网上使用谷歌（20.5%）、脸书

① FLEW T, WILDING D. The turn to regulation in digital communication: the ACCC's digital platforms inquiry and Australian media policy[J]. Media, culture & society, 2021, 43(1): 48-65.

② SIMS R. Instruments and objectives: explaining the news media bargaining code [EB/OL].(2022-06-22)[2024-04-13]. https://papers.ssrn.com/sol3/papers.cfm? abstract_id=4116964.

③ OECD.Competition issues concerning news media and digital platforms[R]. Paris,2021.

④ AlphaBeta Australia. Australian media landscape trends[R].North Sydney, 2020.

⑤ FEL D H. The case for the digital platform act: market structure and regulation of digital platforms[R]. New York:Roosevelt Institute, 2019.

⑥ OECD.Competition issues concerning news media and digital platforms[R]. Paris,2021.

(18.6%)、微软(3.4%)、Snapchat(2.4%)、苹果(2.1%)和新闻媒体(2.3%)的服务。[①]在美国,68%的美国新闻消费者从社交媒体获得新闻,其中脸书是最大的来源(43%),其次是 YouTube(12%)和推特(8%)。[②]

(2)数字平台在数字广告市场中处于支配地位,或具有显著的市场力量。数字平台在“用户注意力”竞争中的实质性力量,排除或影响了新闻出版商获得与其内容相关的用户数据的机会,进而限制了他们为受众定制广告的能力。而数字平台收集和控制了大量新闻用户的数据,并使用算法来分析用户的消费行为和偏好,进而获取大量的广告收入,巩固了数字平台的市场力量。例如,在澳大利亚,谷歌、脸书和 YouTube 在 2020 年获得了数字广告市场 80%的份额;[③]在加拿大,谷歌和脸书在数字广告市场上占有 75%以上的份额;[④]在英国,54%的互联网广告收入流向了谷歌和脸书。[⑤]

(3)由于数字平台逐渐成为新闻内容传播的核心载体,许多新闻出版商依赖数字平台承载内容并将流量带回自己的网站。其中数字平台的新闻聚合服务,现在已经成为大多数新闻消费者的初始新闻来源,对新闻出版商的流量影响最大。例如,英国主要新闻出版商的 40%的网络流量来源于谷歌和脸书;[⑥]而澳大利亚新闻网站 32%的流量来源于谷歌,18%的流量来源于脸书。[⑦] 在新闻出版商将数字平台作为其关键来源时,数字平台就可以控制新闻内容的呈现方式,这可能会降低新闻出版商策划自身产品的能力,并导致新闻品牌的淡化,同时也使数字平台可以“搭便车”,不向新闻出版商支付使用其新闻内容的费用,或“胁迫”新闻出版商接受一些有利于平台但损害自身利益的政策。

在上述机制的作用下,数字平台在新闻市场中获得了显著性力量和优势,并导致数字平台与新闻出版商之间议价能力的不平衡,这已经影响到新闻出版商在线市场的开拓,并威胁到他们的数字化生存能力。例如在美国,在数字平台的冲击下,报纸的总发行量在 2020 年已经下降到 1940 年以来的最低点,报纸的广告收入从 2000 年的约

---

① Australian Competition & Consumer Commission.Digital platforms inquiry:final report[R]. Canberra,2019.

② ELISA S,KATERWA E M. News use across social media platforms 2018[R]. Washington:Pew Research Cente, 2018.

③ Australian Competition & Consumer Commission.Digital platforms inquiry:final report[R]. Canberra,2019.

④ News Media Canada . Levelling the Digital Playing Field[R]. Toronto,2020.

⑤ The Competition and Markets Authority . Online platforms and digital advertising market study[R]. London, 2020.

⑥ The Competition and Markets Authority . Online platforms and digital advertising market study[R]. London, 2020.

⑦ Australian Competition & Consumer Commission.Digital platforms inquiry:final report[R]. Canberra,2019.

487亿美元下降到2020年的88亿美元。而与此同时，所有数字平台的广告收入都在直线飙升，其中谷歌和脸书拿走了一半以上的广告收入。这造成了记者被裁员和新闻报道减少，影响了大型出版商和地方新闻机构的运作。① 在澳大利亚，在数字平台的冲击下，在2019年之前的十年里，大约有100家报纸停刊，这意味着该国的新闻报纸总数下降了15%。2006—2016年，长期雇用的记者人数也下降了9%。新闻公司和记者数量的急剧减少，导致政治、司法和科学领域的公益新闻报道大量减少。2019—2021年，澳大利亚关停了135家新闻机构。②

二、新闻强制议价制度的法律机制及其现实挑战

为缓和新闻出版商和数字平台之间复杂的竞争态势、解决数字新闻内容和数字广告市场失灵问题，国际社会掀起了加强新闻监管的新潮流。以澳大利亚为代表的国家率先建立了新闻强制议价制度。该制度的核心在于加强政府对新闻领域和数字平台的监管，其目的是解决数字平台在新闻领域中被指控的剥削问题，通过监管工具消除数字平台与新闻出版商议价能力的不平衡，让新闻出版商从数字发行中获得更多价值，以促进公共新闻的产出。许多学者认为，建立新闻强制议价制度的正当性主要包括三个方面。①数字平台威迫性的议价能力阻碍了新闻出版商发展可持续的、有竞争力的商业模式，导致公共新闻供应不足，加剧了新闻市场的失灵。而新闻强制议价制度促使政府对数字平台采取有效的监管和谈判等干预措施，在保障新闻出版商获取“公平报酬”的基础上，促进公共新闻的产出，因而被各国政府视为纠正新闻市场失灵的有效工具。③ ②数字平台应当承担与其所获利益和技术风险相当的社会责任，数字平台的社会责任包括与“一系列有组织的、相互竞争的利益有关”，并将“国家和决策机构的作用确定为调和这些相互竞争的利益以实现共同的目标”，新闻强制议价制度是监督数字平台承担社会责任的一种重要方式。④ ③新闻强制议价制度体现了相关利益者共同参与和监管的趋势，有利于解决数字平台“监管失衡”的问题，是对数字平台自我监管的纠正。它通过构建法律机制，将新闻业和数字平台列为监管的对象，同时

① U.S. House of Representatives. Investigation of competition in digital markets—majority staff report and recommendations[R]. Washington，2020.

② Australian Competition & Consumer Commission.Digital platforms inquiry：final report[R]. Canberra，2019.

③ NEILSON T，BALASINGHAM B. Digital platforms and journalism in Australia：analysing the role of competition law[J]. World competition，2022，45(2)：5.

④ FLEW T，GILLETT R. Platform policy：evaluating different responses to the challenges of platform power [J]. Journal of digital media & policy，2021，12(2)：231-246.

设立一个稳定的、可预测的谈判框架,允许相关利益者共同参与,对使用新闻内容的费用进行强制议价,并通过政府监管机构的监督和强制执行,为各方议价方案提供快速、有效的实施途径。①

新闻强制议价制度的兴起表明各国政府越来越支持对新闻领域和数字平台采取监管和干预措施。其中澳大利亚成为国际上的先导者,其颁布法律所建立的新闻强制议价机制是新闻公共监管制度的典范,随后美国、加拿大、意大利、法国等国纷纷颁布相关举措予以效仿,下文对其予以详述。

(一)澳大利亚:《新闻媒体和数字平台强制议价法案》

ACCC 在 2019 年 7 月发布了一份关于数字平台对新闻市场影响的调查报告。澳大利亚政府在 ACCC 调查报告的基础上,呼吁“ACCC 与有关各方合作,制定和实施自愿守则”。但在 2020 年 4 月,澳大利亚政府又宣布自愿守则的进展过于缓慢,因而决心起草一份《新闻媒体和数字平台强制议价法案》(以下简称《法案》),并在同年的 7 月公布了一份草案。草案发布后,作为澳大利亚政府重点针对的数字平台,谷歌和脸书开展了一系列反抗立法的活动,例如威胁说要退出澳大利亚市场,脸书甚至一度封禁了澳大利亚各大新闻媒体和公共服务机构的脸书账号。但最终澳大利亚政府与脸书、谷歌等利益主体进行了谈判和协商,澳大利亚政府同意修改《法案》草案的部分条款,以获取脸书、谷歌对本地新闻业的赞助和支持。2021 年 2 月 25 日,澳大利亚议会正式通过了这一妥协后的《法案》。

澳大利亚《法案》设立在了其竞争法体系内,也即《2010 年竞争与消费者法》(Competition and Consumer Act 2010)第四部分“限制性贸易惯例”中的“行业规范”之后。《法案》旨在达成以下四项立法目的:①鼓励新闻媒体与数字平台进行议价准则以外的商业谈判;②鼓励数字平台公布授权标准,使新闻媒体能更有效地达成协议;③确保履行独立仲裁制度,使协商争议发生时能有效、公平地平衡双方报价;④要求数字平台公布明确的行业标准,包括在算法变更时应提前 14 天通知受影响的新闻媒体从业者。《法案》内容共包括 11 个主要章节,其中新闻媒体议价资质、强制议价对象(数字平台)的主体和义务以及强制议价程序为《法案》的核心内容。

首先,并不是所有的新闻媒体都可以享有议价的权利,而是需要符合以下资质才可以参与议价。①新闻媒体必须是公司。②每个新闻来源的主要目的必须是创造“核

① FURMAN J, COYLE D, FLETCHER A, et al. Unlocking digital competition: report of the digital competition expert panel[R].London,2019.

心新闻内容”,包括(a)与本国参与公共辩论和为民主决策提供信息有关的问题或事件;(b)当前在地方、区域或国家层面对本国具有公共意义的问题或事件。③《法案》对新闻的范围也有明确限定,即新闻必须“发生在本国并以服务本国公众为主要目的”。④新闻必须符合特定的质量标准,例如澳大利亚新闻委员会制定的业务标准或者内部编辑标准。⑤每个新闻来源必须具有“对其新闻报道对象的编辑独立性”。⑥申请公司最近一年的年收入必须超过 15 万美元,或最近五年的账目中至少有三年盈利。设置这些资质条件的目的是确保只有生产公共利益新闻的新闻媒体才能从该《法案》中受益。

其次,作为强制议价的对象,《法案》明确规定了数字平台的主体范围和义务。就数字平台的主体范围而言,《法案》第 52 条规定,澳大利亚财政部部长可以指定特定公司为该法指定的“数字平台公司”,但《法案》并没有对数字平台公司的内涵和范围作出明确规定,而是对财政部部长如何选定数字平台公司规定了相关考量因素。①澳大利亚新闻业与该公司及其所有关系企业间的议价能力,是否存在严重不平衡。②该公司群集与澳大利亚新闻媒体之间有关新闻内容的协议,是否对澳大利亚新闻业的持续发展有重大贡献。就数字平台的义务而言,数字平台公司在被指定之后,必须要遵守“最低标准”,履行“不歧视”义务。“最低标准”是指数字平台公司需履行四项义务。①分享数据,数字平台公司应每年向注册的新闻企业分享数字平台用户的基本数据、平台使用的新闻内容等相关信息。②提前通知算法变化,如果数字平台公司要变更算法,并且这一算法的改变将会对其所引荐的内容产生改变且产生重大影响,那么数字平台公司应至少提前 14 天通知注册的新闻企业。③促进公开交流,这要求指定的数字平台公司必须在澳大利亚设立一个联络点,并确保与该联络点持续交流。④制作原始新闻内容,也即指定的数字平台公司应确保其所提供的新闻内容是原创的,并且不会使公众误解。“不歧视”义务是指数字平台公司应对所有新闻企业(无论是否注册)提供同等程度的抓取、索引和分发新闻内容的服务。

最后,强制议价程序包括自由谈判、强制调解和最终仲裁三个阶段。在自由谈判阶段,指定的数字平台公司应当与满足前述资质的新闻企业真诚地就所提供的新闻内容的相关问题进行自由协商,一旦达成协议,各方应履行协议内容。在强制调解阶段,如果谈判各方在三个月内不能达成协议,或者他们同意进行调解,他们就必须本着诚意进行调解。调解员由澳大利亚通讯与媒体管理局(Australian Communication and Media Authority,ACMA)任命,双方应在规定的期限内(2—4 个月)完成调解。在最终仲裁阶段,如果调解不成功,谈判双方可通知 ACCC 进入最终仲裁阶段。仲裁小组由谈判双方选择，如果双方未能就小组成员达成一致，则由 ACMA 任命。在触发强制仲裁后的 10 天内，每一方都必须提交一份关于数字平台支付报酬金额的最终提议，仲裁小组必须接受其中一个提议，除非仲裁小组认为每个最终提议都不符合公共利益，也即“可能对本国新闻业或新闻消费者造成重大损害”。此时仲裁小组需要调整这两个选择中最合理的一个，以便使这个选择符合公共利益。在向仲裁小组提出最终意见之前，谈判各方可以要求对方提供信息。而一旦仲裁小组作出最终报价决定，就对双方均有法律上的约束力，并且双方都没有上诉权。如果不遵守最终决定，该公司在澳大利亚将会面临每年营业额的 10% 或者 1000 万澳元的高额罚款。最终仲裁规则是澳大利亚强制议价制度的核心，因为与传统商业仲裁相比，最终仲裁具有两个非常重要的特色。一方面，它让双方确定一个合适的价格，仲裁小组从两个报价中选择一个，而不是自行确定一个价格，这将阻止模糊的索赔，并促使双方提交最合理的报价。另一方面，最终仲裁将确保双方解决方案快速、有效地实施，因为仲裁员需要在收到各方报价的 30 个工作日内做出决定，而且高额罚款也将确保仲裁的威慑力。①

(二)其他国家的相关举措

在数字时代，世界各国新闻业都面临着与澳大利亚相同的生存危机，所以当澳大利亚强制议价法案颁布实施之后，许多国家竞相效仿。一些采用与澳大利亚相似竞争法体系的国家都试图在本国竞争法的框架内增设新闻强制议价机制。例如美国在 2021 年 3 月推出了《新闻业竞争与保护法案》。该法案规定了新闻出版商与占主导地位的数字平台之间进行集体谈判的条件，规定谈判不能“局限于价格”，必须“直接关系到新闻内容的质量、准确性、署名或品牌，以及可操作性”②。加拿大在 2022 年 4 月推出了《在线新闻法案》，该法案基本上以澳大利亚立法为蓝本，要求新闻出版商与数字平台就新闻内容进行公平的商业交易，允许相关利益主体进行集体谈判和最终报价仲裁，并在该过程增加公共问责制，以提升透明度。③ 英国政府也对外宣布，将在竞争和市场管理局(CMA)内部设立一个专门的数字市场部门，负责制定和执行新闻强制议

---

① COLANGELO G. Enforcing copyright through antitrust? The strange case of news publishers against digital platforms[J]. Journal of antitrust enforcement, 2022, 10(1): 133-161.

② United States Office. Copyright protections for press publishers: a report of the register of copyrights[R]. Washington, 2022.

③ Canadian Heritage. Government introduces a bill to ensure fair compensation for news media and the sustainability of local news [EB/OL].(2022-04-05)[2024-04-13]. https://www.newswire.ca/news-releases/government-introduces-a-bill-to-ensure-fair-compensation-for-news-media-and-the-sustainability-of-local-news-832019412.html.

价制度，以重新平衡新闻出版商和数字平台的利益关系，并确保新闻出版商与他们所依赖的平台实现公平的交易，从而实现本国新闻出版业的可持续发展。CMA 认为，新闻强制议价制度还有利于解决新闻出版商原创内容收益受限、用户数据获取难、数字平台收费和排名算法不透明及算法重大变化无预警等问题。[①]

还有一些国家竞争法体系与澳大利亚不一样，因而试图在著作权法的框架内建立新闻议价机制，比较典型的是意大利和法国。欧盟为挽救日益衰落的传统新闻出版业，曾在 2019 年通过的《数字化单一市场版权指令》（以下简称《版权指令》）为新闻出版商增设了新闻出版者邻接权，试图以引入额外的权利来鼓励新闻出版商与数字平台合作，但其在实际实施时却面临诸多问题，例如新闻出版者邻接权的实施欠缺执行机构和充分的保障措施；再如新闻出版者邻接权虽然可能有利于增加大型新闻出版商的谈判筹码，但却给中小型尤其是那些创业初期的新闻出版商带来市场障碍，因为它们非常依赖谷歌等数字平台来提升和增加它们的影响力和流量。[②] 欧盟成员国有将《版权指令》内化为本国法律的义务，但为解决数字时代数字平台与新闻出版商议价不平衡的问题，一些欧盟成员国在《版权指令》的基础上建立了独特的新闻议价机制。例如意大利在 2021 年 10 月的最新版权法修法中，一方面明确引入《版权指令》的新闻出版者邻接权；另一方面为新闻出版商引入“公平补偿”机制，促使数字平台和新闻出版商进行强制性谈判。意大利修法将通信管理局确立为公平补偿的监管和执行机构，同时强制性要求数字平台与新闻出版商进入谈判流程，并在规定的期限内确定和支付使用新闻内容的费用。[③]

法国采用的机制与意大利类似，但其通过立法、行政机构以及司法等多重路径予以保障。2019 年 7 月，法国通过修法成为欧盟第一个实施新闻出版者邻接权的国家，但法国立法的修订未能促使谷歌等数字平台与新闻出版商更好地合作，反而激化了双方的矛盾，这体现在立法颁布后，谷歌拒绝与法国新闻出版商还价，并且决定不再对新闻出版商相关新闻内容提供任何索引服务，除非新闻出版商授权谷歌免费使用这些内容。谷歌的这一做法引起了法国主流新闻出版商的不满，于是这些新闻出版商组成团体向法国竞争管理局投诉，指控谷歌滥用支配地位，在删除索引的威胁下强加不公平

---

① UK Copyright and Creative Economy Centre. The neo-regulation of Internet platforms in the UK[R]. Glasgrow：University of Glasgow，2021.

② The Institute for Information Law. Academics Against the Press Publishers Right [EB/OL].(2018-04-24)[2024-04-13]. https://www.ivir.nl/academics-against-press-publishers-right/#sig08.

③ SGANGA C, CONTARDI M. The new Italian press publishers' right: creative, fairness-oriented… and invalid? [J]. Journal of intellectual property law & practice, 2022, 17(5): 421-428.

的交易条件。随后，法国竞争管理局认定谷歌的做法为滥用其支配地位，主要有三个理由：①强加不公平的交易条件；②试图阻挠国内法的实施；③在没有任何客观理由的情况下，对所有新闻出版商实行零报酬原则。[①] 法国竞争管理局据此采取新闻议价的临时措施，要求谷歌必须在三个月内与新闻出版商就法律规定的应得报酬进行真诚的谈判。谷歌不服法国竞争管理局的决定，于是向巴黎上诉法院提起上诉，但巴黎上诉法院维持了法国竞争管理局强制议价的要求。法院认为，虽然新闻出版者邻接权并不等同于获取报酬的权利，因为它没有强加给数字平台支付报酬的责任，但它要求后者能够为其内容的使用支付公平的报酬，这意味着双方必须进行真诚的谈判。因此，法国法院通过支持法国竞争管理局使用反信托责任的威胁作为杠杆，迫使谷歌与新闻出版商进行议价。[②]

(三)新闻强制议价制度的现实挑战

澳大利亚等国的新闻强制议价制度希望通过市场和非市场机制的结合，促使新闻出版商与数字平台进行谈判，以确保新闻内容的公平支付，并减少数字平台对新闻出版商的负面影响。尤其是强制议价程序的设置，一方面阻止了模糊的索赔，并为双方提交其最合理的报价提供强有力的激励；另一方面，最终仲裁或竞争管理机构的强制性保障为新闻出版商和数字平台之间的争议提供了快速解决方案，使得双方的议价能力趋于平衡，将它们的利益引向合理的方向。此外，新闻强制议价制度试图解决监管中的关键信息不对称问题，体现了政府监管在政策实施过程中发挥的积极作用，使其仅仅成为主导政治或经济利益的工具。[③] 但澳大利亚等国的新闻强制议价制度的颁布和实施却引发了理论界和实务界的广泛争议，其在实际运作过程中也面临着诸多问题。

首先，澳大利亚等国的新闻强制议价机制是快速解决新闻议价不平衡问题的功利主义工具，许多规则的设置欠缺正当性和合理性。例如，澳大利亚《法案》规定财政部部长可以指定数字平台公司为强制议价对象，但《法案》并未就其指定过程提供透明的

---

① ROSEMAIN M. Exclusive: Google's $76 million deal with French publishers leaves many outlets infuriated [EB/OL]. (2021-02-13) [2024-04-13]. https://www. reuters. com/article/us-google-france-copyright-exclusive-idUSKBN2AC27N.

② COLANGELO G. Enforcing copyright through antitrust? The strange case of news publishers against digital platforms[J]. Journal of antitrust enforcement, 2022, 10(1): 133-161.

③ FLEW T, GILLETT R, MARTIN F, et al. Return of the regulatory state: a stakeholder analysis of Australia's digital platforms inquiry and online news policy[J]. The information society, 2021, 37(2): 128-145.

程序和规则，这在事实上赋予了财政部部长较大的自由裁量权，并增加了数字平台被监管的风险。《法案》中要求平台与新闻出版商分享用户数据以及算法的规定也欠缺妥适性，一方面，这一规定并不严格涉及这些公司之间的经济关系，其目的也不是促进竞争；另一方面，这一规定要求数字平台向新闻出版商提供平台收集的用户数据，存在侵犯消费者隐私的风险。[①] 再如，法国虽然在本国法律中增设了新闻出版者邻接权，但该法欠缺足够的威慑力和可执行性。法国竞争管理局为了确保新闻出版者邻接权的可执行性，通过采取新闻强制议价的临时措施，要求谷歌与新闻出版商就使用报酬问题进行真诚的谈判，以此来填补版权方面的空白，但这一做法既没有欧盟指令及其本国法律的支撑，也欠缺相关版权法原理和竞争法理论的支持。[②]

其次，无论是澳大利亚的特殊准则还是法国等国在著作权法框架内建立的新闻议价制度，本质上都是利用竞争法的思维和政策来实现对新闻行业的监管，但它们在多大程度上保护了竞争过程，而不是保护了特定的竞争者（尤其是大型媒体公司），值得怀疑。在各国新闻强制议价制度实施之后，与谷歌、脸书等数字平台进行谈判并受益的主要是大型媒体公司，一些中小型媒体公司无力与之谈判，因此尚未受益。[③] 例如，澳大利亚《法案》颁布之后，澳大利亚的主要媒体（包括《澳大利亚人》《每日电讯报》《先驱太阳报》等）已经与脸书和谷歌达成了长期协议，并且交易规模非常大，其中全国性广播公司、《悉尼先驱晨报》和《时代报》已经与谷歌等平台达成了交易价值超过3000万澳元的协议。但一些小型媒体公司则提出，由于缺乏议价能力，它们在与脸书和谷歌的谈判中遇到了困难，并且新闻强制议价制度也没有为符合资质的小型新闻媒体提供制度和资金保障，使它们有能力来启动和维持与数字平台的谈判。[④]

最后，澳大利亚等国虽然颁布和实施了新闻强制议价制度，但其真正实施和利用价值却仍存疑。以澳大利亚《法案》为例，一方面，澳大利亚《法案》要求政府机关（澳大利亚的ACCC）通过指定有问题的数字平台，强制性要求其与新闻出版商进行议价，但澳大利亚立法至今尚未指定任何平台为强制议价的对象，也无实施强制性仲裁的手

---

① BOSSIO D, FLEW T, MEESE J, et al. Australia's news media bargaining code and the global turn towards platform regulation[J]. Policy & Internet, 2022, 14(1): 136-150.

② COLANGELO G. Enforcing copyright through antitrust? The strange case of news publishers against digital platforms[J]. Journal of antitrust enforcement, 2022, 10(1): 133-161.

③ 郑雅心.澳洲《新闻媒体和数位平台强制性议价法案》施行现况与面临挑战[J].台湾经济研究月刊，2021，44(11)：55-61.

④ BOSSIO D, FLEW T, MEESE J, et al. Australia's news media bargaining code and the global turn towards platform regulation[J]. Policy & Internet, 2022, 14(1): 136-150.

段,也就是说这部法律并未在真正意义上被实施过。① 虽然惧于新闻强制议价制度强制仲裁的威慑力,谷歌、脸书等数字平台自愿与一些新闻出版商达成了许可协议,但所达成的协议是否会比不在强制议价机制的情况下达成的协议更及时和有效,却仍然有疑。正如一些学者所质疑的,数字平台会在没有《法案》的情况下与新闻出版商达成协议,这些协议可能会比没有《法案》的情况下更好、更及时。② 另一方面,澳大利亚《法案》所要达到的立法目的是促进公共利益新闻的产出,进而推动新闻媒体可持续发展,但《法案》本身没有规定媒体要公布所获议价资金的使用方式和用途,这就无法确定《法案》是否能成功实现其支持公益性新闻发展的目标。从当前谷歌、脸书等数字平台与一些新闻出版商所达成的自愿许可协议来看,已经完成的许可交易并不透明,并且除公共媒体组织澳大利亚广播公司(ABC)之外没有其他新闻出版商对外表示,会将所获得的议价资金用于公益性新闻的产出。③

三、制度启示:我国是否有必要建立新闻强制议价制度

在数字时代,从当前国际发展潮流来看,越来越多的国家试图通过建立新闻强制议价制度来挽救本土新闻业。国内一些学者认为,我国应该顺势而为,移植和建立自己的新闻强制议价制度。④ 一些学者似乎将新闻强制议价制度当作解决数字时代新闻产业问题的重要手段,甚至是"万能药"。对此,笔者认为有必要对国外新闻强制议价制度进行深刻反思,在此基础上对我国是否应当借鉴和引入新闻强制议价制度提供建议和政策思维方向。

首先,国外新闻强制议价制度出现的一部分原因在于数字平台的崛起对传统新闻业的冲击,但最为关键的是传统新闻业因数字平台的冲击、经营模式的颠覆而面临的影响力衰落、数字化转型困难等压力,也即传统新闻业没有找到适合自身的数字化生存之道。在这种情况下,数字平台与新闻业在政府和"法律"的强制性要求下进行议价,一定程度上提高了传统新闻业的议价能力,暂时缓解了其数字生存的危机,但依靠

---

① BOSSIO D, FLEW T, MEESE J, et al. Australia's news media bargaining code and the global turn towards platform regulation[J]. Policy & Internet, 2022, 14(1): 136-150.

② FLEW T, WILDING D. The turn to regulation in digital communication: the ACCC's digital platforms inquiry and Australian media policy[J]. Media, culture & society, 2021, 43(1): 48-65.

③ BOSSIO D, FLEW T, MEESE J, et al. Australia's news media bargaining code and the global turn towards platform regulation[J]. Policy & Internet, 2022, 14(1): 136-150.

④ 胡献红.全球数字治理和平台监管新趋势:政府、公司和公众利益的博弈与平衡[J].汕头大学学报(人文社会科学版),2021,37(10):5-12,94.

政府这只手进行强制性的调节并不具有持续性,数字平台的被迫议价和“让利”仅仅是解决新闻业收入不足问题的权宜之计。要解决传统新闻业的数字化生存危机,最为根本和关键的是传统新闻业要立足数字时代的发展趋势,建立新闻内容生产与用户需求之间长期的正循环机制,探索出适应数字时代生存的合理的和可持续的商业模式。①

其次,在考量我国是否有必要建立新闻强制议价制度时,需要结合我国的国情和法律体系。我国与澳大利亚、美国、加拿大等国的国情不同。一方面,我国不允许谷歌、脸书等数字平台巨头进入本土市场,此外,本土互联网平台在相关市场形成相互竞争的态势(例如新浪微博、今日头条、网易新闻等),因此并不存在垄断性的数字平台。另一方面,我国媒体制度和媒体功能的定位具有独特性,与西方国家新闻媒体与平台之间的复杂博弈关系不同,我国互联网平台与新闻媒体之间更多地呈现出互为需要、深度嵌入的双向共生关系。例如人民日报社、新华社等央媒以及新京报社、南方都市报等头部市场化媒体,与腾讯、阿里巴巴、字节跳动等互联网公司早已达成版权购买协议。② 此外,我国不似澳大利亚、美国、加拿大等国拥有开放、庞杂的反不正当竞争法体系,我国《反不正当竞争法》属于单行法规,有其自身的逻辑体系,而新闻强制议价制度是一套复杂的制度机制,并不适合引入我国《反不正当竞争法》,也不适合单独立法,因为这会打破我国现行的反不正当竞争法体系,而且单独立法的成本也比较高。另外,我国也不似欧盟,并没有在《著作权法》中规定新闻出版者邻接权,因此也无法直接借鉴意大利、法国的模式。如果要强行借鉴这一模式,则不但需要修改《著作权法》,增加新闻出版者邻接权,还需修改相关规定,引入强制议价制度,以及建立相关的监督执行机构,这会带来较大的立法成本。综上,由于我国新闻业和数字平台产业的情况以及法律体系与西方国家存在较大差异,如果要建立新闻强制议价制度将产生非常高的外部和内部转换成本。

最后,为解决数字时代新闻业的危机,即便到了需要法律干预的程度,新闻强制议价制度也不是“万能药”或者唯一的制度模式。正如一些学者所提出的,促进数字时代传统新闻业的发展存在多种可供选择的制度路径,例如对报道公益新闻的传统媒体减少税收、对数字平台的广告获益增加税收并将所征收之税用于扶持传统新闻业、政府

---

① 方兴东,钟祥铭.媒体传播变革的本质与逻辑:由媒体议价法案“澳大利亚模式”引发的思考[J].新闻与写作,2021(6):36-44.

② 张志安,冉桢.国家介入、平台依赖与新闻业可持续发展:欧盟与澳大利亚平台监管政策的比较及其启示[J].新闻与写作,2021(12):64-70.

对公益新闻平台进行直接赞助或制定优惠政策。[①] 我国可在这些可供选择的制度集合中选择最适合我国国情、净收益最大的制度模式。

〔袁锋，华东政法大学传播学院传播法研究中心副教授，知识产权法律与政策研究院研究员〕

① LEE K, MOLITORISZ S. The Australian news media bargaining code: lessons for the UK, EU and beyond [J]. Journal of media law, 2021, 13(1): 36-53.

历史、路径与策略:新媒体时代外宣工作探究

History, Path and Strategy: Exploring Foreign Propaganda

◎殷 强 郑 炜

Yin Qiang Zheng Wei

摘要:随着大数据和人工智能等技术的迅猛发展,人类社会进入沉浸式的新媒体时代。媒介技术的发展,不仅改变了人们的生活方式,也为国际话语体系变革带来了契机,为我国的外宣工作提供了新思路。本文通过梳理我国新民主主义革命时期以来外宣工作的历史演进,立足新媒体时代背景,分析当前我国外宣工作纾困的路径与策略,并透过传播学理论视角,从传播主体、传播渠道、传播内容三个维度深入探究如何"讲好中国故事",为提升我国的外宣工作效能提出切实可行的方法与策略。

关键词:新媒体时代;对外宣传;中国故事;策略

Abstract: With the rapid development of technologies such as big data and artificial intelligence, human society has entered the new media era of Internet immersion. The development of media technology not only changes people's way of life, but also brings the opportunity to change the international discourse system, providing new ideas for China's foreign propaganda work. In this paper, by combing the historical evolution of China's foreign propaganda work since the New Democratic Revolution, and based on the background of the new media era, we analyze the current difficulties in China's foreign propaganda work, and through the perspective of communication theory, we explore how to "tell China's story" from the three dimensions of the main body of the communication, communication channels and content, and put forward practical methods to improve the effectiveness of China's foreign propaganda work.

Keywords: new media era, foreign propaganda, Chinese story, strategy

西方国家在几十年的发展中,通过资本、技术等手段抢占先机,形成了当今"西强我弱"的国际传播格局。党的十八大以来,习近平总书记高度重视外宣工作,并深刻指出:"要精心做好对外宣传工作,创新对外宣传方式,着力打造融通中外的新概念新范畴新表述,讲好中国故事,传播好中国声音。"

改革开放后,我国经过迅猛发展已成为世界第二大经济体。近年来,紧跟以大数据为主导的第四次工业革命,通过大力发展数字化、网络化、智能化等核心技术,我国新媒体水平已居于世界前列。如何把握好新媒体的时代契机,突破现有国际传播格局,讲好中国故事,展现大国风采,掌握国际话语权,是当下我国外宣工作面临的重要问题。

一、我国外宣工作的历史演进:从对外宣传到国际传播

外宣工作是我们党和国家一项重要的战略性任务,历任领导人对外宣工作高度重视,中国共产党在长期的实践探索中,形成了中国特色的外宣工作新局面。

新民主主义时期的外宣工作具有鲜明的革命性。中国共产党在成立初期,面临帝国主义、封建主义、官僚主义"三座大山"压迫。为获得国内外的舆论支持,中国共产党开始尝试对外宣传活动,在国际共产主义的帮助下建立了我国第一个国际通讯社——中俄通讯社,向俄国人民介绍中国革命的开展情况。土地革命时期,国民党不断利用宣传优势丑化污蔑中国共产党的形象,让国际社会无法了解真正的中国社会革命。毛泽东等党的领导人高度重视对外宣传工作,在边区办刊办报,并成立了延安新华广播电台,通过大众媒体宣传中国共产党抗战的方针路线。除此之外,毛泽东同志还高度重视国际外交,积极拓展新的传播主体。美国记者斯诺来到中国抗日根据地调研采访后,通过公开出版的著作《西行漫记》向全世界介绍中国共产党的宗旨、方针和政策,让国际社会了解到真实的中国共产党和中国社会主义革命。

新中国成立后的外宣工作以服务国家战略发展为目标。新中国成立之初,中国共产党作为执政党开始开展对外宣传工作。在美苏冷战、西方列强遏制封锁以及中苏关系破裂的复杂局势下,中国共产党以建设发展新中国为目的,积极寻找外宣工作中间地带。1953 年 12 月,周恩来总理在同印度代表团的谈话中提出了和平共处五项原则。1954 年 6 月,经过中印两国联合声明和中缅两国联合声明,和平共处五项原则被大多数国家认可,并成为指导一般国际关系的准则。这是新中国成立以后中国共产党外宣工作取得的巨大成就。改革开放后,中国大力发展市场经济,邓小平同志多次提

出和平与发展是当今社会的主题。针对外宣工作存在的问题，他强调要改变文风，反对八股调，秉承实事求是的态度把客观真实的中国形象报道出去。2008 年 6 月，胡锦涛同志在视察《人民日报》时强调，要认真研究新闻传播的现状和趋势，尊重新闻传播的自身规律，实现观念、形式、内容、方法、手段的“五个创新”。[①] 这是党和国家领导人第一次在外宣工作指示中提到“传播”的概念，中国外宣工作模式开始由单边的对外宣传向多边、互动的国际传播转变。

新时代以来我国的外宣工作取得了重大进展。2017 年，习近平同志在党的十九大报告中指出：“经过长期努力，中国特色社会主义进入了新时代，这是我国发展新的历史方位。”党的十八大以来，中央实施了以“加强媒体国际传播能力”为目标的“媒体走出去”战略，对六大央媒投入了大量的人力、物力和财力，对已有的媒体资源进行优化整合，对内容进行全方位更新，大力推进全球布点和海外业务的开展。2008 年国际金融危机爆发后，西方社会经济发展缓慢，略显疲态。然而，中国在 2008 年北京奥运会后抓住时代机遇，在经济、文化、科技等方面迅速发展，取得了令人瞩目的成就。西方社会虎视眈眈，不断制造对华贸易摩擦，肆意散播“中国威胁论”“中国傲慢论”，令中国陷入不利的国际舆论环境。习近平总书记强调：“要加强提炼和阐释，拓展对外传播平台和载体，把当代中国价值观念贯穿于国际交流和传播方方面面。”[②]新媒体时代下，我国依托互联网传播优势，通过讲好中国故事、传播好中国声音来实现新时代外宣工作的战略布局。

二、新媒体时代我国外宣工作面临的困境

第一，传播主体有待继续壮大，国际传播要依靠全社会的共同参与。当前外宣工作主要通过国家领导人、新闻发言人、主流媒体及其海外平台。在国际社会中，传播主体数量少、覆盖率低带来的直接问题是很多国家、地区听不到中国声音，接触不到中国文化，无法了解真实的中国。

西方学者南希·拜姆(Nancy Baym)等认为新媒体具有为大众和人际传播提供平台的混合性质。[③] 人工智能、5G 传输技术的发展打破了人际交往的时空桎梏，实现了麦克卢汉“地球村”的大胆构想。近年来，全世界自媒体蓬勃发展，让人人都是传播主

① 史安斌，张耀钟.联接中外、沟通世界：改革开放 40 年外宣事业发展述评[J].对外传播，2018(12)：4-7.

② 习近平.习近平谈治国理政：第一卷[M].上海：外文出版社，2018：161.

③ BAYM N, CAMPBELL S, HORST H, et al. Communication theory and research in the age of new media: a conversation from the CM café[J]. Communication monographs，2012，79(2)：256-267.

体成为可能。中国共产党可以继续发掘、调动国内外社交媒体用户，利用新媒体平台为中国在海外发声，让世界听到中国声音，了解中国文化。

第二，在“西强中弱”的传播格局下，中国缺少有国际影响力的知名媒体。媒体是国际传播的主要发声渠道，缺乏世界一流媒体，就如同缺少国际传播的主力军。利用自身所有的国际知名媒体积极主动发声，能够加深国际社会对中国道路的认识，尽可能减少超级大国、周边国家对我国的战略误判，防止掉入“修昔底德陷阱”。[①] 历史原因造成我国媒体的数量和地位落后于西方国家，在关键时刻缺少发声渠道。全球最大的三家通讯社美联社、路透社和法新社，在全球各地区均设有办事处，报道范围涵盖各个领域。相比之下，中国的新华社、中新社等，无论在规模、影响力还是订户数量、发稿量上，都处于弱势地位。

当今世界处于百年未有之大变局，中国经济社会的飞速发展与西方国家的经济缓慢增长形成鲜明对比，西方国家为了转移社会矛盾，不断打压崛起的中国，利用自身优势媒体平台，在对中国的报道中多次罔顾事实，意图抹黑中国形象。而中国缺少具有影响力的知名媒体，在国际舆论中十分被动。2023 年，全球社交媒体用户的数量已达到 48.8 亿，这近 50 亿的全球用户在国际传播中是不可小觑的流量富矿。新媒体时代的到来，对改变现有的国际传播格局是一个良好的契机。

第三，传播内容有待进一步本土化，以引起受众共鸣，增强传播效果。跨文化交流依赖于对彼此文化的共同理解，不同层次的文化、社会、政治、道德和其他方面的众多需求愿望，往往是无意识的文化生活形式的共同分享。

在我国目前的外宣工作中，传播内容难以真正适应当地的文化风俗、价值观和审美标准。在传播的翻译转化中，由于缺乏对受众国家风土人情、风俗文化的详细考察，未能实现传播内容的本土化，无法取得预期的传播成果。因此，传播者在进行传播活动时，要转变传播思路，同样“以人为本”，运用“自下而上”的互联网思维，从受众的角度出发，思考受众需要什么、喜爱什么，充分考虑受众所处社会的风土人情。

三、新时代我国外宣工作的重要路径：讲好中国故事，传播好中国声音

讲好中国故事，是提升国际传播力的关键途径。我们通过讲故事的方式，为世界提出观察中国的历史视角、文化视角、辩证视角，为国际社会了解中国提供科学的认识

---

① 杨苹.遵循传播规律，做好外宣工作[J].新闻战线，2021(19)：19-21.

路径，也为我们对外宣传中国形象提供正确的理论指引。[①]

提升国际传播力，需要外宣工作讲究方式技巧。西方的历史，起源于富有浪漫色彩的神话故事，西方人身体中刻着追求浪漫、勇于探险的基因，对神秘的东方大国充满了好奇心。在国际传播中，通过丰富多彩的中国故事，让西方民众主动了解中国社会，感受中国文化的魅力，可以极大提升外宣工作的效果。

讲好中国故事，可以让西方民众从中国的传统故事中了解中国的历史文化、民族精神，是戳破西方抹黑中国阴谋的有力手段。习近平总书记在主持十九届中央政治局第三十次集体学习时强调："讲好中国故事，传播好中国声音，展示真实、立体、全面的中国，是加强我国国际传播能力建设的重要任务。"由于意识形态的差异，西方国家对我们始终抱以警惕、排斥的态度。BBC等国际知名媒体一次次的涉华虚假报道、故意丑化抹黑中国等不耻行为，让西方世界无法看到真实的中国，我国的外宣工作一度陷入困境。

讲好中国故事，是增强西方国家对我国文化认同的有效方式。文化认同是最深层次的认同。讲好中国故事，就是要讲好中华民族在五千多年的文明发展进程中创造的博大精深的中华文化，中华文化积淀着中华民族最深沉的精神追求，包含着中华民族最根本的精神基因，是中华民族独特的精神标识。[②] 2022年在纽约林肯中心举办的中秋晚会上，外国人和中国人共同表演的中国传统芭蕾舞剧《白毛女》在国内新媒体平台上广泛传播。文化共通，世界大同，西方交响乐与东方样板戏的完美结合，中西方芭蕾舞演员的共同演绎，充分印证了艺术无国界，民族的就是世界的。通过艺术表演的形式讲述中国故事，可以让更多西方人了解中国文化，欣赏中国艺术，打破"战狼"外交的模式，树立"可爱中国"的正面形象。

四、新媒体时代提升外宣工作效能的策略建议

（一）传播主体方面

1.政府部门巧用传播规律，做好外宣内容选择

当前，我国部分政府部门的对外宣传工作仍存在话语陈旧、生硬等问题，在"内宣

① 张天培.讲好中国故事的国际传播策略与重要意义[J].传媒评论，2021(2)：67-69.

② 讲好中国故事 传播好中国声音——深入学习贯彻习近平同志在全国宣传思想工作会议上的重要讲话精神[J].对外传播，2013(11)：4-6.

思维"指导下展开宏大叙事。"说教式宣传"不光难以产生好的传播效果,更易被贴上意识形态宣传的标签,让西方抓住把柄,发表"中国威胁论"的假说。

在新媒体时代,受众从被动的信息接收者转变为传播参与者,更具主观能动性,因此传统时代外宣工作"自说自话"、单方面输出的模式已难以适应时代潮流。通过创新对外宣传方式,让中国故事成为国际舆论的关注点,让中国声音赢得国际社会的理解和认同,是当下我国对外传播新思路。[①]

为适应新媒体时代,政府部门应把握新形势下的传播规律,做好顶层设计,以西方目标受众为导向,在外宣翻译、表达方式上更加贴近海外受众的思维习惯和阅读偏好,对"中国立场"进行"国际表达";要善于利用短视频、视觉海报等短、平、快的新媒体方式,提高传播效率;应借助新媒体强大的渗透力,创新报道手段,优化用户体验,用图片、文字、音视频等多种形态呈现事件,最大限度地满足海外各种媒体形态的需求;在讲述中国故事过程中应注意选题策划,主动设置议程,制造相应的话题,争取国际传播主动权。

2.扶持发展海外华文媒体,加强国内外媒体合作

据统计,我国有6000万华人华侨在海外工作生活,海外华人华侨一直在国际传播中发挥着重要作用,是我国外宣工作中不容忽视的重要力量。新媒体时代,海外华人华侨通过互联网与祖国联系得更加紧密。他们可以通过新媒体平台随时观看祖国的美食美景并参与交流互动,以解其思乡之情。同时,通过微信、微博、TikTok等社交平台,海外华人华侨也可将关于中华民族传统文化和旅游资源的精美视频传播到海外,让世界人民了解中国,消除西方媒体刻意制造的误解。

海外华文媒体是对外传播的重要桥梁,怀俄明大学徐佳芳在美国华人的跨文化适应研究中指出,在美国生活的时间越长,中国人的沟通意愿就越强,更愿意和别人讨论,并更加积极地进行自我表达。海外华人华侨是对外传播工作中的重要信息传播者和接收者,因此,我们要重视海外华文媒体的特殊地位,发挥海外华人华侨对外沟通的桥梁纽带作用。

当前,海外华文媒体虽然规模逐渐扩展、内容逐渐专业化,但依旧存在稿源紧张、与国内媒体缺乏交流联系等问题。在新媒体时代,海外华文媒体也面临着融媒体转型的压力。

因此,我们应大力扶持海外华文媒体的发展,建立海外华文媒体与国内媒体的合

① 杨莘.遵循传播规律,做好外宣工作[J].新闻战线,2021(19):19-21.

作交流机制，发挥国内媒体的内容生产优势，扩大海外华文媒体的稿源，优化海外华文媒体的传播内容。海外华文媒体应利用位置优势、人员优势，在国内优质稿源基础上进行本土化修改，使内容更符合海外受众的偏好。另外，国内媒体探索融媒体转型的成功经验，也可为海外华文媒体提供借鉴。

3.建设外宣人才队伍，鼓励中国记者以个人名义向海外媒体投稿

人才是对外传播工作的重要主体和有机力量。我们要建设一支适应国际化传播的综合性人才队伍，培养外语能力强、熟悉西方话语体系、人文功底深厚、传播理论扎实的现代型人才，同时还需要培养精通新媒体技术、文字编辑和音视频剪辑等多种技能的全面型人才。[①]

鼓励了解中外文化差异、具备跨文化传播素养的中国记者以个人名义向海外媒体投稿，挖掘“小切口”选题的中国民间故事，以小见大，以情动人，从而开创官方与民间、组织与个体多个话语圈层发声、“同频共振、复调传播”的新局面。

挖掘可以为我所用的外籍人才进行对外传播。上海报业集团下属的英文新媒体“第六声”(Sixth Tone)初创时的30名员工中，有近三分之一是外籍人士。[②] 外籍的资深媒体人长期受西方文化浸染，更加熟知西方受众的思维方式，了解什么样的“讲故事”方式更能为西方受众所接受，从而为对外传播提供重要助力。

外国留学生群体在新媒体平台开设账号，介绍中国游学见闻、风土人情，可在世界范围引起围观。YouTube是世界排名前三的著名社交媒体平台，以分享视频内容为主。在此平台上，发布有关中国内容且关注度最高的博主是一名目前在中国留学的印度人。由此可知，外国留学生群体也是我国外宣工作可以拓展的传播主体。

(二)传播渠道方面

1.加快世界一流媒体建设，提升中国媒体国际话语权

当前，“西方主导，美英垄断”的国际传播格局仍未改变。长期以来，以《纽约时报》、BBC、CNN等为代表的西方主流媒体仍旧牢牢掌控着国际传播的话语权，要对抗西方媒体的话语霸权、增强中国对外传播的影响力，必须打造一批具有强大引领力、传播力、影响力的国际一流新型主流媒体。

---

① 李萱，周凯.新媒体背景下党的对外宣传工作的挑战及对策[J].盐城师范学院学报(人文社会科学版)，2022，42(3)：13-19.

② 梁珊.中国共产党对外宣传实践中对外部渠道的利用[J].传媒论坛，2022，5(10)：18-21.

近年来，中国国际电视台 CGTN 充分利用媒体融合优势，创新传播模式，成为我国对外传播的重要阵地之一，但其也存在内容定制能力不足、叙事方式单一、技术亟待强化等问题。① 要想建设成国际一流新型主流媒体，中国媒体仍然任重道远。今后，中国媒体应强化先进技术、优化传播内容、增强用户黏性，以及延展产业链、价值链，拓展全球化等，着力构建有中国特色的国际一流媒体。

2.发展海外友好媒体，与国外媒体建立互助互信机制

与海外媒体建立友好关系，建立合作交流平台、互助互信机制，可以扩大我国的国际传播声量，在对外传播实践中形成一呼百应之势。只有在平时与国外媒体深度合作、注重关系的培养与维护，才能在危机事件发生时让信息流进入关系网，让我国主张的内容、观点被更多人看到。

目前，中外主流媒体的合作交流日益增多，全球媒体协作愈加密切。2020 年中国网参与主办“2020 全球减贫伙伴研讨会”，联合海内外多家媒体展开全方位、全媒体报道，形成梯度式传播热度。这表明我国媒体已尝试通过多种方式创造与海外媒体交流的平台与渠道，今后，我国媒体仍需在建立常态化的交流机制与长期稳定的合作关系方面进行有益探索。

3.用好海外有影响力的社交媒体，提升国内媒体账号在海外社交媒体的影响力

在新媒体时代，社交媒体因其传播门槛低、互动性强等特点，成为各国公民日常获取信息、表达意见的重要平台。在西方国家技术霸权下，推特、脸书等海外社交媒体在全球多数国家都占据着优势地位，是各国公民普遍使用的社交平台，也日益成为重要的国际舆论阵地。

我国不少驻外大使、外交部发言人在推特上设有账号。针对佩洛西窜访台湾等重大国际事件，外交部发言人华春莹发布数条推文予以谴责，这些推文立场坚定、意蕴深刻，综合运用了生动的口头表达、表情符号、讽刺漫画等，遵循了社交媒体的传播规律，产生了较强的传播力。

我国的主流媒体也在海外社交媒体平台上设有多语种账号，但存在影响力有限、覆盖面不足的问题。对此，主流媒体的海外社媒账号应创新话语模式，采用适应新媒体传播的方式手段，最大限度地贴近受众；利用社交媒体交互性强的特点，了解、关注海外受众，有针对性地回应海外受众关切；面对重大国际舆情事件时，应在海外社交媒

---

① 翁磊.媒体融合背景下 CGTN 国际传播力的提升策略[J].视听界，2022(4)：113-115.

体上及时、有效发声,在国际舆论场上争夺话语空间。

4.利用中国新媒体 TikTok 等的海外影响力,加强自有社交媒体的对外传播力度

在国际话语体系当中,如果只是借助他人的平台进行对外传播,那么势必会受到某些制约和打压,话语通道也会受到一定的钳制。[①] 从长远来看,建立自有的全球化的传播平台,对我国的国际传播具有重要意义。

短视频平台 TikTok 作为我国自有的社交媒体,在海外拥有广阔的用户基础和强大的国际影响力。印度、美国政府利用霸权对 TikTok 进行的一系列恶意限制,也从侧面说明了 TikTok 在国际舆论场上的重要角色。我们应善于利用 TikTok 这一具有影响力的社交媒体,创造性地利用短视频建构对外传播的叙事话语,重视短视频传播在对外传播中的重要作用,维护好、利用好、发展好这一自有平台,从而拓宽话语通道,增强国际传播力。

(三)传播内容方面

1.共情传播:确保内容表述本土化,促进受众共情

题材丰富、意蕴深远的中国故事是值得挖掘的重要传播资源。讲好中国故事,应转换国际叙事模式,从宏大叙事转而关注具体的、真实的、接地气的人和事。平凡而伟大的中国人民所书写的故事是讲好中国故事取之不尽、用之不竭的宝库,要挖掘那些蓬勃、鲜活、微小的民间故事,用具体的人、鲜活的事在国际上引发共情。

此外,要分析海外受众心理,了解海外受众的认知模式,在内容表述上巧妙转变方式,用本土化的表述传播海外受众听得懂、愿意听的内容,拉近与海外受众的距离,从而达到共鸣、共情、共振的传播效果。

2.内容质量:利用好传统媒体资源,生产优质的新媒体内容

在新媒体时代,内容依旧"为王",只有提高内容质量,生产真正优质的产品,才能吸引受众观看、阅读,从而达到良好的传播效果。当今,我国对外传播的新媒体产品存在着内容刻板、吸引力差、创新不足等问题。为提高内容质量,新媒体平台的生产主体应发挥媒介融合的优势,利用好传统媒体的内容资源,将传统媒体的优质内容改编成适宜新媒体传播的内容产品,从而增强其吸引力。

---

① 胡正荣,樊子塽.巩固疫情大考成果 打造智慧对外传播:中国新媒体对外传播 2020 年回顾与 2021 年展望[J].对外传播,2021(1):4-8.

2021 年,《三星堆新发现》节目在传统媒体平台央视播出,该节目以精美的制作、有趣的内容引发受众广泛关注。新媒体平台利用媒体融合优势,将节目资源进行剪辑改编,制作成适合小屏传播的新媒体产品,在国内外新媒体平台广泛传播。外国网友为了看到“三星堆上新”内容,纷纷通过 TikTok 关注节目账号,话题度短时间内破百万。

3.价值层面:筛选具有代表性的中国故事,挖掘人类价值共识

要讲好中国故事,就要从价值层面着手,围绕“人类命运共同体”的价值理念,谋求全世界、全人类的价值共鸣。要筛选优秀的、具有代表性的、能激发人类价值共识的中国故事,突破意识形态藩篱,用国际社会普遍认同的价值理念讲述故事。在谋求价值共识的同时,需破除西方普世价值所构造的话语体系,创造性地建立以“人类命运共同体”为核心价值理念的崭新话语体系。

法国学者米歇尔·福柯于 1970 年的演说《话语的秩序》中提出了话语理论,认为“话语即权力”,谁掌握了话语,谁就掌握了权力。“西强东弱”的话语权格局已经形成,且短时间内不会改变。在西方话语霸权下,我国要想在国际传播中掌握话语权,第一步就是要找到人类的价值共识。因此,在筛选中国故事时,要从中西方共同认可的价值观入手,讲述人类共通的真善美故事。只有这样,才能逐渐打破僵局、扭转偏见,提高传播的效度。

4.文化软实力:推动国产优秀文艺作品“出海”、亚文化“破圈”,增强文化吸引力

当今世界,无论是以美国好莱坞工业体系为代表的美国文化,还是以 K-POP 为代表的韩流、以 ACG 为代表的日本二次元亚文化,都以潜移默化的文化手段奠定了文化输出国的国际传播地位。在国际舆论场上,比起直白地输出意识形态,弘扬源远流长、博大精深的中华优秀传统文化,推动我国文化产业“走出去”,是更有成效的方法。

近年来,我国的国产优秀文艺作品“出海”成为重要的文化现象。2022 年《人世间》一开拍,迪士尼就购买了其海外独家播映权;青年网友热烈追捧的悬疑剧《开端》在韩国的亚洲电视剧频道 AsiaN 播出;古装剧《甄嬛传》《延禧攻略》被删减后在网飞(Netflix)播出,受到了海外观众的欢迎。这提醒我们要继续扶持文化产业发展,推动优秀国产文艺作品“走出去”。

与此同时,中国的电视媒体也逐渐加强与国外媒体的合作。例如,《大太平洋》就是由央视纪录频道与新西兰自然历史公司(NHNZ)、美国公共广播电视台(PBS)等机

构联合摄制的;《中国的宝藏》也是由中央广播电视总台央视纪录国际传媒与英国BBC世界新闻频道、英国野马制作公司联合制作的,并在英国BBC世界新闻频道播出;芒果TV联合探索频道出品的《功夫学徒》在探索频道亚太电视网播出。内容方面,自然地理、美食、传统文化以及百姓日常生活等内容都深受国外市场欢迎。[①]

此外,青年亚文化将全世界的年轻人结成"趣缘群体",成为跨民族交流对话的动力,因此要坚定不移地支持诸如汉服、国产网络小说等发源于中国的亚文化圈层在国际上"破圈"传播。优秀的国产文艺作品和青年亚文化虽然表面与意识形态宣传无关,却能从侧面讲好中国故事,是增强国家文化软实力和中华文化吸引力的利器。

结　语

2021年5月31日,习近平总书记在主持中共中央政治局第三十次集体学习时着重强调:"要加快构建中国话语和中国叙事体系,用中国理论阐释中国实践,用中国实践升华中国理论,打造融通中外的新概念、新范畴、新表述,更加充分、更加鲜明地展现中国故事及其背后的思想力量和精神力量。"

随着我国综合国力的不断增强,中华民族迈向伟大复兴的脚步已势不可当,同时,我国也面临着更加复杂的国际舆论环境,应跟随媒介技术的革新,加快中国国际话语权的建构。

在外宣工作中,要抓住新媒体的"新",通过AI人工智能、大数据和算法技术,根据受众特征,精确推送内容。西方国家的国民群体构成复杂,具有历史、文化、宗教背景多元化的特征。因此,应通过大数据的信息采集分析,按照不同地区、不同阶层受众关切的议题、感兴趣的故事内容以及经常使用的媒体平台,精准定制传播内容,精确选择传播渠道,从而提升讲好中国故事的效率,"润物细无声"地做好外宣工作,传播好中国声音,展现我国的大国风采。

〔殷强,中国人民大学新闻学院教授;郑炜,中国人民大学新闻学院博士研究生〕

① 韩飞.中国纪录片进入"网生时代":2019年中国网络纪录片发展研究报告[J].传媒,2020(8):38-41.

数字视听传播

我国广电媒体融合发展的体制机制困局与突破路径*

The Difficulties and Breakthroughs in System and Mechanism of China's Radio and Television Media under the Media Convergence

◎崔　林　吴　昊

Cui Lin　Wu Hao

摘要：体制机制的转型升级为广电媒体融合发展提供了关键驱动力。当前，我国广电媒体体制机制改革稳步推进，呈现政策强力推动、机构深化调整、平台建设加快、多元资源聚合的态势。与此同时，广电媒体目前在思维观念、造血机能、人员结构等方面还存在诸多现实问题。基于四级发展布局，我国各层级广电媒体在融合进程中对体制机制的探索各有侧重：总台打造独特运营体系；省级广电着力建设云平台；地市级广电聚焦融媒产品，探索产业发展创新；县级融媒体拓展服务功能，深度参与基层社会治理。在新形势下，广电媒体需要充分发挥制度、架构、视听等优势，在全国媒体融合的大格局中主动作为。

关键词：广电媒体；体制机制；媒体融合；困局；路径

Abstract: The transformation and upgrading of the systematic and mechanism in DMC provides a key driving force for the integrated development of radio, television and media. At present, the reform of China's radio and television media system and mechanism is steadily advancing, showing a trend of strong policy promotion, deepening adjustment of institutions, accelerated platform construction, and aggregation of multiple resources. At the same time, there are still many practical problems in the radio and television media in terms of

---

* 本文系中国传媒大学中央高校基本科研业务费专项资金资助项目"'道路自信'视野中的媒体功能拓展研究"（项目编号：CUC23CGJ08）、中国传媒大学博士科研托举项目"网络社会治理中的媒体功能转型研究"（项目编号：CUC230D009）的阶段性成果。

the thinking concept, hematopoietic function, personnel structure and so on. Based on the four-level pattern, China's radio and television media focus on the exploration of systems and mechanisms in the process of DMC: the China Media Group builds a unique practical and operational modes; the provincial radio and television focus on the building-up of cloud platforms; the prefecture-level radio and television aims to conduct the convergence media products to explore the possibility of the practical innovation; the county-level media expands service functions and also deeply participates in the grass-roots social governance. Under the new situation, China's radio and television media need to take the leading role in the journey of the DMC by empowering the system and structure, audio-visual content production of their own.

Keywords: radio and television media, system and mechanism, media convergence, difficulties, approaches

在加快推进媒体深度融合发展、构建全媒体传播体系的进程中,广播电视媒体作为多数区域媒体融合的基础,始终发挥着主力作用。广播电视媒体的体制改革与机制创新不仅有助于全媒体传播体系的完善,更成为"十四五"时期我国提升公共文化服务水平的重要抓手。体制关乎媒体属性,进而关乎媒体的组织设置、业务流程及管理体系。在我国,传统广电媒体长期形成的体制机制惯性是其向新媒体转型过程中的结构性障碍。

自 2014 年媒体融合上升为国家战略以来,我国不断深化政策措施,为媒体的体制框架和机制创新把脉定向、规划发展。2020 年 9 月,国务院、中央办公厅下发《关于加快推进媒体深度融合发展的意见》,提出要"推动传统媒体和新兴媒体在体制机制、政策措施、流程管理、人才技术等方面加快融合步伐",这是党中央为跨越体制机制障碍提供的重要政策支持。国家新闻出版广电总局配套出台的《关于加快推进广播电视媒体深度融合发展的意见》中,也明确了广电媒体要优化组织架构、用好市场机制、推进管理创新等一系列要求。2021 年 10 月发布的《广播电视和网络视听"十四五"发展规划》,再次提出了要通过强化改革统筹和政策创新来破解体制性障碍和结构性矛盾。在国家的政策安排和行动指南下,我国广电媒体需要进一步确立战略方向、厘清属性结构、定义功能要素、明确角色任务,构建属性清晰、系统合理、运行得当的体制机制。

一、“深度融合”下体制机制变革的新变化与新问题

(一)广电媒体体制机制改革的新变化

在推动媒体深度融合发展的过程中,体制机制管根本、管全局、管长远。体制机制转型为我国广电媒体的融合发展提供了关键动力。当前,我国广电媒体在体制机制改革方面稳步推进,呈现新态势与新特征。

国家层面的规范化指导推动体制机制改革提上日程。自2014年8月媒体融合上升为国家战略以来,在国家战略层面的文件中,从六年前的“推动”到“加快推进”,从“融合发展”到“深度融合发展”,体现了我国媒体融合政策布局的延续性和连贯性,从指导到深入,再到未来规划,体制机制改革逐渐成为媒体融合发展的重心。按照国家对媒体融合发展的战略规划,广播电视行业加强顶层设计,对接国家战略布局。2016年7月,国家新闻出版广电总局发布《关于进一步加快广播电视媒体与新兴媒体融合发展的意见》,提出要在“十三五”后期基本形成布局合理、竞争有序、特色鲜明、形态多样并具有可持续发展能力的中国广播电视媒体融合新格局。2020年11月26日,国家广播电视总局印发《关于加快推进广播电视媒体深度融合发展的意见》,从优化组织架构、用好市场机制、推进管理创新等方面提出更为具体的指导意见。2021年10月发布的《广播电视和网络视听“十四五”发展规划》再次提出要强化改革统筹和政策创新,以破解体制性障碍和结构性矛盾。

广电媒体不断深化调整合并等改革,集约发展不断深入。随着媒体融合不断向纵深推进,广电媒体不断进行组织调整,通过集约发展提高资源整合力度,实现跨媒体融合与跨地域合作。近年来,我国广电媒体组织体系的整合动作愈发频繁,“广电+报业”的融合案例频现。无论是省级还是地市级广电媒体,都在努力探索打通广电和报业间体系壁垒的路径,更好地统筹新闻生产、优化媒体产能,以此重构地市传媒生态。此外,多地广电媒体通过成立合作组织,助力区域协同发展。我国在“十四五”规划中对区域协同发展做出了深远的战略布局,提出要“推动城市群一体化发展”“深入实施区域重大战略”“促进区域间融合互动、融通补充”。国家广播电视总局《关于加快推进广播电视媒体深度融合发展的意见》强调要对接国家重大区域战略,构建区域协同发展新格局。为响应国家战略规划,作为支撑城市间信息资源流动的重要连接者,我国多个区域的广电媒体也在强化互通互融,探索中国特色的区域媒体融合实践。例如,

中国(京津冀)广播电视媒体融合发展创新中心的成立、粤港澳大湾区广电联盟的组建等。

广电机构不断调整优化组织架构,创新运营模式。在推进媒体融合发展的进程中,广电媒体也在不断对组织架构进行调整,对内鼓励内部创业、实现生产经营一体化,对外升级经营体系、扩大业务范围。例如布局 MCN(Multi-Channel Network),激活流量变现。广电媒体在 MCN 领域的探索主要有三种形式:一是依托自身资源创办独立的 MCN 机构,打造人才培训、IP 孵化、内容运营的一站式整合营销分发体系,布局短视频、账号运营等领域,比较有代表性的有湖南广电、山东广电等媒体的实践;二是与商业平台合作建设有广电背景的 MCN 机构,借助商业平台快速开拓 MCN 市场,加速广电媒体的多元化经营,例如山西广电与字节跳动合作成立广电 MCN 机构、江苏广电与快手合作推进 MCN 建设等;三是借鉴 MCN 模式组建融媒体工作室,在媒体内部组成小、精、全的创意团队,孵化更加自主灵活的垂直类新媒体品牌 IP,以内部创业的形式实现工作室与广电的双向盈利。各个广电媒体在内部成立融媒体工作室的过程中,也探索出了孵化培育机制、容错试错机制、反馈激励机制、推优推星机制等手段,实现组织架构扁平化、工作高效化,形成从培育到推广的完整闭环。①

(二)广电媒体体制机制改革的新问题

在不断推进体制机制改革的进程中,我国广电媒体融合发展取得了阶段性、实质性进展,但在观念思维、资源整合、盈利能力、人员结构等方面还存在着不可回避的问题。

广电媒体发展定位的模糊导致同质竞争,引发资源浪费。当前,我国各层级广电媒体在融合进程中依旧面临着发展定位不明晰带来的资源浪费和重复建设问题。在省级媒体的云平台建设过程中,“一省两云”甚至“一省多云”抢占本省融媒体中心建设市场,导致平台同质化,引发竞争内耗,有悖于整合区域资源、协同有效发展的融合要求。在地市级层面,广电与报业合并重组后,一些地市的“两张皮”现象依旧显著,表现为未能突破旧有的体制机制惯性,没有实现真正的业务融合与流程再造。此外,县级融媒体中心拥有较多国家政策的宏观支持,可以跨过地市级媒体与省级乃至中央媒体对接,进一步瓦解了地市级媒体的影响力,使同一地区多家媒体之间的竞争更加激烈。

广电系统长期以来形成的“双轨制”局面,限制了人员活力的激发。随着广电媒体

---

① 程景,周洋.以机制创新牵引广电融合深度发展[J].视听界,2020(4):81-82,86.

改革的不断深化,如何处理好“人”的问题,成为考验媒体决策者与监管者智慧的一大难题。从调研情况来看,在媒体融合过程中,各级广电媒体在人力资源改革过程中面临着重重阻力,主要表现在:人员冗余严重,薪酬绩效管理尚不完善;干部职数大幅压缩,阻碍长期队伍建设;核心人才吸引力不足,员工发展空间有限。面对较为固化的历史遗留问题,一些广电媒体在人才体系上依旧没有摆脱传统的行政体制,尚未建立适应融合发展的绩效考核、薪酬激励和人力管理制度。这导致事业编制人员和企业编制人员的工资结构、晋升方式大相径庭,一定程度上挫伤了编外员工的事业心和归属感,也极大地影响了分配公平。

广电媒体在新传媒生态下的商业尝试收效有限,盈利能力亟待进一步提升。在经营方面,尽管广电媒体通过布局 MCN、扩大业务范围等方式盘活自身的创造活力,但大部分经营尝试尚未实现盈利,仍有诸多问题亟待解决。主要有三个原因。首先,入局时间晚,配套机制不健全。当前,MCN 行业已趋近饱和,不少广电媒体在自身风格定位尚不清晰、配套机制尚不健全的情况下匆匆入局,竞争力有限。其次,IP 资源运营不足,束缚品牌跨界转化。通常而言,广电媒体的主持人和品牌节目资源是其进行跨界转型的重要抓手。然而,除了少数全国知名的广电 IP 具备全网的跨界转化能力,绝大多数广电媒体都没有形成强效的品牌吸引力和辨识度。最后,兼顾双重属性,业务逻辑仍待探索。广电媒体具备事业与市场的双重性质,这导致其在进行商业化探索的同时,必须践行主流媒体责任、发挥公益服务功能。在公共属性与商业属性之间,如何创新广电媒体的业务逻辑是一个棘手的问题。

在互联网环境下,绝大多数广电媒体没有自主可控、内容优质、广泛连接、功能多元的互联网平台,在联系群众、服务群众、引导舆论方面存在一定的阻碍。从目前来看,只有持续深化体制机制改革,建设高效运营的用户入口和服务端口,努力嵌入各地的经济发展和社会治理,才能让广电媒体找到符合自身发展的转型之路。

二、“四级层级”下体制机制变革的新经验和新路径

我国广播电视事业实行中央、省、市、县四级媒体建制。从“四级办台”到“四级办融媒体”,广电媒体的融合发展是对传统主流媒体的继承、发展、创新与突破。在四级发展格局之下,各层级广电媒体融合发展的体制机制探索,呈现各有侧重、差异发展的特征。各级广电媒体依据自身区位特征与层级优势,在机构整合、流程再造、技术突破、管理创新等层面不断总结新经验,探索新路径。

(一)总台：立足独家资源，探索商业运营体系

中央广播电视总台(以下简称“总台”)作为国家级媒体和媒体融合深度发展的排头兵，以“打造具有强大引领力、传播力、影响力的国际一流新型主流媒体”为目标定位。自2018年正式挂牌成立以来，总台不断探索融合发展的体制机制：调整单位建制与对外呼号、建立区域总部和地方总站、成立总经理室、开播“粤港澳大湾区之声”与“台海之声”等。

2019年7月17日，总台成立了总经理室，统筹广告经营、产业战略投资及版权运营。总经理室的成立标志着总台经营工作和产业发展进入新阶段，加快推动总台从传统经营向融媒体经营转型升级。总经理室下设战略投资部、运营考核部、市场推广部等13个部门。在经营工作上，总经理室坚持正确的政治方向和舆论导向，适配总台建设国际一流新型主流媒体的奋斗目标，构建涵盖广告营销、版权开发、资本运营、安全播出等经营工作的经营体系。总经理室强化“全台一盘棋”的整合经营意识，确立“大屏和小屏联动”“广告与版权捆绑”的融合营销思维，明确“向用户要效益”和“数字化营销”的发展方向。广电媒体的经营模式创新，主要从平台化售卖、会员付费服务、内容营销、流量运营等方向着手。通过整合盘活各类资源、充分利用市场化手段，总台加快推进经营工作转型升级，探索“品牌强国工程”“象舞广告营销平台”等产业转型、广告营销升级的新路径。

2019年8月28日，总台推出“品牌强国工程”的全媒体服务方案。“品牌强国工程”紧握总台顶级制播资源，以“小屏预热大屏”“大小屏双屏同框”“大屏引流小屏”的形式，将高频次硬广主资源与品牌方内容营销相结合，产生了较好的社会效益和经济效益。2021年7月17日，总台上线“象舞广告营销平台”。该平台通过整合电视、广播、新媒体等各平台资源，借助数字化、智能化平台工具，为广大客户提供一站式营销传播服务。“象舞广告营销平台”的特点和亮点是“客户全覆盖、资源可定制、服务全天候、执行更高效、玩法更灵活”。对总台来说，该平台为融媒体营销打造强引擎，进一步拓宽了广告经营空间，激发平台经济。广告主可直接进行产品的选择和购买，可选择定向投放用户人群、灵活排期，一站式选购广告资源，实现程序化自动投放。

体育赛事传播一直是总台的核心业务，也是其商务拓展的重要组成部分。2021年东京奥运会期间，总台总经理室通过央视频平台推出会员制，推进平台商业化运营。借助奥运赛事热播将差异化资源打包，上线VIP会员服务，变现内容服务价值，央视频成为总台第一个通过会员制向用户收费的新媒体平台。作为央视自家的新媒体平

台，央视频的各项数据也在奥运会开幕后大增。7 月 25 日，央视频 App 累计下载量突破了 3 亿次，会员数量在开赛一周即跨越百万大关。① 2022 年 7 月 15 日，总台发布 2022 年卡塔尔世界杯融媒体传播服务方案。总台通过全平台融合、全媒体并发、全流量聚合的传播模式推进这次体育盛会的传播。在商务拓展层面，基于本次世界杯，总台推出涵盖传奇、大师、殿堂和至尊四大系列的融媒体品牌传播服务方案。②

总体而言，在不断尝试、拓展的过程中，总台的商业运营体系探索解决了一系列困扰主流媒体的核心难题，成为近年来中央级主流媒体体制机制探索的亮点。例如，主流媒体的经营工作如何讲导向？产业经营思路如何进一步开拓创新？广告经营如何突破？依托自身优势资源，总台整合经营理念，健全市场化经营机制，不断完善其商业运营体系，为建设国际一流新型主流媒体提供强有力的经济保障。同时，这一成功实践是以总台作为中央级主流媒体的强大资源禀赋为前提的，其他层级的广电媒体，应在实践过程中根据自身特点进行合理借鉴。

(二)省级：建设广电云平台，提供多元化增值服务

我国“一省一平台”的方针是当前省级主流媒体融合发展的政策红利。与省级日报社相比，省级广电媒体具备显著的技术优势，成为我国省级云平台建设的核心力量。近年来，省级广电媒体立足省级云平台建设，探索跨层级、多元化、立体式的媒体服务，不断探索融合体制机制改革的路径和方向。省级广电云平台依托大数据云技术，积极探索体制机制变革新路径，构筑了跨层次多功能的区域广电生态系统。基于省级广电云平台，省级主流媒体融合可以实现聚合化生产、协作式运营。通过不断对接区域媒体多元化服务需求，省级广电云平台全面提升了省域主流媒体的传播力、影响力、公信力和舆论引导力。

自 2015 年以来，我国各省逐步搭建起立足于自身实际的云技术平台。当前，我国省级云平台建设呈现两个主要特征：一是各省级云平台并非在数量上呈现“一省一云”的分布，一省“两朵云”甚至“三朵云”的现象并不鲜见；二是基于技术优势与主流媒体属性，省级广电媒体成为各省云平台建设最主要的参与者。从现阶段多省的云平台建设情况来看，我国省级云技术平台的定位日渐清晰，逐渐凸显两个实际功能。

---

① 中国队，加油！来央视频，和 3 亿用户一起呐喊奥运后半程！[EB/OL].(2021-07-31)[2022-06-06].https://baijiahao.baidu.com/s?id=1706779803779994288&wfr=spider&for=pc.

② 中央广播电视总台发布 2022 年卡塔尔世界杯融媒体传播服务方案[EB/OL].(2022-07-15)[2022-07-18].https://content-static.cctvnews.cctv.com/snow-book/index.html?item_id=4862747269267686223&toc_style_id=feeds_default&share_to=wechat&track_id=48b82120-e342-4395-add2-91a325ef5bf4.

省级广电媒体以“新闻＋政务＋服务”为定位，不断整合媒体、产业、文化等资源，推进地方新闻、政务信息、民生信息的互联互通。例如，江苏广电“荔枝云”采取“三云互联”方式，即“公有云＋私有云＋专属云”，搭建起满足各类媒体业务需求的统一平台。随着平台建设的完善，“荔枝云”深度挖掘江苏特色产业资源，推动农业品牌宣传营销，如邳州银杏、盱眙龙虾等，共同打造省市县产业协作平台，构建“媒体＋旅游”“媒体＋服务”“媒体＋农业”“媒体＋文化”等生态产业链，为经济社会发展贡献了力量。

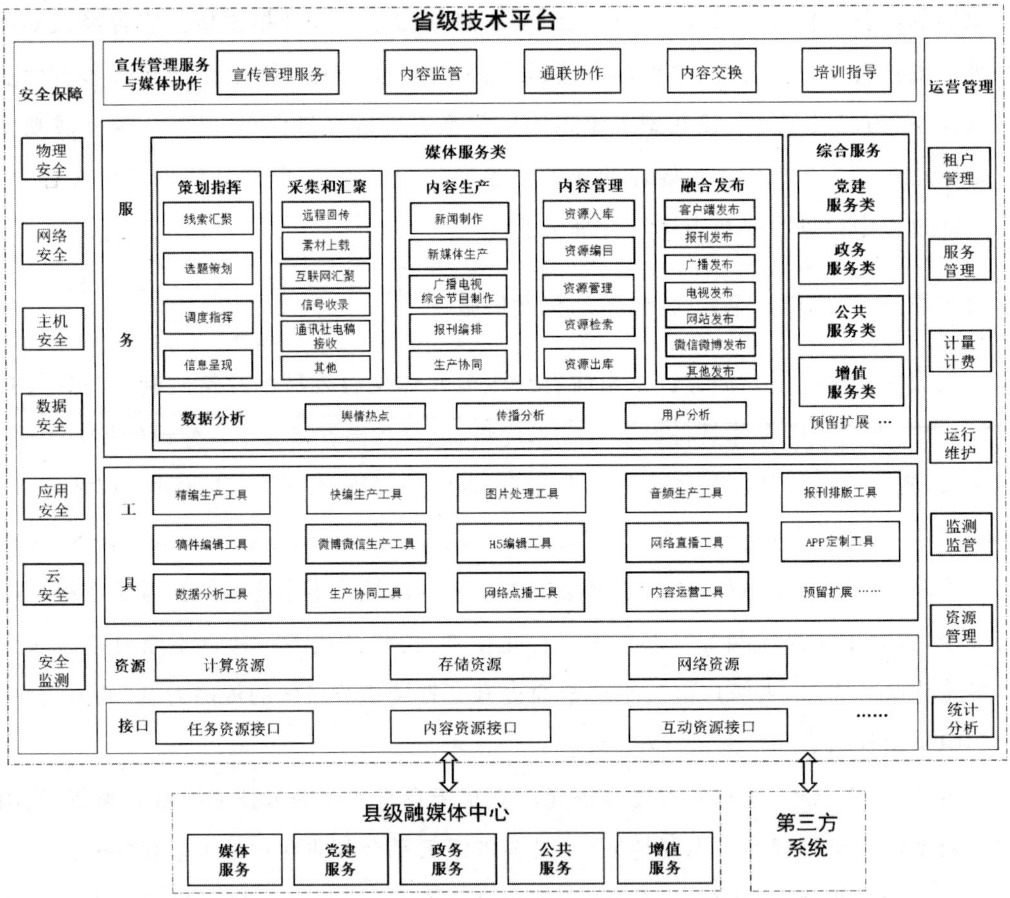

图1　省级云平台基础技术架构

省级广电基于云平台建设的政策与技术优势，成为支撑地方县级融媒体建设的结构性力量。2019年1月15日，受中共中央宣传部委托，由国家新闻出版广电总局编制的《县级融媒体中心省级技术平台规范要求》正式发布。根据中央对县级融媒体建设提出的“一省一平台”要求，该文件明确了省级融媒体的建设要求：省级技术平台应为县级融媒体中心开展媒体服务类、党建服务类、政务服务类、公共服务类、增值服务类等业务提供支撑，支持县级融媒体中心在内容、渠道、平台、管理、运营等方面的深度融合。[①]

总体来看，强化省级云平台建设，提升区域治理与基层赋能能力成为省级广电媒体发展的首要任务，也是省级广电媒体融合发展的体制机制突破的关键着力点。当前，部分省级广电媒体，以省级云平台为抓手，探索出特色化的融合发展道路。例如，湖北广电和湖北长江新媒体集团携手打造了“长江云”平台，该平台建立了全省统一共享的“云稿库”和全媒体“云厨房”，联通省市县三级媒体，汇集报纸杂志、广播电视及新媒体资源。该平台实现了全省范围内新闻信息的互联共享，为各级各类媒体提供了内容服务的保障，也让湖北广电在新冠疫情、脱贫攻坚等重大报道中脱颖而出。

（三）地市级广电："广电＋报业"深度融合，提升自身造血机能

当前，我国地市级广电媒体的融合发展仍处于起步阶段。在我国融媒体规划“一盘棋”的分步实施过程中，率先落实的是省级和县级融媒，地市级媒体融合发展缺乏总体顶层设计与规划部署，大多数市级广电融媒体中心尚未获得太多的财政支持。2022年6月，中宣部、财政部、国家广播电视总局联合下发《推进地市级媒体加快深度融合发展实施方案的通知》，在全国遴选60家市级融媒体中心建设试点单位，这使地市级媒体深度融合发展迎来了新机遇。[②] 从全国来看，“报业＋广电”模式成为当前地市级媒体融合发展体制机制创新的主要路径。基于自身的资源特征，地市级广电媒体融合的体制机制探索主要以优化组织架构为前提，以融媒产品创新为突破口，立体布局多层次多频率的复式传播，进而探索地区资源整合模式与产业突破路径。

地市级广电媒体需要基于区域媒体发展新格局，重组组织架构，提升管理效率。2018年以来，浙江绍兴、广东珠海等地市级主流媒体相继进行融合机构改革，采用“广电＋报业”融合模式，通过调整组织架构、实行事企分开、再造业务流程，组建地市级融媒体。我国传统媒体的科层制组织框架在移动互联网时代难免暴露出灵活性差、协同性差、创新性差等弊端，进一步造成决策混乱、行动迟缓、贻误时机等问题，这恰恰是近年来地市级广电媒体在各类新兴媒体和全国性媒体的重重包围之下生存越来越困难的重要原因。以大部制、扁平化改革思路重组组织架构，有助于提升地市级融媒体的

① 《县级融媒体中心省级技术平台规范要求》《县级融媒体中心建设规范》发布[EB/OL].(2019-01-15)[2022-09-30]. http://media.people.com.cn/n1/2019/0115/c14677-30541139.html.

② 营口入选全国媒体融合试点[EB/OL].(2022-06-29)[2022-07-09].http://www.ln.gov.cn/ywdt/ qsgd/ass_2_1/202206/t20220629_4604161.html.

管理效率。地市级报台融合后的组织架构按照“事企分开”原则，融媒体中心负责新闻事业，传媒集团经营产业，以事业带动产业，以产业反哺事业。采用三级架构管理，建立党委领导的事业单位与法人治理结构的企业相结合的管理体制，提升管理效率。以绍兴为例，2019 年 4 月，绍兴市委常委会议审议通过绍兴市新闻传媒中心（传媒集团）组建实施方案，明确提出了“报台合并”之后的最终架构为“三个条线、五大中心”。“三个条线”分别为行政、采编和经营三条业务线，“五大中心”则指在采编业务线下设采集中心、编发中心、调度中心、新媒体中心和技术中心五个二级部门。在完成“报台合并”改革之后，两家媒体组织原有的 49 个内设机构被精简为 25 个，中层职数则由之前的 112 个核减至 75 个。

在全新的组织架构下，地市级广电媒体需要再造业务流程，赋能融合内容生产。地市级“广电＋报业”融合模式打破了原本广电和报业机构的内容创作、生产和分发流程，优化配置传媒机构内部人财物资源，实现业务流程数字化、数据化、融合化、灵活化、移动化与即时化。“报台合并”后，地市级融媒体组建资源丰富、能力强大、协调便捷的多媒体采编团队，能够有效实现资源有机整合、报道协同作战、创作优势互补。同时，地市级融媒体在业务流程再造过程中，将原有文字记者、摄影摄像、电视编导、出镜记者、广播记者等工作人员都汇聚到同一部门，实现内容采编的全媒体化和内容分发的融媒体化，对于提高融媒体作品质量起到了关键作用。2019 年 9 月，淮北日报社和淮北广播电视台实现“报台合并”，新挂牌的淮北市传媒中心在业务融合方面进行了有益探索。在内容表现形式和传播渠道上，将过去两家机构在移动端的内容发布平台进行合并，挂牌当日上线“绿金淮北”App，是淮北市委、市政府唯一官方新闻客户端，以本土化、互动化、可视化为主要特色，将传统的图文新闻、广电新闻与用户喜闻乐见的直播和短视频形态进行融合，不断创新内容产品形式。

（四）区县融媒体：试水企业化改革，深度参与基层治理

县级广电媒体是县级融媒体的母体。作为基层社会网络中的重要“节点”，县级融媒体在基层社会治理中发挥着强大的作用。县级融媒体利用自身特点与优势，通过多举措赋能基层社会治理，有效凝聚基层社会发展共识，促进政府工作有效落实，实现服务定向提供，在基层治理体系和治理能力的现代化建设过程中发挥着关键作用。同时，在媒体融合进程中，部分区县级融媒体进行前瞻性、挑战性尝试，试水“转企”改革，探索县级媒体融合发展新路径。

部分发展基础较好的县级融媒体开始尝试企业化改革，激活自身的造血能力。当

前，诸如深圳龙岗区、北京经开区等区县的融媒体中心开始探索转企改制，通过团队重建、流程再造、产品重筑、绩效重构等改革方式，将原本的事业单位转变为企业，谋求更好的融合发展。转企改制破解了人才选用屏障、队伍融合壁垒、传播限制层级、评价考核梯次等问题，有助于增强县级融媒体的市场竞争意识和能力。同时，县级融媒体转企改制有助于优化生产关系与资源配置，提高资源利用率。除此之外，企业运行模式下的县级融媒体，给予了人员更大的创新空间，一定程度上有助于提升自身的造血机能。2020 年 7 月 30 日，北京经开区融媒体中心实行转企改制，采取了包括调整业务结构，重构用人、绩效考核体系等一系列措施。2021 年年初，北京经开区融媒体中心所有业务开始企业化试运营。仅半年时间，其平均单月内容生产量比 2019 年增长了 114%，App 阅读量比 2019 年增长了 251.2%。

然而，从全国范围来看，当前部分区县开始尝试的整体转企改革难以全面推广。绝大多数县级融媒体不具备离开财政“襁褓”、进行企业化转型的条件。北京经开区的转企实践仅仅是个例，该区汇聚了众多高技术产业和现代制造业，经济基础较好，且区内对政令通达、精准传播的服务需求显著，有利于形成事业激活产业、产业反哺事业的双赢局面。就全国范围而言，大多数县级融媒体中心存在地方经济发展水平不一、基础建设不足、人才队伍匮乏、自身体量较小等问题，若盲目进行全面转企改制，将面临极大的风险与挑战。

对基层治理的参与成为绝大多数县级融媒体拓展功能定位的重要方向。作为最靠近群众的主流媒体，县级融媒体的建设重点之一，在于打造基层舆论阵地，凝聚基层群众共识。县级融媒体作为新舆论生态环境下基层新闻舆论工作的主阵地，肩负着维护地方和谐发展的责任。当前，复杂的舆论环境给县级社会治理带来了许多不确定因素，加大了基层社会治理的难度。通过建设强大的县级融媒体，提升其新闻舆论传播力、引导力、影响力、公信力，能够有效解决各类舆情事件和政务问题，从而凝聚基层社会发展共识，维护基层社会秩序良性运行。县级融媒体的建设重点之二，在于构建政务监督平台，促进政府工作有效落实。多方参与协商共治是保障社会和谐稳定发展的重要方式，也是社会治理未来发展的主要方向。实现“协商共治”的重点在于激发多主体的参与积极性，搭建起便于沟通交流的“桥梁”。新媒体环境下，县级融媒体能更好地发挥公共政策执行的监督者、评价者、反馈者的角色功能，促进政府工作有效落实。“技术赋权”为基层群众参与公共讨论和监督提供了巨大的便利，而县级融媒体开展的监督更接地气、更有实效，通过网络直播、在线互动等方式使政务更加透明。县级融媒体的建设重点之三，在于搭建地方服务平台，实现服务定向提供。县级融媒体嵌入基层社会治理的重要手段是搭建地方服务平台,解决群众尚未被满足的诉求。融媒体建设要找准当地群众的痛点和需求,针对痛点形成有效服务,实现县级融媒体绩效的显著增长,进而在基层社会治理中发挥积极作用。

三、"全媒体格局"下体制机制变革的新优势与新动能

在推进媒体深度融合发展、构建全媒体传播体系进程中,广电媒体作为主力军发挥着独特的作用。在媒体融合国家战略和方针政策的指引下,广电媒体的传播力、引导力、影响力与公信力正不断提升。基于广电媒体近年来在体制机制方面的探索尝试,广电媒体在深度融合发展过程中要进一步创新突破,需要持续发挥自身优势,激发自身活力。那么,如何在新的形势下重新认识、厘清自身的优势?如何才能充分挖掘自身的潜力、在全国媒体融合的大格局中主动作为?笔者认为,广电媒体在"全媒体格局"下需要发挥制度、架构、层级以及队伍四大优势,进而获得深度融合发展的全新动能,以实际行动和建设成效加快构建新时代中国特色的全媒体传播体系。

(一)发挥制度优势,强化行业联动

体制机制创新是进一步推动媒体深度融合发展的突破口。广电媒体应把握好自身主流媒体的属性与功能,探索制度创新,不断调整媒体生产关系要素,推动广电媒体内部机制更加成熟合理,强化同社会各界的联动与协同发展。

在组织改革层面,广电媒体应坚持业务分离、事企联动的"事企分开"改革思路。"事企分开"的改革思路,即广电媒体在保持公益类事业单位的前提下,整合资源成立台办文化企业。广电机构与文化企业实行平行运营模式,明确广电媒体"宣传"与文化企业"经营"的功能定位。"事企分开"有助于理顺人员关系,改善因"双轨制"造成的人员身份问题。基于统一指挥、分级管理、独立经营、差异发展的制度设计思路,支持和鼓励台办文化企业开拓市场,加强行业联动,进而赋能广电机构全媒体平台的发展。

在激发内部创新动能层面,广电媒体应强化多元协同、优质生产的融媒体工作室模式。工作室是由专业权威或业务骨干组建团队,相对独立开展节目生产、项目运营和营销传播等活动的运作主体。"用好项目制、工作室等各种内容生产组织和运营方式,实行灵活运行机制,赋予必要的人财物使用支配等自主权"是加快深化体制机制改

革的具体做法。[①] 在具体实践中，各级广电媒体纷纷推出专门的指导意见与管理办法，赋予工作室一定的独立权限，例如用人自主权、节目时段内广告经营权、相对独立的财务权、激励分配政策、节目自主策划和包装等。广电工作室精深化、垂直化的内容生产模式有利于打造品牌优势，有利于广电资源与社会资源的结合开发。广电媒体可以以工作室为抓手，以市场化的视野和手段拓展文化创制服务，承接政府、社会的文化项目。

(二)发挥架构优势，赋能社会治理

社会治理是广电媒体融合发展的基本定位和社会功能。广电媒体参与社会治理主要基于其架构优势，包含内容生产架构、全媒体平台架构以及公共服务架构。具体而言，广电媒体以新闻宣传和内容建设为根本，以先进技术为支撑，以自有数据资源和政府服务大数据为核心，以服务用户为宗旨，将自身打造为党和政府的社会治理平台。

第一，广电媒体应坚持内容创新、舆论先导，不断完善内容生产架构。新闻宣传和内容建设是广电媒体融合创新的根本，广电媒体应坚持“内容为王”，发挥广播电视和网络视听的内容生产核心优势，满足人民群众高质量、多样性、个性化的视听需求；深耕新时代精品工程与重大主题创作，赋能社会治理；增强内容导向，提升舆论引导能力；实施舆论引导能力提升工程，深化广播电视媒体“头条”建设和网络视听媒体“首页首屏首条”建设；在重大舆情爆发时，根据实时舆情变化，转变传播策略，把握时机，掌握话语传播的主动权。

第二，广电媒体应坚持统一指挥、组织协调，建好、用好全媒体平台架构。当前，我国绝大多数广电媒体基本建成了全媒体传播平台矩阵，努力拓展传播力与影响力。在此背景下，进一步用好全媒体采编平台，对不同媒体融合生产发布进行统一指挥和协调，显得尤为重要。要创新性重构“策采编审发”业务流程，将不同媒体平台的新闻选题策划、任务布置、内容采编、稿件发布等新闻生产环节统一在一个技术平台上，降低内部各媒体平台的沟通协调成本。在内容生产中践行“统分结合”的思路，“分”就是按业务领域分设时政、经济、文化、国际等专业编辑部门；“统”就是改变报、台、网分办的做法，让这些按专业划分的编辑部，既生产内容，又管理网站、“两微一端”等渠道的内容。

第三，广电媒体应适当拓展业务边界，坚持开放共享，提升公共服务架构的服务效

① 广电总局印发《关于加快推进广播电视媒体深度融合发展的意见》的通知[EB/OL].(2020-11-13)[2022-06-06].http://www.gov.cn/gongbao/content/2021/content_5582647.htm.

能。2020年1月，广电总局印发的《关于加强广播电视公共服务体系建设的指导意见》，是广电媒体完善公共服务架构、深度参与社会治理的政策指导。公共服务架构是广电媒体参与社会治理的重要依托。广电媒体以推进"智慧广电＋公共服务"为抓手，加快构建现代化广播电视公共服务体系，深度融入网络强国、数字中国、智慧社会建设，不断提升人民的获得感、幸福感和安全感。一方面，要拓展功能与服务边界，建构智慧型"新闻＋政务服务商务"的新型服务范式，以自主可控的智慧广电网络平台建设为主要载体，发展线上课堂、智慧城市、电视会议、远程医疗、物联网等垂类消费性服务和生产性服务；另一方面，要主动对接新时代文明实践中心，聚焦智慧城市建设与乡村振兴，完善产业政策、丰富产业业态、建设产业基地，在大视听产业聚合、大视听产业融合中发挥骨干作用。

（三）发挥视听优势，创新国际传播

2021年5月31日，中共中央政治局就加强我国国际传播能力建设进行第三十次集体学习，习近平总书记强调"讲好中国故事，传播好中国声音，展示真实、立体、全面的中国，是加强我国国际传播能力建设的重要任务"。立足自身视听优势，广电媒体成为国际传播的排头兵和主力军。广播新闻节目与影视作品等是新形势下建构我国国际传播体系、加强我国国际传播能力，以及展现真实、立体、全面的中国的重要媒介形式。

第一，广电媒体应加强系统观念，创新体制机制，进一步构建多元化、立体式大外宣格局。争夺国际话语权是提升我国广电媒体国际传播能力、构建外宣格局的重要任务。统筹主流媒体和商业平台、生产和传播、业内和业外、内地和边疆、国内和国外的多主体，使其紧密联动、互为补充，共同打造具有国际影响力的媒体品牌。从法规、标准、技术、版权等多角度协同发力，主动制定和利用好国际规则，合力维护公平市场秩序、营造良好舆论氛围，塑造国际竞争和新媒体发展的广电新优势。例如，中央广播电视总台充分利用国际视频通讯社（国际视通）品牌，主动加强与国外媒体合作，利用外国主流媒体平台阐释我方立场主张，影响对象国主流舆论。

第二，广电媒体应通过自建平台、"借船出海"与多维联动等方式，构筑国家传播新矩阵，输出优质稳定的视听内容。由中国国际电视总公司筹建的长城卫星平台是中国各级电视台海外频道集成播出的重要渠道之一。该平台通过国际通信卫星、光缆等传输渠道，将频道信号输送到世界各地。我国多省份广电机构采用联盟、合作等方式建立外宣重要门户，以"共商、共建、共享"的态度寻求合作共赢之路。以"一带一路"报道

为例，陕西广播电视台从 2016 年 5 月发起了“丝路卫视联盟”。这些联盟和机构的成立，可以打造从节目内容制作到联合传播、再到市场运营的产业链，强化国内外媒体间的沟通交流，共同实现创新融合发展。广电媒体积极借助海外新兴社交媒体平台开展宣传。例如，浙江卫视、东方卫视等纷纷在 YouTube、Facebook、Twitter 等海外主流音视频网站、社交平台上开通账号并建立专区；湖南卫视在 YouTube 上开设了芒果 TV 官方频道，有效渗透全球 241 个国家和地区。

第三，广电媒体应提升定制化、精准化与互动化能力，深耕视听产品。广电媒体应发挥传播力、亲和力优势，提高视听作品走出去的精准度，推动我国同各国的人文交流和民心相通。广电媒体应在社交平台、网络视听平台等不同国际渠道中洞察不同区域、不同国家、不同群体受众的特征，综合分析热议话题、对华关切、偏好习惯，进而以定制化、精准化、互动化为原则进行视听作品的生产和传播，推进中国故事和中国声音的全球化、区域化与分众化表达；以中国理念、中华文化为国际舆论融入更多暖色调、更多文明底色；在潜移默化、以小见大中宣介中国主张、中国智慧、中国方案，塑造可信、可爱、可敬的中国形象；以“他者”视角制作优质海外传播内容，例如通过合作拍摄纪录片，进行“他者”视角下中国形象的建构；同时，遵循国际商业市场规范，积极拓展海外版权发行，实现社会效益和经济效益双丰收。

〔崔林，中国传媒大学电视学院教授；吴昊，中国传媒大学电视学院博士研究生〕

数字中国背景下中华文明精神标识艺术传播的数字平台创新体系探究*

Exploring the Innovative System of Digital Platform for the Communication of Chinese Civilization Spirit Identification Art under the Background of Digital China

◎ 佟雪娜 蒋雅丽

Tong Xuena Jiang Yali

摘要:数字中国建设的不断推进给中华文明精神标识的艺术传播注入了新的活力,也深刻影响了其呈现形式与存在方式。在我国艺术传播深度数字化的情况下,数字平台已然成为一种新型基础设施,承载信息流动与情感交往等重要功能,融入全球传播的"平台化时代"。若要实现中华文明精神标识艺术传播从"走出去"到"走进去",需要持续推动中华文明精神标识艺术传播在数字平台中的发展。本文在厘清现状的基础之上,分析数字平台在中华文明精神标识艺术传播中所承载的媒介、赋能传播、资本运作等功能,并设计出一条可实现的具体创新路径,围绕顶层设计、创新方向、体系模式和建设原则等方面全面建设中华文明精神标识艺术传播的数字平台体系,以求讲好中国故事、传播好中国声音。

关键词:中华文明精神标识;艺术传播;数字化;数字平台

Abstract: The continuous advancement of the construction of digital China has injected new vitality into the artistic communication of the spirit of Chinese civilization, and has also brought profound changes to its presentation and existence. In the case of deep digitization of Chinese art communication, digital platforms have become a new type of infrastructure, carrying important roles

* 本文系研究阐释党的二十大精神国家社科基金重大项目"以融合传播创新增强中华文明传播力影响力研究"(项目编号:23ZDA093)、中国传媒大学校级项目"数字中国背景下中华文明精神标识艺术传播创新体系研究"(项目编号:CUC23GP009)的阶段性成果之一。

such as information flow and emotional communication. At the same time, international communication has also entered a platform era, which is highly dependent on platform operation, and many large-scale Internet platforms are leading the exchange and mutual learning of Chinese and foreign civilizations. Therefore, in order to realize the artistic communication of the Chinese civilization spirit logo from "going out" to "going in", it is necessary to continue to promote the development of the art communication of the Chinese civilization spirit logo on digital platforms, innovate in inheritance and develop in innovation. On the basis of clarifying the digital status quo of the communication of Chinese civilization spirit logo art, this paper analyzes the functions of the digital platform in the communication of Chinese civilization spirit logo art, such as media, enabling communication and capital operation, and designs a realistic path to innovate the digital platform of Chinese civilization spirit logo art communication. Focusing on top-level design, innovation direction, system model and construction principles, the digital platform system for the communication of Chinese civilization spirit logo art is comprehensively and deeply built, in order to tell Chinese stories and spread Chinese voices well.

Keywords: Chinese civilization spirit symbols, artistic communication, digitalization, digital platforms

一、问题的提出

"提炼展示中华文明的精神标识和文化精髓"是当代艺术传播增强中华文明传播力影响力的时代命题。习近平总书记在《把宣传思想工作做得更好》一书中强调,讲清楚中华文化积淀着中华民族最深沉的精神追求,是中华民族生生不息、发展壮大的丰厚滋养。[①] 博大精深的中华优秀传统文化包含着中华民族最根本的精神基因,是中华民族独特的精神标识。

向内追溯,精神标识是一个国家的民族精神和核心价值的高度凝练与符号表达。

① 习近平.加强文化遗产保护传承 弘扬中华优秀传统文化[J].奋斗,2024(8):4-11.

而艺术是中华文明精神标识的一种意识、观念的思想形态,表达了中华民族的精神追求、精神特质和精神脉络。中华文明中的传统艺术形式包括绘画、音乐、舞蹈、戏曲、文学等,这些艺术形式蕴含着中华民族独特的审美理念、价值观念和文化符号。艺术作为一种精神表达形式,既是中华文明的精神标识,也是文化传承和创新的重要载体。

目前,中华文明精神标识的艺术传播从"走出去"到"走进去"仍然面临着较多挑战,如文化产业市场化趋势明显、大众倾向于"快餐化"信息、国际传播存在局限等。艺术传播需要在传统媒体和新媒体之间找到平衡,运用合适的传播策略和手段,使中华文明精神标识能够更好地融入受众的生活和意识。如何选择适合的媒介渠道,并将文明精神标识有效地传播和落地,是一个亟待解决的问题。

答好时代命题,需要艺术传播不断进行"自我革命"。而每一次技术迭代发展,也助推了艺术传播的呈现形式与存在方式的显著变化。近年来,随着"数字中国"战略的不断推进,我国艺术传播呈现深度平台化特征,数字平台已然成为一种新型基础设施,承载着信息流动与情感交往等重要功能。同时,国际传播也进入了高度依赖平台运行的平台化时代,例如 Google、Apple、Facebook、Amazon 等规模庞大的互联网平台正引领着中外文明的交流互鉴,依托数据搜集、算法驱动、智能化运营等数字技术手段,数字平台正全面重构国际信息传播的总体构架。

在此背景下,全球传播的焦点问题从"什么内容能够吸引受众"转变为"什么样的平台才能抓住用户"。① 作为连接受众的"入口",数字平台受众覆盖面广、多样化传播方式、个性化推荐和定制化服务以及扩大传播影响力的特点,使其成为艺术传播的重要阵地。同时,中华文明精神标识也得以在数字平台上通过艺术创作的形式进行表达和传播。

深入了解中华文明精神标识艺术传播数字平台体系的创新策略迫在眉睫。如何依此创新中华文明精神标识艺术传播的数字平台体系,借助此种力量讲好中国故事、传播好中国声音、加强文明的交流互鉴,是我国艺术传播亟待研究的问题。

二、中华文明精神标识艺术传播的数字化现状

作为信息聚合平台,数字平台拥有的用户、数据、信息越多,平台的价值就越大,互

---

① 史安斌,朱泓宇.数字华流的模式之争与系统之辩:平台世界主义视域下中国国际传播转型升级的路径与趋势[J].新闻与传播评论,2022,75(5):5-14.

联网平台已经成为数字资本在全球自由流动的基石。① 例如，依托在全球范围内具有广泛影响力和传播能力的全球社交媒体平台，如 Youtube、Twitter、Facebook 等，美国在文化和经济领域的传统霸权得以进一步延续和扩大。因此，为避免在国际传播中话语权的式微，党的二十大以来，党中央高度重视中华文明精神标识艺术传播，在宏观层面持续“加码”，使中华文明精神标识艺术传播在发展战略部署、平台体系建设、技术赋能程度、受众群体规模方面有了显著提升。

(一)战略层面的支撑

推动优秀传统文化在现代化进程中实现创造性转化、创新性发展，是我国为繁荣世界文明百花园提供的中国智慧和中国方案。党的十九大以来，该理念持续贯穿我国艺术传播和文化宣传工作。习近平总书记在十九届中央政治局第三十九次集体学习时强调，“中华文明源远流长、博大精深，是中华民族独特的精神标识”。而中华文明精神标识艺术传播，需要守正创新，利用全新的手段。因此，同年 10 月，党中央进一步明确有关“建立以内容建设为根本、先进技术为支撑、创新管理为保障的全媒体传播体系”的指示，这给中华文明精神标识艺术传播指明了方向。

可见，在数字化的历史进程中，中华文明精神标识艺术传播必须借助技术的力量，在国家政策的持续推进下，积极投身于主流传播渠道，并不断进行自我革新。2023 年，针对文化的数字化发展，中共中央、国务院印发的《数字中国建设整体布局规划》明确指出要“深入实施国家文化数字化战略，建设国家文化大数据体系，形成中华文化数据库。提升数字文化服务能力，打造若干综合性数字文化展示平台”。这为提炼中华文明精神标识、提升中华文明精神标识的艺术传播方式方法提供了更具未来意义的指引。

如今，中华文明精神标识艺术传播的数字化升级主要体现在数字化平台建设、文化创意产业、国际交流和文化教育以及文化遗产保护等方面。随着数字化技术的普及，数字化平台已成为中华文明精神标识艺术传播的关键渠道。中国拥有多个数字平台，如文化传媒网站、在线博物馆、数字图书馆、在线教育平台等，用于传播中华文明的内容和价值观。

在文化创意产业方面，包括艺术、手工艺、设计、音乐、影视等领域在内的文化创意

① 匡文波.数字平台如何影响中国对外传播：后疫情时代中国网络媒体全球传播的机遇与挑战[J].西北师大学报(社会科学版)，2021，58(5)：5-14.

产业发展势头较足，为中华文明精神标识艺术传播提供了更多的展示和创作机会。同时，中国积极推动国际文化交流，将中华文明传播到世界各地，包括与其他国家的文化节目交流、国际合作项目、艺术家交流等，并提供中华文化、历史、艺术和哲学等方面的课程，以培养新一代的文化传承者。此外，中国致力于保护和传承文化遗产，包括世界文化遗产、古代建筑和文物，这些遗产的保护和开发有助于推动中华文明精神标识艺术的历史和价值观的传播。

需要说明的是，中华文明精神标识艺术传播的顶层设计在不同地区和领域可能存在差异。例如，中华文明的传播在文化领域和教育领域的政策和实践可能有所不同。同时，数字化平台的兴起和技术的发展也为传播提供了更多创意和机会。总的来说，中华文明精神标识艺术传播的顶层设计在中国是积极的，政府和文化机构在推动中华文明精神标识艺术传播中发挥着关键作用，并根据社会和文化需求不断演进和调整。

（二）平台建设的推进

互联网公司和传统媒体机构正在构建规模化程度较高的“数字平台传播生态系统”，这对于全球文明的传播流动和网络社群的连接具有基础性的影响。在中国，数字平台如社交媒体、新闻资讯、视频平台等皆在信息传播中扮演着重要的角色，重塑了经济和文化艺术传播的生态系统。

第一，社交类平台是中华文明精神标识艺术传播在潜移默化中“走进”人们日常生活的重要入口，提供了低时延、零距离的艺术交流与互动体验。作为拥有强大的日活用户数、“强关系”社交场域以及多样化“泛熟人”社交网络的代表性社交平台巨擘，微信在多个场域中加入艺术元素与功能，打造了多模态化的艺术传播。例如，用户可以通过分享音乐、设置音乐铃声、微信状态和发起音乐活动等方式进行艺术社交，轻松地听歌、搜索音乐、分享音乐和参与音乐活动，这不仅大大增强了音乐社交的互动性和便捷性、用户的音乐社交需求和参与度，促进了艺术的消费和传播，同时也对用户的音乐消费和品位产生了一定影响。

第二，资讯类平台是中华文明精神标识艺术得以广泛传播的重要阵地，能够以非重复的方式为受众提供相关的艺术信息推荐，形成正向的“回声室效应”。马修·海因德曼说：“单靠一己之力，互联网用户只有两种方式去发现过去知道的内容。一是在已知的网站上冲浪去发现；二是靠搜索工具去发现。”①在以今日头条为代表的平台媒体

① 陈龙，陈小燕.刷短视频何以成为一种媒介实践：基于短视频用户群体的民族志研究[J].新闻与写作，2022(4)：33-45.

中,推荐算法可以凭借数据分析个人、文本和场景,实现三者之间关系的精准匹配,推进从"人找信息"向"信息找人"的迭代跃进。因此,基于算法推荐的"独家定制"将提高中华文明精神标识艺术信息与爱好者、从业人员之间的适配效率和精度,使其更符合用户在艺术欣赏上碎片化和娱乐化的特点。进一步,这种个性化推荐方式有助于构建一个大众熟悉艺术并参与和传播艺术的圈层。

第三,以快手为代表的短视频平台是中华文明精神标识艺术传播快速扩大受众圈层的"定盘星"。通过技术赋能,短视频平台在提升艺术创作趣味性的同时还降低了创作门槛,这种低门槛、快速化的生产方式扩大了艺术传播的受众基数。而短视频所具备的沉浸式快感也突破了艺术实践的"在地性"制约,可以吸引更多受众参与中华文明精神标识的艺术传播与互动。为推进艺术传播,快手、抖音等平台推出了相关项目,如"DOU 艺计划"等,也在界面上设置了传统艺术专区。巨量算数数据显示,2022 年,抖音平台中有关文化的相关视频点赞量同比 2021 年增长了 114.0%,而视频评论量同比增长了 58.0%。受众的肯定与互动又进一步强化了艺术文化的传播效果,使优秀文化通过创作焕发出新的生机与活力。

(三)数字赋能的深入

借助技术的推力,平台得以建立更多的连接与关系,以实现对社会资源和生产关系的重组。[①] 目前,中华文明精神标识艺术传播的技术赋能主要包括虚拟现实(VR)和增强现实(AR)、大数据、人工智能(AI)、云计算等。

虚拟现实和增强现实技术为受众提供了全新的沉浸式体验,使用户能够"亲临"博物馆展览和文化活动。例如,用户可以通过 VR 眼镜在虚拟环境中感受中华文明精神标识艺术,或者使用 AR 应用程序在实际环境中观赏增强现实的艺术品,获得更深入、更生动的中华文明精神标识艺术体验。

例如,凤凰数字科技、凤凰领客和故宫出版社等部门合作制作的"清明上河图 3.0"高科技互动艺术展演,呈现了真实与虚拟的交织状态,使参观者融入画中世界,让公众用看、触、听、赏、玩的方式与"清明上河图 3.0"进行多层次互动,身临其境地体验北宋繁华城市的社会生活。

而大数据技术可以用于分析用户行为和趋势,从而更好地理解用户的需求和兴趣。文化传播平台可以利用这些数据来优化内容推荐、改进用户体验,更好地满足用

① 孙萍,邱林川,于海青.平台作为方法:劳动、技术与传播[J].新闻与传播研究,2021,28(S1):8-24,126.

户的期望。

人工智能技术可以用于中华文明精神标识艺术传播的内容推荐、自然语言处理、文化资源分类和虚拟导览等。它可以帮助用户更轻松地找到感兴趣的内容,还可以用于自动翻译、语音识别和文化传播中的创新实验。以"国学大师""中华文化通识读本"等App为例,这些应用程序能够通过精准的翻译和注释,使中华文明的经典内容得到更好的传播和理解。

云计算和云存储提供存储和处理大规模中华文明精神标识艺术的解决方案,意味着数字化的文化遗产和艺术品可以更容易地被存储、备份和传输,同时在全球范围内实现共享和传播。

(四)受众规模的扩展

以往,机构媒体作为中华文明精神标识艺术传播的主角,将"信息"作为主要的内容进行艺术生产与传播。在平台化赋能的背景下,数字平台的个人、企业、媒体、政府和非政府组织的数据被用作支持数据备份和传播的基础材料。事实证明,在这些平台上活跃的媒体代表一直是国际交流中有力的推动力量。这意味着通过加强平台的力量,非政府主体,特别是在大众传播媒体时代被边缘化的民间行为体,也能够自主获取信息并表达其观点,成为国际交流的重要参与者。

观乔木而思故家,考文献而爱旧邦,见传统而知文化。中华文明精神标识艺术创作者借助现代技术与传播渠道,让艺术传播从"旧"范式加载为"新"形式,让"冷"内容实现"热"传播。以《非遗里的中国》为例,该节目播出仅四期,全媒体受众累计已达5.79亿人次,相关话题微博阅读量累计超16.8亿人次,获得上千个主流媒体各类传播平台的持续接力点赞与高度评价。

与此同时,许多中国的博物馆和文化机构已经建立数字化展览,允许用户在线浏览珍贵的文物和艺术品。这些数字平台赋能大规模的文化传播。例如,故宫博物院的数字化展览已经吸引了数百万在线参观者。此外,中国的在线教育平台提供了广泛的与中华文明相关的课程,覆盖了历史、文学、哲学、艺术和文化的各个领域。这些课程吸引了数百万学生,实现了大规模的文化教育传播。

中国拥有世界上最大规模的社交媒体用户群体,微信、微博、抖音等社交媒体平台每月吸引数以亿计的活跃用户。这些平台上有大量的文化内容,包括艺术、历史、文学、音乐和文化活动的信息分享,实现了一定程度上的大规模的中华文明精神标识艺术的传播。人民数据研究院及巨量算数2023年创作的力量调研数据显示,42.4%的中华文明精神标识创作者是出于对传统文化的传承、让更多人了解传统文化的目的而进行艺术创作，38.5%的中华文明精神标识创作者是出于对传统文化的热爱。① 可见，数字技术的发展扩大了受众规模，让中华文明精神标识传播免去“后继无力”之虞、少了“断代”之忧，这也是中华文明精神标识“活态传承”的重中之重。

三、数字平台承载的中华文明精神标识艺术传播功能

从传播学的角度看，中国文化走向世界的本质就是中华文化向全世界的有效传播。② 如何达到“有效”？在厘清现状的基础上，需要理解平台承载的中华文明精神标识艺术传播的功能。将平台研究与传播学的诸多领域进行关联，可从三个角度进行分析：平台是中华文明精神标识艺术传播的一种传播媒介、技术结构和商业资本，承担着媒介、赋能传播、资本运作的功能。

（一）媒介：从“内容”到“连接”

从“内容”到“连接”是指数字化平台的媒介功能从仅为用户提供内容转变为提供更丰富的互动和连接体验。这个演进代表了数字媒体的发展重点不仅是内容的传递，还包括用户之间的互动和连接。

最早的数字媒体平台主要是内容传播工具。它们提供文章、图片、视频等静态内容，用于教育、娱乐和信息传递。而在从“内容”到“连接”的过程中，平台开始更加重视用户的参与。除了点赞、评论 、分享等，用户也开始生产自己的内容，如社交媒体上的博客、视频分享等。这使用户不仅是消费者，还成为内容的创作者和分享者。

除了内容的生产，平台本身也非常重要。如克利斯・必尔顿(Chris Bilton)所言，人们现在更加关注传递方式、品牌化以及客户关系的建立，而不是仅仅关注内容本身，这意味着对于平台方面的考虑更加重要。③ 在大传播的场域中，平台不仅是内容的传递者，还更多承载着“中介”或“代理商”的角色，在社会各类的传播链式中起到关键的连接、调节作用。

数字平台强调用户之间的连接和互动。用户可以建立个人资料、关注其他用户、

① 创作的力量[R/OL].(2023-04-18)[2023-04-20].https://trendinsight.oceanengine.com/arithmetic-report/detail/921.

② 舒志彪，王志.推动中华文化走向世界的路径思考：基于传播学视角的分析[J].传媒，2013(7)：70-72.

③ BILTON C. The management of the creative industries[M]//DEUZE M. Managing media work. Thousand Oaks：Sage，2011：31-42.

建立社交网络，并与朋友、家人和同事分享内容和交流，而社交媒体提供了创建、加入和参与群体的机会，使用户可以更深入地互动，共享兴趣和信息，建立社交联系。需要说明的是，从“内容”到“连接”的平台越来越多地利用用户数据和算法来提供个性化内容，这意味着平台可以根据用户的兴趣和行为推荐相关的内容，增加用户的互动和满意度。

(二)赋能传播：算法与传播多模态

算法与传播多模态在数字化传播平台中指的是应用先进的计算机算法和多模态技术来增强、优化和丰富数字传播的方式。这些技术和功能有助于改进内容呈现、用户互动和个性化传播，提供更丰富的媒体体验。

早在 Web 2.0 时代，大卫・比尔(David Beer)就已关注到算法。他指出参与性的网络文化存在大量的“技术不自觉”，特别是大众没有将算法对网络参与的影响纳入考量范围。[①] 可见，算法自互联网的壮大开始便对传播有着举足轻重的作用。

算法主要包括内容推荐算法、社交媒体算法、自然语言处理(NLP)算法和计算机视觉算法。其中，数字传播平台使用内容推荐算法来分析用户的历史行为、兴趣和偏好，向他们推荐个性化的内容，包括文章、视频、音乐、商品等，使他们更容易找到感兴趣的内容。社交媒体平台使用算法来确定用户的时间线上显示哪些内容，这些算法考虑用户的朋友、关注的内容创建者以及互动历史，以优化内容的呈现顺序。这些算法有助于提高用户的参与度。

而自然语言处理算法可以帮助数字传播平台自动处理和理解文本内容，例如情感分析、主题提取、语言翻译等，可以改进搜索和内容分类。计算机视觉算法可用于分析和处理图像和视频内容，例如图像识别、人脸识别、物体检测等。这些算法可以用于自动生成标签、生成视觉内容的描述和优化内容推荐。

同时，数字平台的特性使得中华文明精神标识艺术传播呈现多模态状态，主要包括多媒体内容、虚拟现实和增强现实、音频和视频直播以及用户生成内容(UGC)等。其中，多媒体内容是指如文本、图像、视频、音频等的整合，而数字传播平台可以允许用户在单个帖子或文章中组合多种媒体，以提供更丰富和吸引人的体验；虚拟现实和增强现实结合了视觉、听觉和互动元素，使用户能够沉浸在虚拟世界中，与数字内容进行互动，扩展了数字传播的可能性；音频和视频直播强调实时互动和体验；用户生成内容

① BEER D. Power through the algorithm? Participatory web cultures and the technological unconscious[J].New media & society,2009,11(6):985-1002.

如自己的照片、视频、博客和音乐是多模态传播的一个重要方面，因为它允许用户表达自己的创造力和个性。

(三)资本运作：数据、商品与垄断

当数字平台成为中华文明精神标识艺术传播功能中的商业资本时，数据、商品和垄断是与商业化和盈利相关的关键因素。根据肖萨娜·祖博夫(Shoshana Zuboff)的观点，当前的互联网平台代表了一种新型的资本积累方式——“监控资本主义”。平台化的机器智能和算法技术，不断收集参与者的行为数据，以供智能机器进行学习和优化，从而提高广告宣传的效果。[①] 平台收集和分析用户数据，包括用户的浏览历史、搜索记录、互动行为、地理位置等，以了解他们的行为、兴趣和需求。通过深入了解用户，平台可以提供更加个性化的内容和广告，从而提高用户黏性，吸引广告商，并实现更高的广告收入。

数字平台上的商品包括各种形式的内容和服务，例如电子书、音乐、视频、虚拟物品、订阅服务等。这些商品可以被数字平台销售，通常以数字化方式提供给用户。平台可以从这些商品的销售中获取利润，例如通过订阅费、广告收入、应用内购买等方式。在中华文明精神标识艺术传播中，商品可能包括数字化的艺术品、文化展览门票、教育课程等。

另外，数字平台领域存在垄断或垄断倾向。少数大型互联网公司在一些市场领域具有垄断地位，这使它们能够控制市场、吸引广告商和影响竞争。垄断地位可能导致市场不公平、价格操纵和内容过滤等问题。因此，监管机构应对数字平台的垄断行为进行监督，以维护市场竞争和用户权益。

在中华文明精神标识艺术传播的数字平台中，这些因素可以互相关联。平台使用数据分析来了解用户对哪些艺术品、文化内容感兴趣，然后提供相关的商品或服务。这有助于提高平台的销售和盈利能力。与此同时，数字平台的商业模式和市场地位也受到监管和竞争的影响，以确保市场的公平竞争和文化内容的多样性。

需要注意的是，数字平台在发挥资本功能的同时也应考虑文化保护、知识产权和用户隐私等重要问题，以确保数字化传播不仅具有商业价值，还具有社会和文化价值。这需要平台和政府合作制定合适的法规和政策，以维护平衡。

---

① ZUBOFF S.The age of surveillance capitalism：the fight for a human future at the new frontier of power：Barack Obama's books of 2019[M].London：Profile Books，2019.

四、中华文明精神标识艺术传播的数字平台体系创新

要有效推动中华文明精神标识走向世界，必须厘清一条现实的路径，形成一系列可操作的具体行动。中华文明精神标识艺术传播的转型升级战略有待对接全球数字平台的内在逻辑，以“平台”作为全新的战略意识，在整体观的视域下思考数字化国际传播的实践进路。① 在数字传播环境下，中华文明精神标识艺术传播要“因势而谋、应势而动、顺势而为”②。为了提高中华文明精神标识艺术传播的效益，必须具备较高的问题意识，研究数字技术如何为其提供支持，并探索数字科技革命如何推动其传播效益的增强，不断扩大艺术影响力，提升文化软实力，适应新形势，推进新发展。

(一)一个目标:树立体系建设理念

在针对中华文明精神标识艺术传播数字平台的体系创新中，树立体系建设理念是指在整个数字平台项目的规划、设计和执行过程中，注重建立一个协调、一体化、有机联结、可持续的体系，以实现项目的长期稳定和可持续发展。

例如协调一体，体系建设理念强调不同组成部分之间的协调和一体化。这意味着各个功能、模块和内容元素应该相互配合，以形成统一的文化标识传播体验，涉及内容、设计、技术和用户互动等方面的协同。此外，体系建设理念要求全面考虑项目的各个方面，包括技术、内容、用户体验、文化传承等。这意味着不仅要关注单一元素，还要在整体上考虑如何将它们结合在一起，以实现项目的综合目标。

至于有机联结，则是指体系建设理念要求各个部分之间的联结是有机的，能够互相影响和增强。这意味着技术、内容和用户互动等方面的元素应该无缝衔接，以提供流畅的用户体验。

可持续性即体系建设理念强调项目的长期可持续性，包括考虑如何维护和更新平台、吸引和保留用户，以及实现商业模式的可持续发展，以确保项目的成功和持续性。

需要注意的是，在体系建设理念中，用户应该始终处于中心位置，平台的设计和功能应该根据用户需求和反馈进行优化，以提升用户的满意度，并提高用户的互动和参与度;体系建设理念还要求平台既要传承中华文明精神标识艺术，又要具有创新性，这

---

① 李鲤.赋权·赋能·赋意:平台化社会时代国际传播的三重进路[J].现代传播(中国传媒大学学报),2021,43(10):60-64.

② 陈信凌.紧贴时代脉动的新思维与新方略:对习近平总书记“因势而谋、应势而动、顺势而为”理念的认识[J].中国编辑,2013(6):11-13.

可以通过整合传统文化元素与现代技术、艺术和创新的方法来实现。同时,体系建设理念还要求对风险进行管理和预防,以确保项目的可持续性,所以要考虑数据安全、法律合规性和竞争风险等。

(二)两大方向:向外扩展,向内纵深

影响力的扩大取决于传播能力的增强,提升中华文明精神标识艺术传播能力和影响力,必须加强国际传播能力建设。从落地层面来看,需要打造更多的优秀传播作品,用更贴近不同区域、国家和受众群体的传播方式,提升中华文明精神标识艺术表达的全球化、区域化和分众化;通过情感沟通、理性说服和价值共鸣的手段,增强亲和力和实效性,从而提高传播效能,推动中华文明精神标识艺术更好地走向世界。

对此,中华文明精神标识艺术传播数字平台系统首先要具备全球可访问性,即中华文明精神标识艺术可以被全球范围内的受众访问和欣赏。这需要多语言支持、国际化界面以及内容的全球传播,以此推广中国文化价值观和传统。其次是跨文化交流,数字平台可以促进不同文化之间的交流和对话。通过与其他文化和艺术传统的对接,中华文明精神标识艺术的独特性可以更好地展示和被理解,从而推动文化多样性。再次是数字营销和推广,数字平台可以利用社交媒体、数字广告和线上线下活动等方式,更广泛地传播中华文明精神标识艺术。数字营销策略和合作伙伴关系可以增加品牌的知名度,吸引更多的受众。最后是文化旅游推广,数字平台可以整合文化旅游信息,提供虚拟旅游和线上门票购买服务,为游客参观中国的文化遗产地和博物馆提供便利。

在向外扩展的基础上,中华文明精神标识艺术传播更需要向内纵深发展。首先,数字平台应提供多样化的内容,包括文本、图像、音频、视频等样态,满足不同受众的需求和兴趣;其次,数字平台应成为文化教育和培训的重要工具,提供在线课程、工作坊和资源,帮助人们更深入地了解中华文明;再次,数字平台应争取艺术家和创作者的支持,让艺术家和创作者展示和销售他们的作品,创造更大的传播范围;最后,数字平台应合理收集用户数据,了解用户行为和互动,从而改进内容推荐、用户体验和内容制作策略。数字平台可以探索新的商业模式,如付费订阅、数字商品销售、赞助和广告合作,以维持平台的可持续性。

通过对外和对内的创新,中华文明精神标识艺术传播数字平台可以更好地传播和推广中国文化,同时提供更丰富和有吸引力的文化体验。

(三)三种模式:“点面体”联合

从“点面体”联合三个方面对中华文明精神标识艺术传播数字平台体系进行创新,可以理解为在局部(点)、整体(面)、整体与环境(体)之间建立紧密联系,以实现全面的传播和体验。

首先是“点”,主要代表个体用户。通过分析用户的行为和兴趣,数字平台可以提供个性化的内容推荐,使每个用户都能获得与其兴趣相关的中华文明精神标识艺术内容。同时,建立在线社区,鼓励用户参与和分享,创造共同的文化体验,包括评论、讨论、合作创作等。此外,还应鼓励用户创作和共享与中华文明精神相关的内容,使用户成为内容的创作者,助力中华文明精神标识艺术传播。

其次是“面”,代表数字平台的整体内容。数字平台可以整合不同媒体类型的内容,如文本、图像、音频、视频,以提供更全面的文化体验,使用户可以在一个地方访问多样化的内容。同时,通过整合文化教育、历史背景、传统艺术等信息,数字平台可以提供更全面的文化传承,让用户深入了解中华文明的不同方面。技术上,利用虚拟现实和增强现实技术,数字平台可以提供身临其境的文化体验,使用户感受到自己置身于中华文明精神标识艺术的历史和传统之中。

最后是“体”,数字平台可以与实体世界相互结合,例如博物馆、文化遗产地、文化活动等,并提供导览、在线门票预订、线上线下活动互动等服务。此外,数字平台还可以与商业实体(如艺术家、文化机构、商家等)建立合作伙伴关系,推动文化产品和服务的销售,同时提供赞助和支持,以维护平台的可持续性。最后,数字平台也应该与社交媒体相互连接,允许用户轻松分享他们的文化体验和互动。这可以通过社交分享按钮、媒体整合和社交登录来实现。

(四)五共原则:筑牢“连接力”

“连接力”是数字平台的重要功能和主要能力。创新中华文明精神标识艺术传播数字平台体系,必须构建技术、产品、内容、社交、商业等板块的“硬实力”,以筑牢数字平台的连接力,提升中华文明精神标识艺术传播的“软实力”。

技术连接力:在数字中国不断发展的背景下,首先表现在创新技术应用,即采用先进的技术,如虚拟现实、增强现实、人工智能、区块链等,来提供更富有创意和互动性的艺术体验。例如,可以使用增强现实技术在实际环境中呈现艺术品,或者利用人工智能生成与中华文明主题相关的艺术创作。其次是数据分析和个性化推荐,即利用大数据和机器学习算法，分析用户的行为和偏好，以提供个性化的文化标识推荐，增强用户参与度，包括但不限于根据用户的兴趣呈现相关的文化标识或提供定制的导览体验。

产品连接力：主要包括多平台兼容性，即确保数字平台在不同设备和操作系统上具有兼容性，以便用户可以随时随地访问网站、移动应用和社交媒体等渠道。另外就是跨界合作，即与其他领域的产品和服务进行合作，例如旅游、文化机构、教育机构等，提供更全面的文化体验，包括合作开发文化旅游套餐、艺术课程或文化活动等。

内容连接力：主要有多媒体内容整合和用户生成内容。多媒体内容整合是指将不同媒体类型的内容整合到一个平台中，使用户可以在一个地方访问文本、图像、音频和视频等多样化的内容，获得更丰富的学习和欣赏体验。而用户生成内容主要是鼓励用户创作和分享与中华文明精神相关的内容，促进用户参与和共享。用户生成内容可以涵盖照片、视频、博客、评论等。

社交连接力：主要包括社交分享功能和在线社区建设。社交分享功能是指提供社交分享按钮和功能，以便用户可以轻松地在社交媒体上分享他们的艺术发现和体验，从而扩大传播范围。至于在线社区建设，则是建立在线社区，使用户能够互相交流、讨论和分享观点。这有助于建立一个致力于中华文明的社交连接平台。

商业连接力：首先是电子商务整合，使用户可以购买与中华文明精神标识艺术相关的艺术品、商品或服务，推动商业交易和文化产品的销售；其次是建立赞助和合作伙伴关系，以获得支持、资金和资源，推动数字平台的发展和宣传，包括但不限于与文化机构、艺术家、企业和政府部门的合作。

总之，通过在技术、产品、内容、社交和商业方面增强连接力，中华文明精神标识艺术传播数字平台可以提供更具吸引力、互动性和综合性的文化体验，有助于更广泛地传播和推广中华文明精神标识艺术，从而吸引更多受众，促进中华文明精神标识艺术的交流和传承。

结　语

通过对中华文明精神标识艺术传播数字化建设的战略部署、平台体系、技术赋能程度、受众群体规模方面的梳理，以及探讨数字平台对于中华文明精神标识艺术传播的媒介、赋能、资本运作等作用，本研究从实践层面加深了对数字中国背景下的中华文明精神标识艺术传播数字平台体系创新的理解，以期中华文明精神标识艺术传播数字平台围绕一个目标、两大方向、三种模式、五共原则的体系架构进行自我革新。但事实上,中华文明精神标识艺术传播的过程中还存在着代际数字鸿沟加大、商业“马太效应”不断强化以及数字化传播与受众需求的脱离等多种问题。以商业“马太效应”不断强化为例,很多优秀的中华文明精神标识艺术的数字化传播并没有得到大规模流量的曝光,MCN机构操作下的商业化运作强化了机构旗下的签约作品的流量加成与“马太效应”。比如,抖音的算法技术机制强化了中华文明精神标识艺术MCN机构及网红专业生产的“马太效应”,使得更大众化的中华文明精神标识艺术传播处于更为边缘化的位置,很多类似的账号视频并没有足够的流量与人气,而网红签约账号则获得更多的平台流量扶持。

又如,在数字化传播与受众需求方面,传播者的编码与受众解码存在信息差距,也许传播者的意图是意在复原中华文明精神标识艺术的核心精神,但是受众在接收数字化传播的时候可能无法准确领会该传播的意图。在中华文明精神标识艺术的数字化信息传播过程中,很多作品经过种种“噪音”的干扰到达受众端,受众对作品的意义进行解码时会受到“噪音”影响,导致信息意义的畸变。正是由于存在上述问题,数字中国背景下中华文明精神标识艺术传播数字平台体系的创新已迫在眉睫,而如何将理论落地,更是需要国家、社会及中华文明精神标识艺术的传播者勠力同心,向着讲好中国故事、传播好中国声音的目标不断前进。

〔佟雪娜,中国传媒大学音乐与录音艺术学院教授、博士生导师;蒋雅丽,中国传媒大学音乐与录音艺术学院2022级音乐学专业硕士研究生〕

个体激活、权力配置与文化重构：数字时代草根群体的视听文化生产与生态治理

Individual Activation, Power Configuration and Cultural Reconstruction: Audiovisual Cultural Production and Ecological Governance of Grassroots Groups in the Digital Age

◎ 陈积银　宋春妮

Chen Jiyin　Song Chunni

摘要：数字媒体技术的发展以及5G时代视频流信息表达方式的来临，使以影像为主的新视觉文化开始占据主导地位，文化生产的平台化转型也成为令人瞩目的新媒介文化现象。本文主要探讨中国主流大众文化边缘的“草根个体”通过技术赋权与个体激活催生出的“参与式文化”，并通过话语解封、情感认同等文化生产方式争夺媒介文化生产权力。研究发现，平台文化生产系统赋予了受教育程度较低、边缘化程度较高的人表达的权利，激活了草根群体的文化生产能力，形成了对既有权力符号和社会关系的重构，使过去不常见的亚文化形态完成了其表达空间的释放和价值实现。但算法驱动下的平台也是资本主义实践的场所，干预了文化生产，带来了不平等加深、文化公共性贬低等问题。

关键词：文化生产；平台媒体；媒介权力；数字视听；乡村传播

Abstract: The development of digital media technology and the advent of video streaming information expression in the 5G era have led to the dominance of a new visual culture based on images, and the transformation of cultural production into a platform has become a striking new media cultural phenomenon. This paper explores how “grassroots individuals” on the fringes of mainstream Chinese popular culture are empowered by technology and activated by individuals to generate “participatory culture” and fight for the power of media culture production through discourse unsealing and emotional identification. It is found that the platform cultural production system empowers the less educated and more marginalised to express themselves, activating the cultural production capacity of grassroots groups, reconstructing existing power symbols and social relations, and releasing the space for expression and realising the value of subcultures that were uncommon in the past. However, algorithm-driven platforms are also sites of capitalist practice, interfering with cultural production and bringing about problems such as deepening inequality and devaluing cultural publicity.

Keywords: cultural production, platform media, media power, digital audiovisual, rural communication

数字媒体技术的发展、参与式传播平台的井喷塑造了全新的媒介文化生态。与前数字媒体时代相比，数字媒体具备多元性、互动性等新特点。这些新的元素构建了数字媒体有别于传统媒体的文化生态模式，即高度的“混杂性”“泛众化”。特别是视听语言作为一种容纳多元要素、多样文化的“宽通道”表达方式，前所未有地降低了用户参与社会表达、成为传播供给者的门槛。数字媒体用户获得了与传统专业生产者（如新闻机构）等量齐观的内容创作权力，使过去不常见到的亚文化形态得以完成其表达空间的释放和价值实现。此过程中也孕育出了新型文化景观，如以快手、抖音为代表的平台迅速崛起，由草根群体生产并界定的视听文化依靠自身的低门槛和中国数字文化的商业特性，构成了具有影响力的参与式文化（participatory culture），激活了中国社会文化生产生态和传统的文化形态。

数字时代的“生态转向”和“用户转向”为媒介文化研究带来了新的思考。[①] 已有学者通过剖析数字视听文化的基本流行趋势、数字文化产业发展的多维特征、数字视听产业的平台化实践等，分析了视听文化产品的内容生成、分发模式等。但是，较少有研究关注“数字媒介生态”和“用户行为”之间的关系，尤其是被中国主流大众文化边缘化的“草根个体”的平台文化生产实践。本研究基于部分具有代表性的草根群体生产实践，对数字视听的平台化实践模式及其反映出的权力关系博弈等问题展开探究，力图分析当代中国一个“不太可能”的创作阶层是如何催生出“参与式文化”以及争取文化生产权力的。具体而言，包括数字时代草根群体参与视听文化生产的驱动力是什么、如何实现文化生产权力的争取，以及对媒介文化生态有何影响。

① 常江，田浩.间性的消逝：流媒体与数字时代的视听文化生态[J].西南民族大学学报（人文社会科学版），2021，42(12)：9.

为了回答这些问题，本文选取具有典型代表性的草根群体参与数字视听文化生产实践案例，遵照参与文化生产活动的驱动力（个体激活）—文化生产路径（权力配置）—文化生态环境重塑（文化重构）这一逻辑，对特定语境下的草根群体视听文化生产作出解释，以期在理论层面丰富数字视听理论，以新的理论视角和范式解释新媒介文化生态的新现象，在社会治理实践层面为数字视听文化生态与协同治理提供有效的治理之道。

一、迈向视觉文化转向的数字视听产品的平台化实践

随着大众传播技术和计算机视觉分析技术的兴起，全世界进入美国学者米歇尔所提出的图像转向（pictorial turn）时代，以图像为中心的“视听文化”形态逐渐成为理解世界的主要模式。在视听文化时代，数字视听改变了传统的视听模式与视听体验。

曹聚仁说过：“一部近代文化史，从侧面看去，正是一部印刷机器发达史。”[①]统观近代文化生产，印刷行业、电影、出版发行、唱片等一系列文化产业的发展力证了新技术与新生产工具的运用将激发文化生产的新活力。部分研究者从政策支持[②]、技术保障[③]、用户使用习惯[④]方面对平台媒体发展的驱动力进行研究，认为提速降费政策的发布、5G 技术的跨越式发展以及短视频本身短小精悍的特点，使其成为平台背景下文化生产转向的必然产物；也有学者详细梳理了国内外平台文化发展的现状，提出美国一贯引领平台软件开发、平台应用和市场的浪潮，中国的短视频平台业务虽普及晚，但发展迅速，表现形式比国外应用更为丰富。[⑤] 平台通过对内容生产者和用户选择偏好、消费意愿、关系网络等相关数据进行采样分析，从而决定内容创作者的内容偏向，形成特有的平台文化生产法则。

文化生产是现代文化产业体系的核心环节，通过文化生产，文化资源得以过渡至文化产品，从而满足人民群众不断增长的文化需求。[⑥] 近现代中国的文化生产方式植根于社会结构和历史进程，造就了文化产业的“中国特色”——文人阶层是中国文化生

---

① 刘素华，胡惠林. 新文化生产方式：近代中国文化产业的发生范式[J]. 上海交通大学学报（哲学社会科学版），2013，21(6)：68-76.

② 高菲. 短视频发展的现状和瓶颈[J]. 当代传播，2018(4)：5.

③ 李良荣，辛艳艳. 从 2G 到 5G：技术驱动下的中国传媒业变革[J]. 新闻大学，2020 (7)：51-66.

④ 喻国明，杨雅，曲慧，等.短视频的“传与受”：供给侧特征、用户行为与需求空间[J].新闻爱好者，2020(10)：4-7.

⑤ 黄楚新，吴梦瑶.中国移动短视频发展现状及趋势[J].出版发行研究，2020(7)：65-70，64.

⑥ 全燕.算法驱策下平台文化生产的资本逻辑与价值危机[J].现代传播（中国传媒大学学报），2021，43(3)：141-146.

产的首要主体。在传统文化语境中，文人阶层被称为“士”，现代化语境中与之最接近的表述则是“知识阶层”或“知识分子”。书写文字作为数千年来文人阶层传承文化与内容创作的工具,本身就让文化生产具有深刻的精英化逻辑。

短视频平台作为数字视听文化生产的重要实践平台,从诞生之初起就拥有与传统媒体时代文化生产不同的文化底色与文化基因。[①] 作为一种新的视觉文化生产力,平台视频技术呈现轻便化甚至“傻瓜化”的趋势,文化生产的门槛得以降低。与传统书写时代文化呈现形态相比,视听作为独立的文本形态,入门容易、扩张迅速、影响范围广。草根群体可对其能动应用,主动将自身转化为“产消者”,参与到大众文化的表达中来。这带来了文化生产范式的变革,文化内容的创造者从小规模的专业作者迁移到大规模的业余作者,这在人类历史上还是第一次。文化成为人人参与创造和消费的社会存在物,拓宽了文化主体存在的广度。[②]

中国文化生产的日渐平台化,使许多学者担忧,批判性学术话语迅速扩散,这些话语关注的是平台化带来的危险、弊端和风险,如内容同质化[③]、盈利模式单一、缺乏平台管理的问题[④]。但是,不可忽略的是,新兴的数字和平台经济也为赋权、劳动和文化生产打开了新的空间,塑造了中国文化生产的平台化。[⑤] Lin 和 de Kloet 以文化生产的平台化为具体视角,分析了 253 名快手直播自主创业的过程,得出这有助于中国经济的转型,有助于社会稳定和数字文化的产生。[⑥] 也有研究表明,数字媒体催发的“参与式文化”在世界各地的草根群体中都有所体现,他们以 YouTube 等数字平台为中介渠道,以乡村叙事为手段,形成了不同于主流文化生产的“次生公共领域”,冲击了集中的主流文化生产力量,也促进了文化生产的多样化。[⑦]

回顾人类社会的发展,每一种新媒介的诞生都会对既有的媒介生态、社会乃至权力的分割产生影响。在新的媒介形态下,以“语言”为中心的感受方式和认知方式逐步转变成以“图像”为中心。在此背景下,过去单向化、市场化、专业化的传统媒体文化生

---

① 彭兰. 短视频：视频生产力的“转基因”与再培育[J]. 新闻界，2019 (1)：34-43.

② 黄永林.数字文化产业发展的多维关系与时代特征[J].人民论坛·学术前沿,2020,201(17):22-29.

③ 李青青,水学智.短视频新闻生产转型:动因、问题与路径[J].现代传播(中国传媒大学学报),2020,42(11):154-157.

④ 吕鹏,王明漪.短视频平台的互联网治理:问题及对策[J].新闻记者,2018(3):74-78.

⑤ NIEBORG D B, POELL T. The platformization of cultural production: theorizing the contingent cultural commodity[J]. New media & society, 2018, 20(11): 4275-4292.

⑥ LIN J, DE KLOET J. Platformization of the unlikely creative class: Kuaishou and Chinese digital cultural production[J]. Social media+ society, 2019, 5(4): 1-12.

⑦ 范英杰，李艳红. 草根全球化，技术赋权与中国农村青年的非洲叙事：对快手平台上三个视频主播的分析[J]. 国际新闻界，42(11)：76-98.

(一)技术赋权:新技术与新工具为数字视听文化生产的平台化实践提供发展驱动力

草根群体文化生产的个体激活离不开数字化硬件的普及。提速降费政策的发布、5G技术的跨越式发展,使草根群体得以运用低廉山寨手机、通过抖音平台参与文化生产活动,成为“信息中层”。[①] 此外,越来越多的草根群体借助短视频平台参与现代文化生产。一方面,数字视听平台的出现打破了以文字为传播媒介的单一传播方式,降低了视频生产和传播的门槛,使用户摆脱了低学历的限制,真正实现了传播的大众化。另一方面,视频这一传播模式打破了精英文化难以理解的壁垒,使文化内容更容易为普通受众所接受,提高了传播的渗透性和延展性。无论是精英还是孩童,无论是在发达城市还是边远山区,视频化的传播都对草根群体参与文化生产起着最为直接和最有力的推动作用。

对选取的30个头部草根数字视听内容生产者进行分析发现,草根生产者均成长于乡村,除极少数是接受过高等教育的返乡青年,如麦小登和乡村小乔,大多受教育程度较低。但他们具有城市务工经历,城乡空间的移动经验使得他们在技术赋权的驱动下,能够自行借用网络资源剪辑视频和运营平台账号。随着生产生活影像演变为一种谋生手段和创业机会,草根群体的文化生产本身已经不再是单纯的个人分享行为,而是维系在地人口稳定性的新文化经济所依托的生产资料,承载着行为体的媒介实践与本土地理的交互关系。[②]

(二)个体激活:精英化文化生产主体的瓦解带来了文化主体泛在化

区别于书写文字时代构建的以精英阶层为主的文化生产与传播体系,在数字媒体时代以新视觉文化为呈现形式的平台文化生产过程中,草根个体开始进行自主的内容生产,而非依靠行政、权威机构或者商业资本的力量。人越来越成为行业的兴衰、技术与社会走向的“指南针”,文化生产的主体范围被有效拓宽。

截至2022年12月,中国数字视听用户规模达到10.31亿,比2021年12月增长了5586万,在整体网民中的占比达到96.5%。其中,短视频用户规模为10.12亿,较2021年12月增长了7770万,在整体网民中所占比例高达94.8%。[③] 对数字视听平台

---

① CARTIER C, CASTELLS M, QIU J L. The information have-less: inequality, mobility, and translocal networks in Chinese cities[J]. Studies in comparative international development, 2005, 40(2): 9-34.

② 王昀,杨寒情.制造“乡愁”:乡村视频博主的内容生产与职业身份生成[J].社会学研究,2023(1):21.

③ 中国互联网络信息中心.第51次《中国互联网络发展状况统计报告》[R/OL].(2023-03-02)[2023-06-15]. https://cnnic.cn/n4/2023/0302/c199-10755.html.

内容创作生态进行分析发现,参与作品生产的内容创作者数量与2023年相比上涨了181.1%,越来越多的草根群体不仅仅局限于观看短视频,而是开始由信息的接受者转化成信息的传播者和文化的生产者。本研究发现,草根群体内容生产者往往采取“生活化”的表达策略,展现出记录美好生活的热情。以抖音为代表的数字视听平台视频内容短小精悍,契合草根群体碎片化的阅读场景,迅速受到草根用户的喜爱。随着文化生产主体拓宽,草根群体从“看”到“拍”,视频成为草根群体文化表达的重要工具。

四、权力重配:数字视听平台文化生产权力的下沉

以视听为呈现方式的去中心化、平民化的数字视听平台传播场域,不仅为草根群体提供了信息获取的渠道,更为其提供了一个开放的表达环境。草根个体通过视听内容的创作与传播发表观点、展现自我,将自身转化为文化生产的主体,实现话语的解封。他们具体通过以下三个维度实现文化生产权力的重配。

(一)平台赋权:打破“金字塔”式的科层制社会,形成扁平化的分布式生产模式

传统时代的中国社会具有“金字塔”式的科层制特点,处于金字塔顶端的文人阶层掌握着绝对的话语权,在中国的文化生产中起着不容忽视的作用。进入“泛众化”传播时代,互联网空间呈现扁平化的特点,社会信息结构从过去的“串联式”模型转变为“并联式”模型——每一级之间的信息获得、资源拥有、赋能赋权等差异较小,每个个体都是主动参与的主体。[①]

对选取的30个头部草根内容生产实践案例进行分析发现,数字视听文化生产模式以生产者导向为主,平台赋予了用户很大程度的自主权。处于中国主流大众文化边缘的“草根个体”,在开放流动的创作空间和关系网络中,通过内容的创作进行信息的传播共享(见图1)。与前数字时代传统媒体发挥把关人作用决定信息流向不同,数字时代草根群体的视听文化生产占据主导地位,人工审核和机器审核是草根群体文化生产实践的主要限制。

---

① 喻国明.理解未来传播:生存法则与发展逻辑[J].新闻与写作,2020(12):61-64.

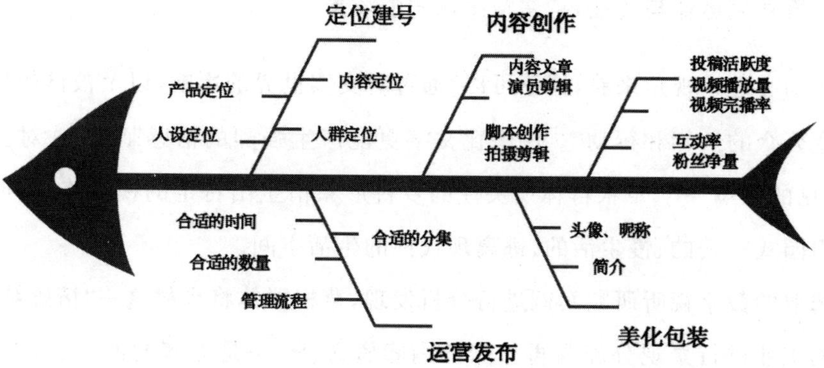

图1　数字视听平台文化生产模式

(二)仪式性的抵抗:草根话语的解封

福柯曾提出,权力是在互动的过程中形成的,话语是权力发挥作用的表现形式,弱势群体试图对已有的共有价值规则进行抵抗从而实现话语的争夺。① 传统媒体与精英群体在文化生产过程中占据主流地位,在文化生产过程中拥有绝对的话语权,旨在生产一套适用于全体社会的文化体系,这种文化体系带有明显的单向度、精英化的烙印。数字视听平台中也存在着社会网络,但是由于视觉文化的易接触性,每个个体都可以借助平台表达自己的观点、讲述自己的故事,话语权逐渐分解并迁移至中国主流大众文化边缘的"草根个体"手中。

对选取的数字视听研究案例进行分析发现,从创作内容上看,草根群体主要围绕农村日常家庭生活、美食制作、特色农产品等进行创作,在内容的传播上更注重纪实性,倾向于直接展示乡村日常生活而非改编。他们根植于乡村特色文化,组合地头、梯田、灶台等具有乡村特色的视觉元素,以在田间农作、逛集市等生活状态为影像叙述的具体实践,表达个人与地方、城市与乡村、传统与现代之间的关系。如蜀中桃子姐,作为千万级粉丝的头部内容生产者,她的视频内容不靠滤镜、不靠包装。土灶前,她一边操着一口四川话与用户互动,讲解如何制作美食,并与烧火的老公包立春斗嘴。这种生活化的表达方式,使其视频成为用户每天可以追的家庭情景短剧,部分女大学生粉丝将其当成电视剧,并且起了剧名《霸道养猪总裁爱上娇美厨娘》,获得了广泛关注。

---

① 福柯.权力的眼睛:福柯访谈录[M].严锋,译.上海:上海人民出版社,1997:213.

（三）视觉符号化运作与传播，构建情感认同的场景

从认知心理学视角来看，情感可以“通过对真实世界的影响，以及被试的反应来加强和改变公众的认知和行动”。图像比文字更能产生强烈的情感刺激，并对公众产生“可以预见的影响”[①]。草根群体所关注的乡村形象衍生出特定的视觉修辞，形成了一种充满田园式审美的、慢生活的、逃离现代性的生活空间。

对选取的数字视听研究案例进行分析发现，草根群体将乡村这一“情感结构”转化为互联网工业进行景观分配与再生产的内容资源。[②] 一是方言的嵌入。在中国乡村这个差异化、地域属性明显的地方，方言一直是建立人际关系的基础，是人们社区归属的象征。[③] 草根群体创作者一般都操着一口方言，如河南话、江苏话、四川话、东北话等，以方言为纽带的情感叙事，唤醒了观看者的地域和文化亲近性。二是新农人身份的认同。个人认同本质上是一种文化认同的归属，它产生于地缘、血缘、亲缘和社会生产关系等方面。[④] 头部内容生产者以乡村、农村等标志性符号凸显自己的身份定位，以草根群体建立叙事逻辑，通过乡村元素场景的搭建，建立起相对稳定的身份定位，将用户对其的身份认同形塑在线上互动中。一旦用户认同趋于稳定，就会形成文化认同。大量的草根群体内容制作者展示的传统文化，如乡风民俗、庆典礼仪等，不仅激发了用户对乡村文化的向往与认同，也创造了更多的内容互动空间，让亚文化走向主流。

五、草根群体文化生产权力的争取：内容借力、关系赋权、血缘和地缘为情感纽带

上述研究结果指出，数字视听文化生产平台化的出现，为处于中国主流文化边缘的群体提供了自由表达交流的渠道，广大用户通过视听形式进行文化内容的创作与传播，拥有文化生产影响力。但草根群体在参与文化生产的过程中通过哪种方式进行文化生产权力的争取，从而实现个体对话语权的争取，对于研究中国平台化的文化生产意义重大。本研究认为，草根群体文化生产权力的争取体现在三个方面。

---

① JURIS J S. Performing politics: image, embodiment, and affective solidarity during anti-corporate globalization protests[J]. Ethnography, 2008, 9(1): 61-97.

② JEAN B. From “broadcast yourself” to “follow your interests”: making over social media[J]. International journal of cultural studies, 2014, 18(3): 281-285.

③ GONG Y, CHOW I, AHLSTROM D. Cultural diversity in China: dialect, job embeddedness, and turnover [J]. Asia pacific journal of management, 2011, 28(2): 221-238.

④ 于春生，郭婉君.融合文化语境中的乡村直播与农民叙事[J].现代传播（中国传媒大学学报），2021，43(8)：24-28.

(一)内容借力:把握文化生产的新主场

布尔迪厄认为,场域中个体资源的缺乏和网络资源的有限性促使个体不断借助社会资本争取更多的资源,这种竞争与合作产生了权力。① 精英、大V、名人等彼此联合促使资本呈现圈层化的态势,导致话语权、文化生产权力越来越集中在这些群体身上。在文化生产平台化趋势产生之前,文人精英、大V、名人等凭借一定的知名度和影响力,比草根性的内容生产者拥有更多的资本。

在文化生产平台化的趋势下,以"康姥姥""康仔农人""蜀中桃子姐"等为代表的草根内容生产者通过优质的内容获得媒介文化权力。平台为富有创意而又渴望分享的草根群体内容生产者提供了便利,使他们能够通过视频记录生活、分享趣事、结交好友。数字视听平台成为内容生产者获取社会资本进而转化为媒介文化权力的新主场,尤其是为掌握少数社会资本的草根内容生产者提供了施展才华的舞台。这些草根群体不断积累着粉丝,树立自己的品牌与威信,以自己为中心点,实现关系网络的连接与扩张。他们以优质的内容生产在平台获得了一定的资本,打破了权力结构两极化的发展趋势,对视觉文化的发展产生了重要影响。以往处于文化生产边缘的草根群体,转变为在平台媒体场域中的发声者,话语权由此在数字视听平台实现了向中低社会阶层的下沉、转移。

(二)关系赋权:多方联动实现文化极权的突围

霍曼斯认为社会互动往往在有相似的生活方式和社会经济特征的个体之间发生。网络空间中也存在着主体间同质交往的行为,这不仅会加强社会网络的凝聚力,而且为网络媒介权力的产生提供了前提条件。② 数字文化生产平台的出现,使得草根群体获取权力的模式发生了变化——依托于关系网络实现关系赋权。

处于中国主流文化边缘的草根群体形成了一个权力的共同体,个体在共同体中的利益相互关联、彼此影响,个体想要追求利益最大化,就必须在数字视听平台构建的关系场景中遵循协同和信任机制,并彼此合作,而这种协作与共享所生产的价值,并不是个体价值数量的简单叠加,而是成倍的惊人增长。

通过对既有的草根内容生产者作品以及关注网络进行分析发现,同类型的草根内

① 斯沃茨.文化与权力:布尔迪厄的社会学[M].陶东风,译.上海:上海译文出版社,2012.

② 赵红艳.中心性与权力体现:基于社会网络分析法的网络媒介权力生成路径研究[J].新闻与传播研究,2013(3):50-63.

容生产者倾向于互相关注,草根内容生产者选定关注的用户在风格定位和内容生产上与他们的意念和趣味相投,不同类型的头部草根内容产者在关注中也存在一致性(见图2至图5)。因为用户的注意力是有限的,处于文化生产弱势地位的草根内容生产者唯有不断抱团,才能在抖音社区实现突围。以“麦小登”“小康的大腮帮子”“乡村小乔”“小夕生活日记”为例,对其热搜词云进行分析发现,这些内容生产者渴望通过自身生产的内容获得用户对自身的认同,但个体资源的缺乏、内容生产者之间的竞争和受众注意力的有限使他们在以主流文化为正统的文化生产中缺少影响力。在关系赋权模式下,多个草根内容生产者通过视频进行互动,使得自身的作品获得更多人的关注,逐渐成长为拥有更大的传播力和影响力的文化生产个体。

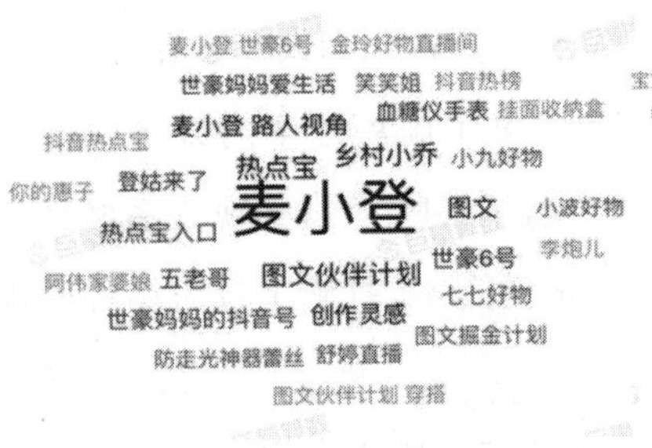

图2　麦小登作品热搜词云

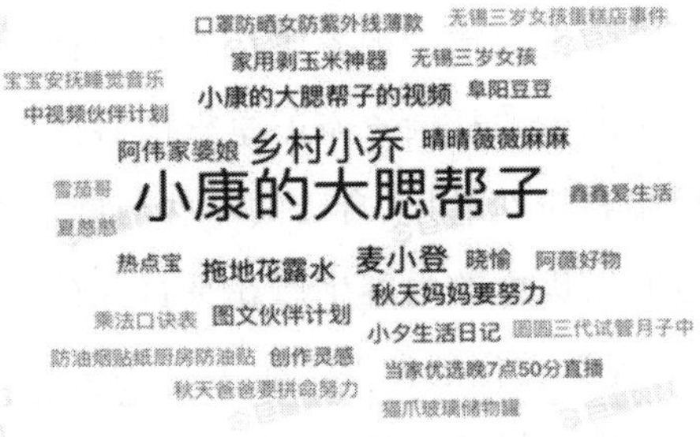

图3　小康的大腮帮子作品热搜词云

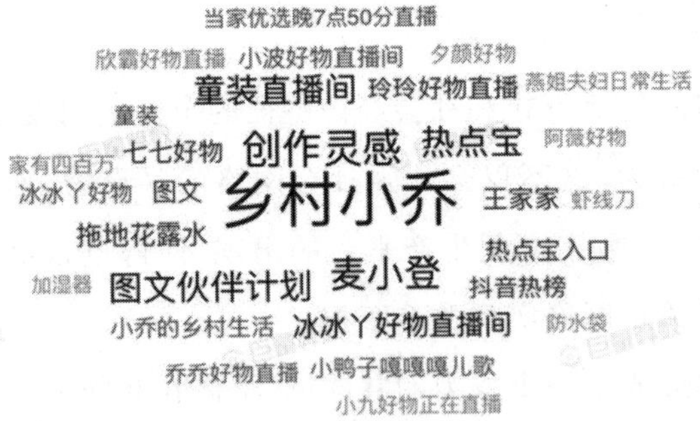

图4　乡村小乔作品热搜词云

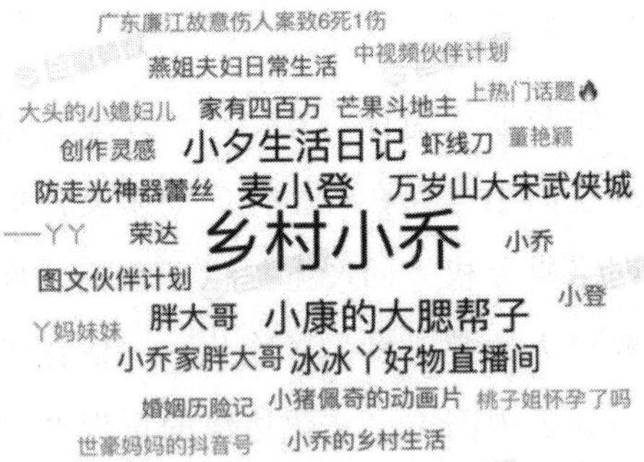

图5　小夕生活日记作品热搜词云

(三)血缘和地缘为情感纽带:重新部落化构建新的社会交往方式

技术赋权论认为,新媒介的普及有助于形成对既有权力结构和社会关系的重构,能够让弱势群体形成另类表达,从而抗衡主流话语。也有研究表明,传播个体虽可以通过视频平台进行独立的传播实践,但是边缘群体本身的能力有限,在内容创作的数量、质量、维度、深度等方面皆不能与正规、流程化的团队运营抗衡，且他们的内容创作很大程度上受制于主流叙事以及商业性活动，局限性明显。[①] 在数字视听文化生态下，处于中国主流文化边缘的草根群体形成了新的文化生产实践。本文认为，在关系赋权范式下，这种新的文化生产实践以血缘和地缘情感为纽带，草根内容生产者凭借自身较强的内容制作能力和模块化的生产机制，不断生产新的平台文化议题。基于血缘和地缘的这种"强连接"方式，他们的生产力在连接中聚合、放大、爆发，实现赋权，形成具有可见性的文化议题，远超过个体数量能量相叠加形成的影响力，从而在文化生产中实现突围。

对已有的头部草根群体进行研究发现，当下的草根内容生产者呈现家族化特征，头部家族化特征尤为明显。稍有一些粉丝基础的草根内容创作者，会把自己成功的模式扩展迁移至更多细分场景，以此加强自己在某一个领域的垂直深耕，实现利益的最大化。比如"乡村小乔""小乔家胖大哥""小夕生活日记"以及"农人豆豆""农人小瑞""晨晨的农村事"，都是基于血缘和地缘关系建立的账号。以拥有1000多万粉丝的"乡村小乔"为例，基于血缘和地缘的这种"强连接"方式，小乔会在自己的内容创作过程中借助自己的作品，让哥哥胖大哥、妹妹小夕多次出现在镜头里，以此增加用户对其的熟悉度和喜爱度。"乡村小乔"是进行信息生产的基站，这一账号衍生出不同的主攻领域，"小乔家胖大哥"以美食、"小夕生活日记"以生活为垂直领域，在多方联动中增强影响力。

六、数字视听平台文化生态的治理：内容表象化与平台的垄断化

在数字平台逐渐成为公共话语"策展人"（curator）的媒介生态中，视觉文化的兴起正在改变原有的文化生产生态，由此引发的问题不容忽视。

（一）视觉文化内容生产的表象化，文化生产的公共价值降低

数字视听平台以视觉化的呈现方式为主要特征，通过图像把非视觉的东西视觉化，培养了用户对于视觉性的表达形式的敏感度，如色彩、音乐、图像等直观性的外在呈现形式。长此以往，相对于视听表达的内在文化内涵，用户习惯了图像外表的形象性、直观性表达，容易忽视文化生产的内涵。此外，部分数字视听文化生产平台，如监

---

① NIEBORG D B, POELL T. The platformization of cultural production: theorizing the contingent cultural commodity[J]. New media & society, 2018(20):4275-4292.

控流量的科技公司,以及追求精准导流的媒介运营商、外包商协作网络乃至金融资本,都以各种方式参与文化生产。其结果是草根群体成为机构实现商业化目标的工具。数字视听平台生产以算法为核心生产“文化产品”,通过计算用户的“消费行为”获得用户画像,对用户进行个性化分发,从而获得用户的关注。算法推荐成为注意力经济变现强有力的推手,与文化生产公共性的价值目标背道而驰,导致公共价值不断被稀释,让步于商业价值。

(二)数字视听平台文化生产中同质化严重,抄袭、低俗现象频发

内容生产者媒介文化权力的获得与内容生产不可分割,只有发布的视频作品获得用户的认可,才会获得影响力,进而转化成一定的媒介权力。为了争夺有限的注意力和资本,草根生产者不惜发布低俗的内容或者盲目模仿高关注度的内容以吸引用户,导致平台抄袭和同质化现象严重。

(三)数字视听平台垄断文化内容创造,扰乱文化市场的高质量发展

当前,算法在平台文化生产中发挥着举足轻重的作用,算法推荐技术决定了平台文化生产的规则和平台文化产品的可见性。无论是从事文化生产的专业人士还是草根内容的生产者,都要适应平台的算法系统。用户的文化消费习惯和文化生产都受制于平台算法的控制,视频作品的创造力和个性在算法的控制下不断被调整和计算。算法推送过滤等问题也强化了不平等结构。

七、总结与反思

在数字文化生产平台化趋势下,媒介资源不再是精英阶层专有性垄断资源,原本处于文化生产边缘的个人通过数字视听平台形成对既有权力符号和社会关系的重构。草根群体通过在文化生产平台发布作品表达自我,并通过关系赋权实现权力的众筹。文化生产平台也为草根群体提供了可以自由讨论的场域,通过点赞、转发、评论以及互动讨论,使原本微弱、边缘化的话题得以聚集,生成话题热点,促进草根阶层的话语表达,形成新的权力中心,[①]这有助于形成对既有权力结构和社会关系的重构,让草根群体进入大众文化场域和视野。

数字视听平台的迅速发展也促进了乡村文化的重启,草根群体以乡村传播为话

---

① 孙婧,刘秀敏.权力拼图:数字技术下视频博客的话语类型与创作[J].传媒观察,2021(1):74-79.

题，给予城乡文化对话的可能，成为乡村网民以及草根群体进入大众文化场域和视野的重要媒介形式。总之，平台文化的发展构建了新的文化生产场景，降低了文化生产的门槛。媒介权力的下放和话语权的解封，重构了文化生产，让所有人都能参与到现代文化的浪潮中来。未来，算法和视频驱动下的平台文化将成为草根群体进行文化表达的主要渠道，唯有政府、平台、用户三方共同合作，营造一个更加健康、良好的平台文化生产环境，才能让互联网新一轮的全民“文化狂欢”更好地延续。

〔陈积银，西安交通大学新闻与新媒体学院教授；宋春妮（通讯作者），西安交通大学新闻与新媒体学院博士研究生〕

观众、用户、玩家:技术赋能逻辑下体育赛事转播中的客体身份与权力嬗变研究*

Viewers-Users-Players: The Transmutation of Object Identity and Power in Sports Event Broadcast under the Logic of Technology Empowerment

◎李 彪 宋 扬 邱 珂

Li Biao Song Yang Qiu Ke

摘要:重访媒介技术发展历史,技术发展推动媒介平台向“传统广播电视—移动互联网—智能媒介—未来媒介”演进,带来了体育赛事转播场景的变化。在技术赋能逻辑下,体育赛事转播中的客体身份出现变迁,传受双方原有的“主体—客体”二元关系逐渐消解,受众主体性与主体间性趋于有机融合,产生“观众—用户—玩家”的角色转变,赛事资源与传播权力沿“中心化—去中心化—再中心化”的路径进行再分配。本研究认为“技术—人”的问题归根结底是个体在技术发展与应用中的主体性问题,唯有坚守主体意识,不迷失于技术旋涡,才可能掌握技术支配权,塑造平等的媒介生存空间。

关键词:媒介技术;体育赛事转播;传受关系;权力嬗变

Abstract: A revisit to the history of media technology development shows that technological development has driven the evolution of media platforms from traditional radio and television, to mobile Internet, to intelligent media and to future media, which brings changes to the scenario of sports event broadcasting. Under the logic of technology empowerment, the identity of the object in sports event broadcasting changes. The original “subject-object” binary relationship between the transmitter and the receiver gradually dissolves, as the subjectivity and

* 本文系教育部2024年产学合作协同育人项目“融媒体背景下体育解说课程体系创新构建师资培训”(项目编号:231104363155230)、北京体育大学体育融合出版可视化技术重点实验室专项建设项目“人工智能技术赋能数字教材可视化出版应用研究”(项目编号:2024RHJS004)的阶段性研究成果。

intersubjectivity of audience tend to be organically integrated, resulting in the role shift of "viewer-user-player". Therefore, this paper argues that the issue of "technology-human" is ultimately a matter of individual subjectivity in the development and application of technology. Only by adhering to the subject consciousness and not getting lost in the technological vortex, can we master the right of technological domination and shape the media living space with equal rights.

Keywords: media technology, sports event broadcasting, transmission-reception relationship, power transmutation

重访体育赛事转播技术发展史,受众主体性的崛起难以脱离技术赋能而独存,技术迭代亦影响着体育赛事转播的权力流动。学界对于互联网传播中的"受众主体性"早有探讨,并预测受众主体性将日益成为决定传受关系和传播影响力的核心要素。① 当前,体育赛事转播中的受众主体意识越来越强,受众不仅摆脱了旁观者的角色,还对体育赛事转播产生了参与、选择、沉浸等新需求。观往以知来,体育赛事转播主客体身份及二者间的关系有何发展趋势?媒介技术从中扮演了何种角色?对体育赛事实践与转播权力结构有何影响?在"技术狂奔"背景下如何占据主导权?研究追随过往讨论,面向未来,探讨在技术赋能逻辑下,体育赛事转播中的客体身份与权力嬗变脉络,由此对"技术—人"博弈中的赛事转播主客体进行思考。

一、体育赛事转播主要媒介技术的发展概况

(一)传统广播电视时代

无线电技术发明于19世纪末期,为无线电广播事业奠定了技术基础。② 1921年,美国开创了广播电台直播体育赛事的先河。1951年,上海人民广播电台转播了苏联男子篮球队和中国上海队的友谊比赛,就此开启了中国体育广播电台转播时代。基于听众的空间不在场,电台转播只能尽可能在有限的时间内传递尽可能多的讯息,以弥补这一局限,多点直播技术应运而生。2002年釜山亚运会,中央人民广播电台进行了7场多点直播,利用不同赛事的时间空隙,在游泳、击剑、女足、体操、乒乓球等比赛之间切换播放。

---

① 孟威. 互联网传播中的"受众主体性"[J]. 青年记者, 2019, 653(33): 11-12.

② 史光. 早期的人民无线电广播事业[J]. 中国科技史料, 1982(3): 9-14.

电视实况转播技术的广泛应用，将比赛画面与声音一同传播至世界各个角落。1936年，柏林奥运会首次出现体育赛事的电视转播。1948年，伦敦奥运会首次实现了多机位电视实况转播。1958年，国内第一次实况转播八一男女篮球队和北京男女篮球队的友谊赛，而后通信卫星的发射让电视转播覆盖范围扩展至全球。我国自20世纪80年代开始应用卫星广播电视，90年代取得较大进展，而后有线电视网实现大发展，短短几年间全国用户已超过4000万。

（二）新媒体时代

新媒体时代，电视制作技术蓬勃发展，为观众呈现更真实的比赛场景。以2022年卡塔尔世界杯为例，FIFA TV制作的官方视频显示，本届世界杯官方固定转播机位数量比上届增加了9台，总量达到42台，并设置了至少10台超级慢动作摄像机实时捕捉慢动作。2022年北京冬奥会共设超660台摄像机，148台特殊摄像机，13套轨道摄像系统，11套索道摄像系统，还有10套子弹时间回放系统，33台虚拟现实摄像机，以原生超高清（UHD）高动态范围（HDR）制作保障转播质量。

随着社会的进步和科技的发展，数字信息技术及互联网提速助力体育赛事直播向互联网平台进发。移动互联网直播技术保障了体育赛事直播观看的流畅性和图像的清晰度，此外，通过网络体育赛事直播平台，用户可以在移动终端上自由选择观看其感兴趣的赛事。同时，在移动互联网直播所营造的移动场景中，用户亦可参与实时互动，体育赛事直播进入“随走、随看、随播”的移动直播社交时代。①

在云技术出现之前，传统网络存储的成本高，数据丢失的风险大，而云技术的出现使得按需提供计算和存储资源成为可能，体育转播流程得以优化。在保障高速率数据传输的5G技术的加持下，毫秒级的时延水平保证本地与云端基本处于同步状态，数据操作与信息处理的整个过程可以置于云端——赛事视频采集完成后直接编码传输至云端，而后制作、分发，传播速度更快，效率更高。除此之外，在2022年北京冬奥会中，直播人员配备带有石墨烯自发热保温套的5G云转播包，视频信号经过编码后实时回传至云传播平台，实现云转播轻量化采集，转播成本大幅降低。

在我国自主研发的EUHT-5G技术（增强型超高吞吐无线通信技术）加持之下，8K超高清视频的低时延、高速率传输得以实现。8K超高清视频具有7680×4320的超高像素分辨率，像素总量达到3300万，拥有较4K更为丰富的层次和更宽的色域。

① 汪雅倩.“新型社交方式”：基于主播视角的网络直播间陌生人虚拟互动研究[J]. 中国青年研究，2019，276(2)：87-93.

2019 年，我国首次在国际重大赛事 FIBA 世界杯中应用“5G＋8K”技术。两年后第十四届全运会中进一步采用 8K 超高清电视转播信号制作系统和 5G 智慧观赛技术转播赛事。2022 年，全球首台“5G＋8K”全业务转播车用于奥运赛事转播，实现了规模化使用 8K 技术超高清转播和制作体育赛事。“5G＋8K”超高清转播制作技术使转播画面更加高清，赛事时效性更强，转播效率更高，观众临场感也更足。

人工智能技术的产业化应用方兴未艾，正在引发各个领域的智能化变革。比如，近期火热的人工智能内容生成应用程序 ChatGPT 再次激发了人们对人工智能“思考”能力的探讨，刷新了大众对人工智能应用的认知。人工智能技术的迅猛发展推动了体育赛事直播业态的更新。过去的赛事内容生成以人工剪辑为主要制作方式，随着人脸识别、动作识别、语音识别等智能识别技术的逐渐成熟，赛事集锦等视频制作越发智能化。在 2019 年的美国网球公开赛中，IBMWatson 人工智能产品通过声音、动作识别和自然语言生成等技术制作赛事集锦，不仅节约了前场制作成本，还缩短了视频编辑时间，增强了用户的沉浸式观赛体验。在体育赛事解说中，人工智能主播与主持人和网友互动，辅助解说员解说体育赛事。在 2016 年里约奥运会期间，东方卫视的人工智能主播“微软小冰”参与奥运早新闻的播报，运用大数据算法预测比赛结果，并与网友进行微博互动。在里约奥运会中，人工智能体育解说员“度秘”在 B 站（哔哩哔哩弹幕视频网）组织的“杨毅约战度秘”直播中大放异彩。它熟练掌握球员背景、得分数据、技巧优势等信息，筛选并实时回复球迷的精彩评论。人工智能体育解说员借助自然语言处理和大数据技术跟踪、收集、筛选、整合比赛资讯及技术数据等信息，从而降低解说成本和失误率，保证解说的互动性和专业性。

（三）未来媒介时代

随着扩展现实技术（XR）的发展，体育赛事将进入“浸入式转播”时代。扩展现实技术包含了增强现实（AR）、虚拟现实（VR）、混合现实（MR）等沉浸式技术，是一种现实与虚拟系统、信息与媒体之间的交互技术。交互技术在现实空间中叠合充满主观性与流动性的想象，以此建立个体与社会、精神与物质、时间与空间之间新的联结，为玩家带来沉浸式体验。早在 2016 年，美国全国广播公司就尝试将 VR 技术运用于里约奥运会的体育赛事直播中。2019 年，CBA 总决赛增加了 3 个 VR 直播机位进行高清直播，同步实现 VR 社交语音对话、挥手示意等功能，满足了不在现场的球迷沉浸式观看的体验。不仅如此，AR、VR 等扩展现实技术的应用还为重现传奇赛事、再现历史性时刻带来了希望。

电子游戏诞生于 20 世纪，是指依赖于电子设备平台运行的交互式游戏。在赛事转播中，电子游戏技术与体育赛事的结合，不仅能增强体育赛事的吸引力，还可能延长

“赛事周期”。体育电子游戏将体育赛事通过游戏的方式展现出来,比如,FIFA 足球和 2KNBA 等游戏不仅保留了竞技体育的戏剧性和观赏性,还带给玩家高质量的视听享受。同时,通过为每个球员匹配相应的能力值、技术特点和身体指标,玩家提高了对赛事和球员信息掌握的熟练度,对赛事转播的接受度和理解力也相应提升。另外,基于强代入感,玩家也成为赛事的一部分,体育电子游戏中玩家的交流不仅局限于电子游戏本身,还可引申至现实生活,无形中增强了赛事的关注度——玩家参与游戏不再局限于现实赛事的时间流,而是每时每刻都能置身赛事之中,体验体育运动的魅力。

二、体育赛事转播中的客体身份嬗变

传统的西方主体性理论认为主体性相对于客体性而存在,与客体二元对立,并强调主体的孤立性与单一性。胡塞尔强调群体性,认为主体间性(Intersubjectivity)是融合个体精神关系的主体间的存在方式,即主体以主体间的方式存在。哈贝马斯认为主客体在融合交往中共同成为主体,基于主体间交往视角建立主体间性的沟通网络。① 传播媒介升级从单向度到多向度,再到多维度,从信息连接到社会连接,再到打破空间壁垒的时空连接与体验连接,影响着传播主客体身份及权力格局的构建。在技术赋能语境下,传播主体泛化,主客体边界模糊,赛事转播方作为传播主体以发出讯息的方式主动作用于受众客体的传播逻辑被颠覆,转播方与受众由二元对立的主客体关系向多元共生的主体间性关系转变。因此,下文尝试引入针对客体而存在的主体视角讨论主体间性,以重新审视并解释主客体间的关系嬗变与权力流动(见图 1)。

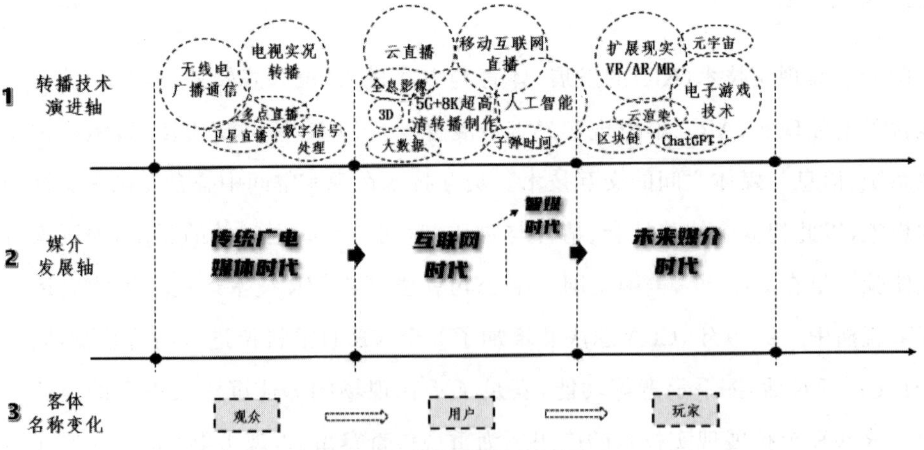

图 1 媒介、技术、客体演进对应关系

① 王莹. 从主体性到主体间性:新传播语境下新闻生产的变革逻辑[J]. 编辑之友,2021,293(1):76-80.

(一)观众:单向度被动接收赛事讯息的旁观者

在无线电广播通信技术出现之前,体育赛事的观众主要指直接到比赛现场观看比赛的人员,即现场观众。无线电广播通信技术的引入,使得体育赛事观众这一概念有了更丰富的意蕴。

1.广播电台转播:观众的想象性在场

广播电台体育赛事转播触发听众听觉感官,让电台听众想象性地进入比赛现场,掌握赛事进程、结果等讯息,而其他感官的缺席给予听众较大的留白,因而电台听众实为"现实不在场"而"视听感官在场"的观众。广播电台体育赛事转播的听众与现场观众相比较更为被动。一方面,现场观众具有一定的选择权,如可以主动选择感兴趣的赛事观赛,而电台听众自主选择权相对较小,往往只能跟随电台转播的议程设置。另一方面,现场观众对赛事参与度更高,且观众的行为与比赛结果有一定的关联性,如现场观众欢呼等行为可以对运动员产生鼓励或干扰,进而影响比赛结果,而电台听众以旁观者身份收听比赛,接收赛事讯息,赛事参与的即时性较弱,与赛事的关联度较低。

2.电视实况转播:单向度比赛叙事

电视实况转播技术在体育赛事转播领域的应用,一方面加强了观众的"视听感官在场",补偿了广播电台直播"只闻其声,不见其人"的视觉观感空缺,获得了更为丰富的赛事信息。但另一方面,电视实况转播叙事模式较为单一,只能为观众提供有限的体育比赛内容,难以满足观众的多样性需求。一是就时间维度而言,赛事转播时间段相对固定,赛事叙事过程中往往以单向度时间流为依据播放赛事,观众受限于客观的时间流动。二是就空间维度而言,电视转播更加关注宏观层面的赛事整体进程,如比赛的战略、比分、输赢等大多数观众普遍关注的内容,难以关注到基于观众专业化程度不同、偏好不同所产生的个性化、微观性需求。因此,从本质来看,尽管电视观众所获得的赛事实况讯息更加全面,但赛事的叙事权掌握在电视转播方手中,广播电视观众依旧是单向度叙事逻辑下大众化体育传播的讯息接收者。

3.中心化:大众媒介的权力规训

福柯认为,权力不是自上而下施行的,它存在于社会生活的各个方面,无所不在,表现在对个体的规训中。[①] 传统广播电视时代大众媒介与受众之间权力悬殊,媒介话语对观众的规训客观存在。在大众传播语境下的体育赛事转播观众尽管获得了“足不出户”观看比赛的权利,满足了感知赛事进程、接收赛事讯息的基础性需要,但观众通过广播电视媒介观看比赛本质上是无意识的“主动”行为,难以实现双向、互动的对话,只能被动接受大众媒介的赛事议程设置。因此,在大众媒介主导的主流秩序话语长期往复的“规训”下,观众逐渐成为屏幕前无意识的“他者”。

(二)用户:从旁观者到参与赛事直播的在场者

在新媒体时代,“点对点”传播成为可能,技术赋能下体育赛事受众的主体性增强,受众不仅是赛事信息的被动接收方,还成为媒介技术的使用者、体育赛事的传播者、内容生产的参与者。

1.多实例播放:多元化个性选择

新媒体时代,用户的多元化个性选择主要包括赛事内容的个性化选择与观赛场景、入口的多元化选择两个方面。一方面,赛事转播的多向度、非线性叙事赋予用户更多元的个性化观看选择,如选择性地关注某个球员场上的实时表现,观看某支球队的专题视频,点播某项运动的战术集锦等。在2022年北京冬奥会赛场转播中,咪咕视频采用多实例播放技术,结合5G技术、Inside-Out定位技术,实现了多路独立视频同时播放,赛事多路解说,满足了用户多线路、多频道、多视角往复切换的观赛需求,将用户观赛体验由被动观看变为主动选择。另一方面,互联网技术的应用促成体育赛事转播大屏小屏协同发展,用户可以自主选择电视端、电脑PC端及手机移动端观看赛事。“云投屏”“多屏使用”“跨屏使用”打破不同设备、系统以及网络间的藩篱,满足了用户在同一空间下多种场景的观看需求。因而,与传统广播电视时代单向度、片断式叙事的多点直播相比,多实例播放的分屏叙事更具完整性,用户选择也更具能动性。

2.分布式生产:去仪式化还原赛事全景

分布式生产打破了单向线性制作模式,意味着体育赛事叙事的去仪式化。在网络的交互特性下,用户可以对赛事展开实时讨论与评价,进行赛事内容的生产、加工与传播,成为真正意义上的参与者。体育赛事的分布式生产是指媒体平台、用户多种主体共同参与赛事的生产与传播。以“现实是否在场”为依据划分体育赛事的分布式生产,

---

① FOUCAULT M. Discipline and punish: the birth of the prison[M]. New York: VINTAGE BOOKS, 1977: 333.

主要包括为分散的现场观众提供赛事信息和为作为网络节点的用户的个性化再加工。

一是用户直接参与内容生产。即便在新媒体时代,体育赛事转播方往往也不能兼顾赛事的全貌,现场观众依赖于个人兴趣以现场观赛视角记录赛事,打破传统赛事转播既有的程序与约束,犹如毛细血管,汇集成多视角的赛事全景。分布式机制不仅提升了用户在内容生产中的主动性,而且用户生产内容的影响力也在群体效应的加持下日益增强,专业传播者对于用户生产内容的控制能力逐渐被削弱。①

二是用户参与内容的二次生产。在互联网节点化传播视域下,每个用户都是互联网上的传播节点,在赛事传播中扮演着协同生产的角色。如互动式体育直播平台"企鹅体育"的用户可以申请开通直播间,专业化程度较高的用户甚至能够以个性化、自定义的解说呈现赛事。用户聚焦于个人喜好,在原有赛事的基础上整合赛事资源,深入挖掘赛事的不同展面。用户或直接或间接参与内容生产,弱化了赛事转播的专业策划与固有脚本,赛事的仪式性被层层削弱,用户的参与性与互动性在媒介技术的赋能下得到释放,媒介话语权的唯一性也随之消解。

3.AI拟真:沉浸式"在场"观赛

保罗·莱文森认为,人类借助媒介拓展传播,超越"耳闻目睹"的生物极限,以满足幻想中的所求。② 过往的转播技术往往聚焦于最大程度展现赛场中固有的信息,而智媒体技术的应用让用户开始拥有超越现场观赛的沉浸式体验。人工智能技术塑造超真实的媒介空间,客观世界的时间流动在媒介空间中可被逆转,体育赛事的文本被彻底解构与重组,新的空间维度与新的符号被引入转播中,对体育赛事的多个展面做出不同解读,带给用户超现实观感。③

2022年北京冬奥会的滑雪大跳台比赛中应用了AI时间切片三维回放技术,基于AI算法学习,结合视觉暂留、图形图像及运动捕捉等技术,仅需15秒钟就可完成技术动作剥离运算和时间切片包装渲染,实现逐帧呈现和提炼放大"时间切片"的数据可视化效果,实时精准还原并解析运动员的运动轨迹和动作细节。人工智能技术的应用平衡了赛事转播的观赏性与专业性,增强了用户的感官能动性,体育赛事的专业性知识壁垒于技术更迭中逐渐退隐,用户的发展性需要逐渐被满足。

4.去中心化:技术赋权与用户分权

福柯认为权力是一种关系,一种交错性的网络,是各种力量关系对抗的场域,它是

① 彭兰.新媒体用户:更主动还是更被动[J].当代传播,2015,184(5):12-15,45.

② LEVINSON P. Digital McLuhan: a guide to the information millennium[M]. London: Routledge, 2003: 240.

③ 闫志成.技术·奇观·权力:智媒时代体育赛事转播的再审视[J].传媒观察,2021,450(6):90-95.

流动性的、不停运转的，由权力塑造出来的个体并不全然任由摆布——反抗是权力关系中的另一极，是权力关系不可消除的对立面。在大众媒介规训下，受众是被动的讯息接收者、旁观者，而在新媒体时代，在技术赋权逻辑下，受众的需求、行为及个性特征等因素成为影响体育赛事转播的重要变量，由"无意识"的观众转向"可认知"的用户，受众主体性与权力意识逐渐提高，转播方与受众之间的关系难以用简单的"主体—客体"进行二元划分。

在政策与技术支持下，媒体融合向纵深发展，尽管传统广播电视媒介仍不可取代，但已不再是赛事转播权与话语权的唯一掌控者。广播电视媒介的赛事转播如同静态的陈述，新媒体时代下的赛事呈现与传播更像动态的实践，用户与媒介相辅相成，相互渗透。一是用户的个性化需求得到尊重，用户进入体育赛事转播创造的场景，加入互动社区，对转播行为所能满足自身需求的程度进行评价，赛事转播方式由"传者本位"转向"受众本位"。二是用户个体从"旁观"到"在场"，在体育赛事内容生产与传播中扮演越来越重要的角色，在体育赛事转播的权力与话语博弈中，赛事资源向网络体育平台、用户等主体流动，权力中心向多元化主体转向。

（三）玩家：从认知者到体验赛事游戏的交互者

斯蒂芬森在其著作《大众传播游戏理论》中将游戏论与传播学相结合，认为媒介是受众取悦自己的工具，受众具备主观能动性、主体性和中心性。[①] 未来媒介时代，网络不断延伸，并触达更广泛的受众群，推动其成为未来传播的关键能动主体，因而，用户这一概念已不足以代表信息传播活动的主流参与者。未来媒介时代的媒介景观类游戏的表征将越发明显，受众将在未来传播技术所营造的媒介环境中获得类游戏体验感，具有与"游戏玩家"相似的身份特征。

1.虚实交互：深度游戏化延展自由度

未来传播形态升级，VR、AR、MR等扩展现实（XR）技术成为社会表达的重要方式，沉浸传播正成为社会互动的基本范式，体育赛事的受众认知和资源选择的限度得到扩张，高维需求得到满足。

一方面，虚实交互提升认知与情感体验。扩展现实技术在体育赛事转播领域的应用，不仅仅是一种将虚拟空间叠加在现实空间之上的视觉游戏，更重要的是观赛空间

---

① STEPHENSON W. The play theory of mass communication[M]. Chicago: University of Chicago Press, 1967: 1-3.

的多样化与空间组合方式的多样态，改变了人们对观赛空间的单一性认知。进而言之，交互技术的应用模糊了现实世界与虚拟世界的边界，搭建游戏化场景以提高观赛自由度，满足玩家情感等高维需求。“体育空间”扩展延伸，早已不单局限于“体育场”，游戏化传播模式让玩家随时随地仿佛置身于赛场，自由游走于现实与虚拟之间，获取体育运动与游戏相结合所带来的情感体验价值。

另一方面，深度游戏化拓宽生产实践进路。深度游戏化是将游戏特性深嵌入数字化社会，以游戏的魅力机制重构社会实践，基于趣缘的弱关系连接满足个性化需求，改变现实世界的进程。① 借助于开放世界理念所构建的虚拟游戏场域，无差别生产权利激发玩家创造力，玩家以消费、生产等强参与行为参与空间生产，获得以自我价值实现为核心的“劳动”体验。中国移动咪咕在 2022 年北京冬奥会的赛事转播中运用 5G＋XR 技术，3 场比赛直播、相关推荐、热卖商品等 8 块虚拟屏幕随意切换，XR 终端 3D 空间虚实融合，结合 NrealAR 眼镜提供六自由度的赛事体验场景，为观看者带来多维观赛与消费体验。

2.虚拟赛事景观：数字玩家角色演进与社交具身化

国际奥委会在《奥林匹克 2020＋5 议程》中提倡将现有体育项目与虚拟技术相联结，自然景观和运动相结合，打造虚拟赛事场景。孟伟认为，游戏者通过角色扮演、互动语境、交互叙事三种方式，使身体和心智共同参与虚拟空间游戏，与游戏制作者共同叙事，参与游戏内容的互动传播，在归属感与认同感的驱动下营造属于他们的游戏场景。② 由此预测，未来媒介时代的体育赛事转播可能将遵循游戏范式，以千兆宽的 5G 网络与虚拟现实技术共同构筑体育赛事观赛与社交空间，打造由玩家角色参与、社会交往、赛事叙事的多元互动共同组成新的虚拟赛事景观。

体育赛事的虚拟社交形态通过搭载场景而存在，为体育赛事游戏玩家带来跨越屏幕障碍的具身互动体验。

一方面，人类技术形态向数字化人类转向，赛场之外的游戏角色作为“数字身体”连接虚拟世界中玩家的社交互动。玩家的角色变化与媒介演进的趋势相一致，即遵循人性化趋势，从“信息传播”向“有温度的信息体验”、从“讯息接收”向“有意识的自我表达”发展演变。如玩家自发地组织“志愿性团队”，为其他玩家提供游戏技巧，介绍练功升级的经验，在游戏里的“公告牌”、讨论区发表意见、看法，展开社交互动。

---

① 喻国明，杨雅. 游戏与元宇宙：数字时代的媒介升维与深度游戏化[M]. 北京：中译出版社，2023：168-170.

② 孟伟. 电子游戏中的互动传播：游戏中的游戏者分析[J]. 河南社会科学，2008，95(3)：89-91,95.

另一方面,在未来媒介时代,重关系轻信息、重体验轻逻辑的数字交往成为虚拟观赛场景下社交互动的重要组成部分,运动员、观众等多主体间的社交互动趋于具身化。[①] 梅洛·庞蒂提出的具身认知理论强调人以身体作为媒介,通过与客观环境的有效互动来认识世界。身体是认知通道也是认知载体,心智的形成源于身体与身体、身体与环境的相互作用,具身即体验,因此,数字身体的体验在一定程度上也形塑认知,具身社交互动所承载的体育精神文化价值更甚于赛事本身的资讯价值。[②] 2016 年 6 月,中国足球史上第一场 VR 直播引发热议,"教练就在眼前指挥比赛,替补席上的一举一动尽入眼中"。2019 年 4 月的 CBA 联赛决赛采用虚拟社交 VR 直播,比赛现场与三维虚拟看台相叠加,为球迷提供多样化的观赛视角,并支持语音聊天、打招呼等形式在"第二现场"跨屏社交互动,提升观赛的具身体验。如今,尽管赛事转播头戴装备的使用仍未完全面向大众普及,但其带来的特定场景即时互动,如"面对面"聊天、分享观赛心得,却真正突破了时空限制。在意识沉浸和知觉沉浸的身体感知体验下,社交互动中个体情绪与态度的形成更为直观。

3.再中心化:虚拟空间实践与个体权力回归

列斐伏尔认为,空间是社会的产物,虚拟空间实践与人的社会实践活动密切相关——人类以其身体性与感觉性、感知与想象,思维与意识形态,通过他们的活动与实践,进入彼此的相互联系之中。[③] 人们依托网络及运算技术在虚拟空间中进行社会生产实践,形成基于虚拟空间的生产关系及社会关系,同时也创造着现实世界新的生活方式与社会关系,即人们对社会生活的再创造与再生产。在空间媒介构筑的赛事景观中,规则与自由并存——在游戏的范围内,"空间媒介"作为游戏空间令玩家暂时摆脱现实空间功能性的束缚,玩家自由选择时空,自由点击进入体育赛事场景,自由地改变并创造场景,并融入自我想象,从而实现媒介、赛事、玩家多元主体间性的和谐。

传播的游戏化是媒介人性化趋势的表征,未来,体育赛事传播的权力将从技术控制回归人类主权。媒介技术的升级换代重塑着社会关系,人类社会基于新的社会关系再分配资源。未来虚实相生、人机并存,媒介技术为人类社会的连接提供新的方式、新的尺度和新的标准,媒介与使用者作为交互主体共同进行空间实践,形成新的空间组织与空间社会规范——物质空间原有的权力中心消解,虚拟空间新的权力中心再造。

---

① 喻国明. VR 作为一种未来传播的媒介品性与创作要点[J]. 视听理论与实践, 2022, 10(6): 5-8.

② 李其维. "认知革命"与"第二代认知科学"刍议[J]. 心理学报, 2008, 40(12): 1306-1327.

③ LEFEBVRE H. The production of space[M]. London: Routledge, The People, Place, and Space Reader, 2014: 289.

人内传播，或是麦克卢汉“媒介是人体的延伸”的观点，都证明人类自身就是最核心的媒介。自传统媒体时代到新媒体时代，分割身体感官、传播权力外化的前序媒介技术极大地增强了受众的主体性，在体育赛事转播领域表现为受众在场感与具身感的提高和传播权与选择权的不断增强。新媒介的兴起，为“传者本位”向“受众本位”的实践转向提供技术支撑，受众成为具有更多话语权的“网络节点”。未来媒介技术将再造人类的“数字躯体”，赛事转播方或是游戏的生产者，将以沟通的姿态满足人们的虚拟空间体验，以协商的态度与玩家共同塑造虚拟空间的赛事传播逻辑。未来传播时代，个体能动性将进入全面回归的阶段，个体从无意识的被动到有限的主动，再到真正的主动，个体能动性在算法的可塑空间中得以显现，个体的主体地位在新的规则和操作模式中得以确立。

三、思考与启示

在媒介演进历程中，人与技术之间的关系越发紧密，媒介技术模糊了体育赛事转播的实践边界，改变了转播方与受众之间的“主—客体”二元对立关系，也成为“数字人类世”[①]悬于头顶的“达摩克利斯之剑”。技术风险与伦理隐忧，归根结底是个体在技术中的主体性问题，保持主体能动性，不迷失于技术旋涡，才可能掌握技术支配权，塑造平权的媒介生存空间。

(一)感官替代与人的异化隐忧

媒介的发展历程本质是切割和延伸身体感官的过程。传统媒体时代，观众的视觉与听觉等感官过度参与，嗅觉与触觉等感官则被缩小甚至抹除。在未来媒介时代，科技增强了人作为生物体的能力，赛博格(cyborg)概念下的“增强人”进一步实现感官参与，AI辅助、可穿戴载体、脑机芯片等技术产物的嵌入有望突破人体局限，实现多感官的线上聚合——受众不再需要仅通过声音“脑补”画面，而是以沉浸代替旁观，以第一人称视角“亲历”比赛现场，“参与”赛事全程，“沉浸”体育氛围，激发情感化的“游戏”体验。在虚拟空间的知觉转化中，数字身体成为超越时空的存在，现实社会中的感官缺位得以弥补。

当技术觉醒平衡了人的生物性感官间的关系时，个体认知需要与之相应地进步，即“术”与“知”并行。在超现实媒介中，人类异化与否取决于自身对技术发展与应用的

① 杜骏飞. 何以为人？——AI兴起与数字化人类[J]. 南京社会科学，2023，425(3)：76-85.

反思。一方面,身体在现实空间与虚拟空间的双重共存导致肉身在场与虚拟在场难以区分,感官效能与主体意识割裂,身体认知与精神世界脱钩;另一方面,技术与玩家二者之间的主客体关系模糊,玩家沉浸于游戏体验,同时也承受着被算法创造的角色控制、为技术所物化的风险。个体若丧失自主判断能力和选择能力,则可能成为技术的附庸品。元宇宙时代,技术有着强化、支持、辅助人体的功能,在体力与智力、现实与虚拟的博弈中,坚守人类体力、体能、体育价值是释放体能、避免肉体退化的重要途径,也意味着坚守人类的自然属性与本质。[①] 警惕去主体化,摆脱虚拟依赖,保有自由意志,人才可以继续为人,而非机器的器官,并可能在技术狂奔中实现数字跃升。[②]

(二)虚拟空间"表演"与隐私权的让渡

多明戈斯在《终极算法:机器学习和人工智能如何重塑世界》一书中提出,不必惧怕数据被分享,自己要变成什么样的人,可以主动在平台上进行"登记"。体育赛事受众由"现实在场"转向"虚拟在场",从想象式参与,到作为网络节点参与内容传播和分布式生产,再到作为玩家的沉浸式参与;玩家突破身体被动"凝视"的局面,不断"表达"自我,主动介入赛事或游戏情节,从"观看"到"参演",这些变化实则伴随着隐私权的让渡。

然而,"私"是自由的保障,角色表演的自由应建立于隐私权的保护之上,即"术"与"道"兼顾。信息化时代,肉身作为最后的私有领域能够保护人的自我再生产,而数字化身融合了"社会化自我"与"人性化自我","私人领域"与"公共领域"的边界越发模糊,玩家主体身份及社交互动信息大量汇入数据空间。基于此,探讨数据共享、共有的选择权、恢复虚拟场景的"空间感",应当回归"自我",发挥主体作用"约束"侵权行为,而非纵容技术霸权。

(三)技术赋能逻辑下特权的消解与平权的重塑

拉斯·特维德预测,未来的挑战需要用更新的技术来解决,未来的环境和发展,一定也会有更新的技术和设备来应对。[③] 然而,技术基于人的生产与使用而有存在意义,因此,技术狂奔背景下理性看待"技术—人"的问题,不能忽略人(设计者)与人(使

---

① 程志理,易剑东,路云亭,等."元宇宙与体育的未来"笔谈[J].上海体育学院学报,2022,46(5):1-18.

② 杜骏飞.何以为人?——AI兴起与数字化人类[J].南京社会科学,2023,425(3):76-85.

③ TVEDE L. Supertrends: winning investment strategies for the coming decades[M]. Hoboken: John Wiley & Sons, 2010: 472.

用者)之间,以及新兴的技术权力者与既有的社会权力者之间的关系问题。一方面,革命性的新技术可能进一步诱发“数字围城”和“数字鸿沟”,导致不平等进一步加剧;另一方面,媒介技术也能为大众所用,协调互构,打破垄断,为消除特权、推动社会结构和社会关系重组,以及社会民主和社会价值重构开辟新路径。

技术问题能否得以解决,取决于技术为谁所掌控,即“术”与“权”相辅相成。米尔斯于20世纪50年代出版的《社会学的想象力》一书中提出,社会传播是“历史性的传播哲学与想象”,社会民主实现的基础是传播者与历史环境中的其他存在共同成为构造社会议题的主体。① 元宇宙作为未来媒介社会发展的参考系,其算法的核心逻辑即人本主义,即通过提供多元的参与角色和能动性把握的空间,促进个体参与互动,促使资源合理分配,制定更加人性化的“游戏”规则。② 由此,高维媒介打破社会结构,“再组织化”的用户群体在整个传播格局中更具主动性,权力和资源从机构层面逐渐转向非公权力行为主体,进而实现权力的再分配。

总之,无论是响应《全民健身计划(2021—2025年)》中提出的“智能健身”“云赛事”“虚拟运动”等政策要求,还是把握科技赋能体育产业发展的新机遇,体育赛事转播都应发挥主客体双方的能动性,于技术变革中不断探寻新的互动模式。同时,对于媒介技术革新仍需要抱有客观的态度,兼具“工具理性”与“价值理性”,以人为本,避免“唯技术论”和“技术崇拜”,警惕“技术—人”博弈中的“去主体化”陷阱,实现人与技术的共生发展。

〔李彪,中国人民大学新闻学院教授;宋扬(通讯作者),北京体育大学新闻与传播学院讲师;邱珂,国家税务总局滨州市滨城区税务局一级行政执法员〕

① MILLS C W. The sociological imagination[M]. Oxford:Oxford University Press, 1959: 242.
② 喻国明,杨雅. 元宇宙与未来媒介[M]. 北京:人民邮电出版社,2021:191.

传播与文化

跨媒介·多模态·情景化：中华文化传承发展视角下典籍文化媒介传播模式新探
谢清果　韦俊全

政策工具视角下我国文娱领域综合治理优化研究　高　萍　任伊琳

跨媒介·多模态·情景化:中华文化传承发展视角下典籍文化媒介传播模式新探*

Cross-media, Multi-Modal, Scenario: A New Exploration of the Media Communication Mode of Classics Culture from the Perspective of Chinese Cultural Inheritance and Development

◎ 谢清果　韦俊全

Xie Qingguo　Wei Junquan

摘要:典籍是中华文明存续与深化的关键,是中华民族文明重要精神标识,亦是增强中华文明传播力与影响力之关隘。从新中国成立初期的“双百”,到新时代的“两创”,再到2023年的文化传承发展座谈会,文化的发展一直是国之要事,亦牵引着国人之心。典籍文化的传承与发展受到当下不断演变的媒介形态与媒介格局的影响,传承亦需要与传播并举,以更好地实现典籍文化之发展。新时代带来新的命题与新的思考,本研究立足中华文化传承发展,从典籍的本体出发,以跨媒介叙事、多模态话语与情景化传播为三维,思考媒介如何介入典籍文化的传承与传播并形成了怎么样的传播态势,并基于此尝试探索出一套具有时代价值与未来启示的典籍文化媒介传播新模式。

关键词:典籍文化;中华文明传承发展;多模态;跨媒介;情景化

Abstract: The classics are the key to the continuity and deepening of Chinese civilization. It is an important spiritual symbol of the civilization of the Chinese nation, and it is also a barrier to enhance the communication and influence of Chinese civilization. From the “double hundred” in the early days of the founding of the new China, to the “two innovations” of the new era, to the cultural heritage development symposium in 2023, the development of cultural development has always been the main matter of the country, and it has also led

* 本文系国家社科基金重大项目“铸牢中华民族共同体意识的传播策略研究”(项目编号:22&ZD313)的成果。

the hearts of the country. The inheritance and development of the classics culture must be affected by the continuous evolution of the current media form and the media pattern. The inheritance also needs to be properly spread to better achieve the development of the classics culture. The new era brings new propositions and new thinking. In this study, based on the development of the development of Chinese culture inheritance, starting from the body of the classics micro-departure, with cross-media narrative, multi-modal discourse and contextual communication, how the three-dimensional thinking media is involved in the classic books, What kind of communication trend has the inheritance and dissemination of culture, and based on this attempt to explore a new model of classics and cultural media dissemination with the value and future revelation.

Keywords: classic culture, Chinese civilization inheritance and development, multi-modal, cross-media, contextualization

引 言

典籍是中华民族几千年思想智慧与劳动实践的凝结,是中华民族得以进行精神滋养、确证自身身份的根本,也是中华民族在漫长历史时空中赖以存续、优化、呈现新质的土壤。“中华传统文化百部经典”的编委会在编纂缘起中曾深切言道,“我国古代留下浩如烟海的典籍,其中的精华是培育民族精神和时代精神的文化基础。激活经典,熔古铸今,是增强文化自觉和文化自信的重要途径”①。典籍作为中华优秀传统文化的重要载体、传播媒介与关键标识,对内支撑着中华民族完成文化自知、文化自觉、文化自信等“自我传播”实践;对外推动着中华民族进行讲好中国故事、展现中国形象的国际传播活动,有着极为重要的文化价值与时代意义。2023 年 6 月 2 日,习近平总书记在文化传承发展座谈会上提出,“在新的起点上继续推动文化繁荣、建设文化强国、

① 孙武.孙子兵法[M].黄朴民,解读.北京:国家图书馆出版社,2017.

建设中华民族现代文明，是我们在新时代新的文化使命”①。座谈会之前，习近平总书记还考察了中国国家版本馆。习近平总书记表示对中华文明历经沧桑所流传下来的宝贵典籍版本的关心，指出“盛世修文，我们这个时代，国家繁荣、社会平安稳定，有传承民族文化的意愿和能力，要把这件大事办好”②。这些讲话道出当下典籍文化传承与发展的重要性，亦为典籍文化传承与发展活动作出了重要指示。

典籍文化传承与传播问题一直是学界与业界所热切关注的焦点。目前国家的典籍文化传承与发展体系已经相对完备，有国家图书馆、国家典籍博物馆、中国国家版本馆作为典籍保护、传承与发展的重镇，同时国家更是先后启动了“中华古籍保护计划”(2007年)、“‘中华传统文化百部经典’编纂项目”等，建构起了系统性的全国典籍保护工作机制，并梳理出中国古籍整体保护名录，为典籍文化传承与发展打下了坚实基础。当下业界亦注重对典籍文化的历史脉络与时代内涵的深入挖掘，并不断推进着典籍文化实现更加大众化、活态化的传播，因此也产生不少以典籍文化传承发展为主题的文化精品，诸如这几年火爆出圈的《典籍里的中国》。《典籍里的中国》甫一播出，便实现了口碑与收视的双丰收。观众皆感动于典籍文化之深妙，以及先贤不畏艰难的奋斗精神与矢志著书的文化情怀。节目的收视率与口碑更是屡创新高。第一季《典籍里的中国》在豆瓣拿下了8.7的高分，而第二季则更上一层楼达到了9.2分的新高度，节目相关微博话题数据亦呈喷发式状态，节目传播力与影响力可见一斑，其带来的典籍文化传播效应更是巨大，在海内外掀起了一股“典籍热”“国学热”，而《典籍里的中国》亦成为典籍文化研究的典型案例。同时，不少学者立足当下时代新变化与媒介新生态，聚焦于典籍文化的传承与发展，从不同层面、不同维度提出了自己的学思。学者们从符号学、文化记忆建构与文化认同、跨媒介叙事、视觉修辞等不同的角度探讨中华典籍文化的传承与传播，尝试建构出适合当下语境典籍文化的传承、传播研究之路。

新时代与新发展带来了新命题，也催生出新的思考与模式。新媒体时代已然“全息”在我们的日常生活中，未来媒介之形态亦瞬息万变，而典籍文化的传承与传播又呈现出怎样的传播样态？在中华文化传承与发展的相关精神指导下，我们又该如何建构起具有当下效力与未来启示的典籍文化媒介传播模式？这些问题无疑是当下典籍文化工作的突破点与重点。

---

① 习近平在文化传承发展座谈会上强调 担负起新的文化使命 努力建设中华民族现代文明[EB/OL].(2023-06-02)[2023-07-01].http://www.news.cn/politics/2023-06/02/c_1129666321.htm.

② 习近平在文化传承发展座谈会上强调 担负起新的文化使命 努力建设中华民族现代文明[EB/OL].(2023-06-02)[2023-07-01].http://www.news.cn/politics/2023-06/02/c_1129666321.htm.

一、有册有典:典籍文化的传播治理建构与传播形态演变

典籍承载着民族精神,凝结着民族记忆,典籍在传播中生成,又在传播中焕发生机。在新时代,我们在探讨中华优秀传统文化传承与发展时,亦必须先回到典籍生成之基源,去寻找典籍文化之本真样态与元结构,同时观照到时代新义,以更好地探讨典籍文化的媒介传播问题。

(一)从上至下:典籍文化的传播内涵与秩序建构

《尚书·多士》有言:“惟殷先人,有册有典。”得益于中华民族先人们著书立言之为,中国内在的礼乐法度得以不断传习,并通过国家经史、地方方志、家谱家训等不同“典籍”样态形塑、规约、传播,衍化着中国的社会秩序与文明形态。典籍为何?《说文解字》中以篆体将“典”形现为,并言之“典,五帝之書也。从冊在丌上,尊閣之也。莊都說,典,大冊也”,而从其字形描述为“上从册,下从大”。其将“典”称作三皇五帝得以成效治国的书籍。于此便可窥出“典”与“籍”的相随、相合之味,而其中的“从冊在丌上,尊閣之也”更道出“典”庄严、厚重之味。《尔雅·释言》则将“典”称为“经也”,肯定了典的重要文献意义与地位。《周礼》的《大司寇》一篇亦有言“掌建邦之三典,轻典、中典、重典也”。“典籍”的完整话语表述据考大致出现在战国时期,《孟子·告子下》中便提到“诸侯之地方百里,不百里,不足以守宗庙之典籍”[①],将“典籍”与社会之要“宗庙”并提。《左传·昭公十五年》也以“司晋之典籍,以为大政”完整提到“典籍”表述。从图1至图3中不同的“典”字形变化不难看出,“典”一直都形为“双手”捧着“书册”,似虔诚地与先贤君子、民族集体之至高与权威智慧对话、交汇着,而后书册似又演化为“眼”,抑或可理解为“典”是我们了解先贤、管窥历史、体认民族的重要窗口。

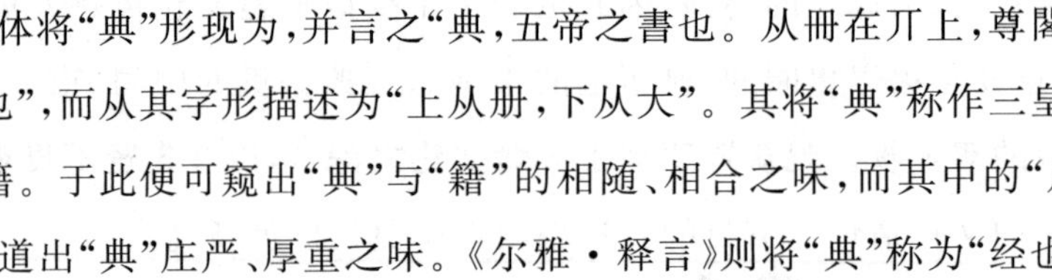

图1 “典”的部分字体字形比照

知“典”之重要,那么在华夏历史上浩如烟海的书目中,其范畴又如何界定?从目

① 杨伯峻.孟子译注[M].北京:中华书局,2012:319.

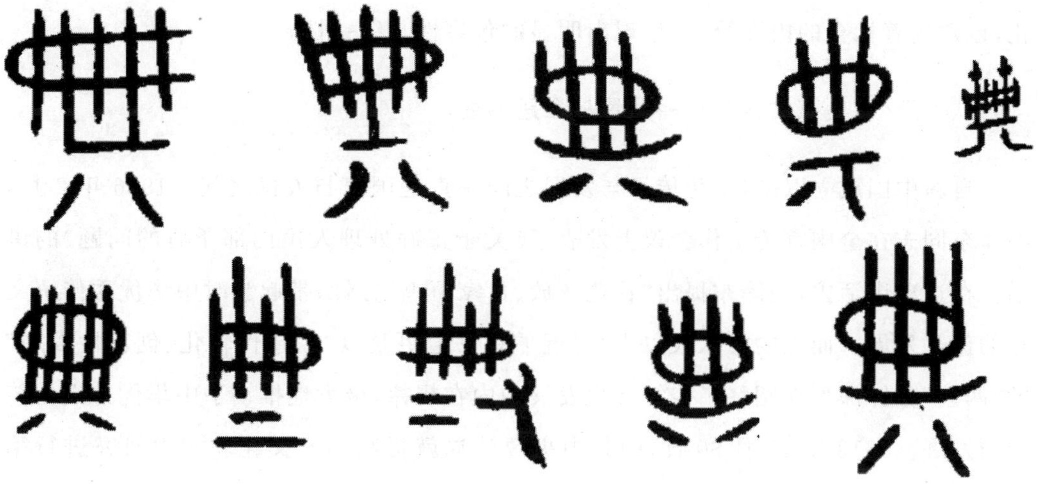

图 2 “典”的金文字形呈现

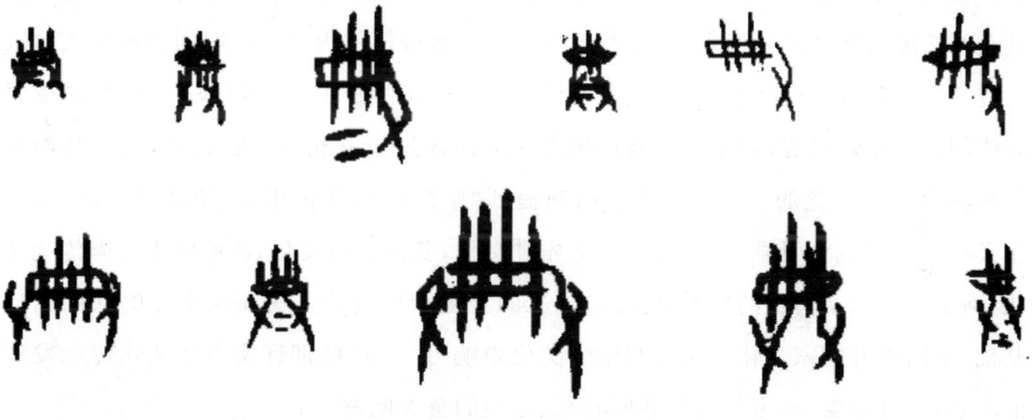

图 3 “典”的甲骨文字形呈现

前该词的使用范围看，典籍所指的领域甚广，包括了经史子集、丛书与名著小说等，其内容涉及社会生活的方方面面。回溯“典籍”话语之生成、发展，不难看出“典籍”的内涵呈现着一个泛化的过程，也是权力结构逐渐自上而下演化的过程。“典籍”从最初的“五帝之书”“宗庙之典籍”“建邦之典”行至约汉朝后，便演化成为一切书籍、文献之义，从不少文献表述中亦可看出，如《后汉书·崔寔传》便提到“少沉静，好典籍”，而《三国志》的《谯周转》中也有“诵读典籍”的表述。可见，虽“典籍”的生产权力在很大程度上依然掌握在上层与精英阶层手中，但其权力传播结构开始走向去中心化，从最初面向统治之教的法度、制度、言论文献，开始包括百姓教化、修身治本进而齐家治国平天下之大众之学。至此，典籍不再是王权主体的专属品，虽然由于获取的便利性问题，典籍依然相对难以在民间普及,但典籍已然演变成了一种涵盖统治阶层与民间大众的文化,也建构着社会的内在统一,呈现出明显的包容性与统一性。

(二)从古至今:典籍文化的传播背景与命题演变

自新中国成立以来,文化传承与发展之问一直是国家与人民之问。1956 年 2 月,毛泽东同志在全国宣传工作会议上发表了《关于正确处理人民内部矛盾的问题》的讲话。在这次讲话中,毛泽东提出"百花齐放、百家争鸣"方针,带起当时中华优秀传统文化的蓬勃发展。而党的十八大以来,习近平总书记更是以"创造性转化、创新性发展"的"两创"方针深刻地阐释了传统文化发展的内在规律,极大地推动了中华优秀文化传承与发展。2013 年 12 月 30 日,中共中央政治局就提高国家文化软实力研究进行第十二次集体学习,习近平总书记在主持学习时强调"坚持古为今用、推陈出新,努力实现中华传统美德的创造性转化、创新性发展……让 13 亿人的每一分子都成为传播中华美德、中华文化的主体"①。关于"两创"的定义,习近平总书记也提到"创造性转化,就是要按照时代特点和要求,对那些至今仍有借鉴价值的内涵和陈旧的表现形式加以改造,赋予其新的时代内涵和现代表达形式,激活其生命力;创新性发展,就是要按照时代的新进步新进展,对中华优秀传统文化的内涵加以补充、拓展、完善,增强其影响力和感召力"②。党的二十大报告更明确提到"坚持创造性转化、创新性发展,以社会主义核心价值观为引领,发展社会主义先进文化,弘扬革命文化,传承中华优秀传统文化,满足人民日益增长的精神文化需求,巩固全党全国各族人民团结奋斗的共同思想基础,不断提升国家文化软实力和中华文化影响力"③,这些都证实中华文化传承发展的问题,一直是党、国家与人民共同心系、心向的重大问题。

从 2013 年到 2023 年,十年的探索与试炼使得文化的传承发展已然迈入新的节点与新的起点。2023 年 6 月 2 日,习近平总书记在文化传承发展座谈会上强调"在新的起点上继续推动文化繁荣、建设文化强国、建设中华民族现代文明,是我们在新时代新的文化使命……希望大家担当使命、奋发有为,共同努力创造属于我们这个时代的新

---

① 习近平.建设社会主义文化强国 着力提高国家文化软实力[EB/OL].(2013-12-31)[2023-07-07].http://www.xinhuanet.com/politics/2013-12/31/c_118788013.htm.

② 习近平.把培育和弘扬社会主义核心价值观作为凝魂聚气强基固本的基础工程[EB/OL].(2014-02-26)[2023-07-07].http://cpc.people.com.cn/n/2014/0226/c64094-24464564.html.

③ 习近平.高举中国特色社会主义伟大旗帜,为全面建设社会主义现代化国家而团结奋斗:在中国共产党的第二十大次全国代表大会上的报告[M].北京:人民出版社,2022:43.

文化，建设中华民族现代文明”[①]。座谈会前，习近平总书记还前往中国国家版本馆中央总馆进行考察，并强调了典籍文化传承与发展的重要性，更明确提出“把自古以来能收集到的典籍资料收集全、保护好，把世界上唯一没有中断的文明继续传承下去。盛世修文，我们这个时代，国家繁荣、社会平安稳定，有传承民族文化的意愿和能力，要把这件大事办好”[②]。典籍文化是维系中华文明源源不断发展之“脉”，也是中华民族千年沉积并写就之精神与行为“准则”，做好典籍文化的传承与发展，国人责无旁贷。习近平总书记更在文化传承座谈会上概括性地提出了中华文明的突出特性：连续性、创新性、统一性、包容性与和平性。这是对中华文明气质与精神的深度把握，亦是对中华文明画像的精准描摹，同时也为包括典籍文化在内的中华优秀文化的传承与发展指明了方向，锚定了思想基准。

五大特性的形成并非一蹴而就的，而是长期积淀在文明发展中，也能从中华悠久的典籍中找到印证。首先，从连续性维度来看，《论语·子罕》的“逝者如斯夫，不舍昼夜”，《周易·乾·文言》“终日乾乾，与时偕行”等有着“连续性”特征，强调时间的不断演进，而我们更要树立好这种“连续性”意识，把握好这种“连续性”特性，更好地实现创新与发展。典籍是维系中华文明源源不断、源远流长的文脉所在，历史先贤们集共同之智慧，为当下中国的精神文明打下了坚固之根基，亦留下了坚厚的文化土壤。其次，创新之精神与理念也根植在华夏民族与中华文明的血脉中，在典籍中亦有不少表述。《周易》被誉为“群经之首，大道之源”，中国文化发展的始祖，深刻地影响并塑造着中华文明，其中便多次道出“创新”之重要。《周易·系辞下》中有“变则通，通则久”“变通者，趣时者也”，《周易·随》中提到“天下随时，随时之义大矣哉”等。这些内容便道出了创新是自然之规律，如日月运转般永不停歇，要与时偕行、与时俱进。同时，《诗经·大雅·文王》中亦有“周虽旧邦，其命维新”之言，俨然将改革与创新视为国之“天命”。同时，《礼记·大学》有言“苟日新，日日新，又日新”。北宋“二程”程颢、程颐的《二程集·河南程氏遗书·卷第二十五》中也提到“君子之学必日新，日新者日进也。不日新者必日退，未有不进而不退者”。凡此种种，皆揭示无论是个人生命之发展、民族国家与文明之发展，均需创新，创新既是自然之律，也是应持有之态度。再者，在统一性上，《周易·系辞上》便有对“统一”的阐述，即“统之乎一形”。《礼记·礼运》有言：“大道之

① 习近平在文化传承发展座谈会上强调 担负起新的文化使命 努力建设中华民族现代文明[EB/OL].(2023-06-02)[2023-07-01].http://www.news.cn/politics/2023-06/02/c_1129666321.htm.

② 习近平在文化传承发展座谈会上强调 担负起新的文化使命 努力建设中华民族现代文明[EB/OL].(2023-06-02)[2023-07-01].http://www.news.cn/politics/2023-06/02/c_1129666321.htm.

行,天下为公。"《尚书·尧典》中有云:"克明俊德,以亲九族;九族既睦,平章百姓;百姓昭明,协和万邦。"而在颜师古注《汉书》时也提到"一统者,万物之统皆归于一也"。先贤们皆对"统一"作出了深刻的注解。统一,并非仅为政治上的"大一统",其是一种理想化的最终发展状态,包含着种族地域的统一、文明万象的统一、自然生灵万物的统一,是一种内在可以和谐对话、彼此并行不悖的统一状态。而这种天下大同、协和万邦不是一种谁占据主导权、强弱对峙之念,而是强调大家在自己的运转中实现和谐与统一,也是所谓的"地球村"与"人类命运共同体"。在包容性层面上,《尚书·君陈》有言"尔无忿疾于顽,无求备于一夫。必有忍,其乃有济;有容,德乃大"。而"德性"亦是中华民族与中华文明的重要基质,因而也必然在内生层面上要求中华文明呈现出"包容"的特性,而中华文明"德性"的涵养也仰赖于对不同文明思想、不同文明实践的吸收与消化。《论语·为政篇第二》又提到"攻乎异端,斯害也已!"也是在倡导着不要攻击自己之外的所谓"异端",内里便是提倡用包容的态度去对待他者。因此,文明的包容性既是包容他者文明,让自身得以源源不断地发展,同时也是在文明交往互鉴中秉持着一种包容态度。最后,在和平性层面上,中华典籍之中对"和平"的阐述非常丰赡,西汉政治家董仲舒的《春秋繁露·郊语》所提"天下和平,则灾害不生",以及西汉淮南王刘安的《淮南子·氾论训》的"天下安宁,政教和平,百姓肃睦,上下相亲"等都直接出现了和平,并且也对其对象、方式、内涵进行了阐述。中华优秀传统文化中所推崇的讲仁爱、重民本、守诚信、崇正义、尚和合、求大同的价值理念也是通过《礼记》《大学》《论语》等典籍为载体呈现的。

在当下媒介语境中谈论典籍文化的传承与发展,自然要与传播并举。德布雷曾说"如果要传承的话,首先必须要有传播"①,而"传承是被理想化了的个人或团体之间的传播"②。因而我们在讨论典籍文明的传承与发展问题时,一定是和典籍文化的传播同向而行、互为融通的,在传承中进行传播,在传播中观照传承。传播与传承各有特点,如果说传播强调"5W"(内容、地点、对象、方式与效果),那么传承更强调主体内容的变化与发展,而在典籍传播过程中一定会涉及典籍文本内容的演变,如《典籍里的中国》便对典籍文本进行了通俗化处理,而典籍传承过程本身也呈现出不同的关系传播、文化传播等属性,二者综合必然使得典籍文化的传承与发展进入更深入、全面的状态。

在当下的新媒体时代,典籍文化之传播必然需要拥抱正在不断变化的媒介生态,

---

① 德布雷.媒介学引论[M].刘文玲,译.北京:中国传媒大学出版社,2013:5.

② 德布雷.媒介学引论[M].刘文玲,译.北京:中国传媒大学出版社,2013:6.

“数字技术改变了文化内容的形态，也改变了受众接收和理解内容的方式”①。而当下的典籍文化传播随着媒介形态、受众信息接收方式的多元化，也需要呈现出新的、具有当下性和一定未来预见性的传播思考。当下媒介技术仍然无法实现全感官的联通，但人的主体性日渐被媒介技术削弱，感官感知也被弱化，导致人在媒介传播中更渴望身体回归的状态。在典籍文化传承与发展中，我们呼吁形成“跨媒介”“多模态”以及“情景化”的传播模式。本研究亦立足这三个维度，通过对《典籍里的中国》等一些重要案例分析，探讨在媒介时代与文明命题交互下典籍文化传承与传播的新质。

二、跨媒介传播：新媒介生态孕育着典籍文化媒介叙事新结构

媒介即生活，现代大众的生活于媒介中不断被形塑，在某种程度上，媒介甚至已然脱离了工具属性，渐趋成为主导社会构型的无形的手，正如孙玮教授所言，“使用媒介成为人们的基本存在方式，人类文明进入媒介化生存阶段”②。因而，如要在当下更好地实现典籍文化的传承与发展，必然需要观照到当下不同媒介的叙事方式，建构出一套整体性的跨媒介叙事体系。那跨媒介叙事又为何？这一研究话语最早出现于 2003 年，由亨利 · 詹金斯（Henry Jenkins）在《融合文化》中提出，其强调一个传播内容或者一个传播故事，如何在不同的媒介平台传播中创造出既各不相同，又互为体系的一个叙事体系。有学者也将跨媒介叙事的整个流程概括为“内容情节上的叙事延展”“不同媒介运用上进行媒介延展”“故事世界性的延展”三个方面，即一般文化的跨媒介传播需要经过这样的一个程序：形成“故事核”与“故事世界”，建立传播内容，再经过不同的媒介形态与媒介平台来进行传播，最后通过其核心价值理念的“心传”，实现文化在不同地域、不同群体的传播。

（一）抱中守一：建构典籍文化的媒介叙事元故事

好的传播亦是讲故事，在文化传播中“内容为王”的理念永不褪色。典籍文化的传承与发展不是要单纯的文本输出，而是要让文本成为一个故事。典籍本身就是一个大的“故事世界”，里面既有内容情节，也有精神意志。可以说，每一个典籍都包含着核心的文本与世界观，这便是“故事世界”的“故事核”，它正是典籍撬动跨媒介传播的支点，

---

① 周敏，赵晨雨.叙事构建与技术共生：中华数字文化出海新逻辑[J].现代传播（中国传媒大学学报），2022，44(12)：55.

② 孙玮.媒介化生存：文明转型与新型人类的诞生[J].探索与争鸣，2020(6)：15-17，157.

所有的媒介叙事也统一于这个“故事世界”。通过作为“中心”的“元故事”，传统典籍得以被解读，被生成，被更高效地传播。《典籍里的中国》就将典籍与著书人、修书人进行了结合，建构全方位的典籍“故事世界”，《如果国宝会说话》《国家宝藏》等节目亦是如此。在《典籍里的中国》里，屈原、司马迁，或陈济、郦道元，这些历史人物都在讲自己的故事，他们的身上映照着每一个人的生命历程，也折射出整个民族波澜壮阔的奋斗史。对典籍及其背后的故事的发掘、呈现，并放大附着在人物故事上的精神气质，引发出受众的认同感和归属感。这些节目很好地通过“故事世界”的建构实现了典籍文化的高效传播。

如何更好地建构其“典籍”的故事核呢？在跨媒介的叙事内容中更强调一种“统一性”，“要明确所有的故事文本都应该在共享的故事世界范畴内，遵循统一的世界观、人物身份及叙事风格等”[①]，从而形成一种“抱中守一”的、由点到面的跨媒介叙事逻辑。首先，从故事内容方面，即从题材、情节、人物与价值传达来看，典籍故事的题材首要以媒介适用为导向，这也是对习近平总书记在文化传承发展座谈会上所提出的“包容性”的呼应，即寻找到具有人群包容度和文化共享性的题材，比如在《典籍里的中国》里，陈济与《永乐大典》所呈现的“投身事业，鞠躬尽瘁”、司马迁与《史记》所推崇的不畏艰险、坚守初心，以及屈原与《楚辞》中所强调的“忠贞为国，矢志不渝”等，这些中华民族共同精神气质较容易与观众产生共鸣。其次，在内容的生成制作方面也要坚守典籍文化应有之品格，警惕因过度轻质化和泛娱乐化，导致典籍失去本身的文化厚度与深度。应该遵循“统一性”的特性，传承与秉持统一的叙事风格设定，避免消解典籍本身的魅力。最后，要建构好属于故事的情境空间，要让受众能真切地体味到典籍文化生成的历史情境，更好地代入典籍的传播故事当中去，形成对典籍文化的本真认知。跳脱出原本的文化语境进行随波逐流式的“魔改”，容易导致典籍文化跨媒介传播呈现出四不像的状态。

（二）和合共生：“互文性”的跨媒介叙事全体系

在构建完典籍文化的“故事世界”之后，还需要不同媒介进行不同的故事输出。跨媒介传播既强调“故事世界”的统一性，也强调整体体系的统一性，即不同的媒介之间形成一种有机协调、相互补充的互文性的共生传播关系。这种互文性使得不同媒介之间可以相互转换、融合，彼此进行叙事补充，从而突破不同的媒介界限，实现一种全域

---

① 胡岑岑，周小普.台网融合背景下综艺节目的跨媒介传播：问题与路径[J].中国广播电视学刊，2022(2)：51-56.

化、全媒体的媒介叙事框架。正如亨利·詹金斯所说“一个跨媒体的故事横跨不同的媒介平台展开,每一个平台都有新的文本为整个故事做出有差异的、有价值的贡献。每一种媒体都出色地各司其职、各尽其责”①。因而,文化故事的跨媒介传播既要针对不同媒介形态、媒介平台的特性来进行故事内容的呈现,同时也要注意到不同媒介平台之间的互文与共生关系,要考虑到不同媒介平台上的典籍文化故事在整体典籍文化跨媒介叙事的“故事世界”中的比重问题。譬如,若要侧重进行典籍文化的海外传播、文化出海等,便要适应媒介平台诸如 TikTok、YouTube 的传播特性,并相应增加这些媒介平台的典籍文化故事的叙事比重,进而让不同的媒介平台之间可以相互呼应,共同形成典籍文化跨媒介叙事的全体系。《典籍里的中国》在媒介传播策略上便展现了其对跨媒介叙事的积极思考,“一方面呈现了媒介技术进步对于文明发展的决定性作用,还原了社会背景,另一方面在跨媒介的互文中对典籍蕴含的文化记忆重新编码,延伸了其文本意义与当代价值”②,除了以电视节目作为本体形式进行传播,其还衍生出了《有“典”意思》《“典”赞加关注》等不同节目,呈现出了精准的、体系化的跨媒介叙事策略。《典籍里的中国》充分运用了跨媒介叙事的策略,以不同的媒介形式将典籍的故事更好地说透、说开。《有“典”意思》在节目正片内容之外,以短视频的创作理念,以 4 分钟篇幅带观众更“快”地走进典籍故事;而《“典”赞加关注》则是聚焦于幕后故事,将典籍文化传播“故事”的生成过程以新媒介“故事”的方式再传播,“进一步拉长了节目的传播链条,拓展了节目的传播维度”③。与此同时,节目还对不同主题片段进行剪辑,在官方微博、抖音等不同平台传播,极大地刺激着媒介用户的再次创作,最终得以实现了大小屏幕、不同媒介终端的连接,节目传播效应继而实现最大化,典籍文化也得到了更广泛的传播。同时,无论面向何种媒介形式,《典籍里的中国》始终都在保持着一以贯之的“世界观”与节目叙事风格,使得它的传播效力既不分散化,也能唤起更多人的情感认同,达成更深层次的情感传播。不同媒介都有自己的偏向,只有善于运用不同媒介,换言之,只有精准运用跨媒介传播,才有助于从不同方面深入挖掘呈现典籍的丰富内容,在新时代文化与传承的精神指引下更好地传承与发展典籍,从而使典籍保有旺盛的生命力。

---

① 詹金斯.融合文化:新媒体和旧媒体的冲突地带[M].杜永明,译.北京:商务印书馆,2015:153.

② 张兵娟,杨曦.文化记忆重构下中国典籍的跨媒介传播:以央视大型文化节目《典籍里的中国》为例[J].郑州大学学报(哲学社会科学版),2023,56(1):111-117,128.

③ 房渭平.试析《典籍里的中国》对传统文化创造性转化和创新性发展的探索[J].电视研究,2021(8):45-48.

三、多模态传播：新媒介生态呼唤着典籍文化媒介话语新模态

在跨媒介叙事体系下，不同的媒介方式会形塑不一样的叙事方式，也会产生不同的话语模态。《论语·雍也》有言："质胜文则野，文胜质则史；文质彬彬，然后君子。""文"相当于形式，"质"相当于内容，内容与形式的协调配合，才能形塑君子人格。博大精深的中华文化，也需要借助当代传媒技术手段，以更好为百姓所接受，这就需要我们开拓媒介话语新模态。

（一）多管齐下：多模态话语与典籍文化传播的交汇

文化从本质上亦可理解为一种语言，故而对文化传承、传播的研究必然涉及话语的分析。当下多元、活态的媒介语境生产出不同的传播话语模态，单纯的话语分析已不再适用。当下的典籍文化传承与传播研究召唤着多模态话语分析方法的介入。论"多模态话语"得先从"模态"说起。"模态"一词由英文 Modal 译来，最初是物理、计算机领域常用的行业与研究话语。从内涵来看，它可以理解为由静态的"模式"与动态的"状态"相结合的话语。得益于媒介形态的丰富性，"模态"一词进入当下的传播学领域，逐渐产生"多模态话语"。"多模态话语"主要是指对传播对象与传播内容在文字语言模态、声音听觉模态与图像视觉模态方面的分析，即"运用听觉、视觉、触觉等多种感觉，通过语言、图像、声音、动作等多种手段和符号资源进行交际的现象"[①]。"多模态话语"最早作为西方的学术概念出现，萌芽于学者 R. Barthes，随后在 Kress G.与 Van Leeuwen T.等学者的研究中得到进一步发展，21 世纪初期"多模态话语"更是在西方掀起了一波研究的热潮。而中国的"多模态话语"研究最早可以追溯至学者李战子《多模式话语的社会符号学分析》一文，至今亦有近 20 年的本土化发展历程。目前，国内在"多模态话语"的系统研究中较有建树的学者有李战子、张德禄等。"多模态话语"的产生本身也呈现着浓厚的交叉研究之特征，其理论主要来源于系统功能语言学、认知语言学。

在新媒体时代，全景、全视化、全息化、全域化的媒介生态逐渐嵌入大众的日常生活中，大众的接受习惯亦不断被媒介塑造。以往典籍文化单一的文本、文字传播模式已然被文字、声音、图像、视频等多模态传播形式所取代，而典籍文化需要突破"晦涩难

---

① 张德禄.多模态话语分析综合理论框架探索[J].中国外语，2009，6(1)：24-30.

懂”“高不可攀”的形象误读,“要多用外国民众听得到、听得懂、听得进的途径和方式”[①]来进行传播,这亦使得多模态的话语分析已然成了当下媒介叙事分析的必由之路。“在新媒介语境下,受众的媒介接触与使用习惯发生转变,相较于传统传播方式中平面、静态的信息呈现,受众更偏爱立体、动态以及视听结合所带来的多感官融合的媒介体验。”[②]笔者认为,当下受众并非追求“短平快”,反而是短(内容的时长)、精(内容的精彩度)、炫(内容的传播方式)的传播样态深刻吻合着大众的媒介“用餐”方式。这便需要典籍文化在媒介“上餐”时既要坚持“内容为王”,也要充分考虑到多模态,以满足现代大众的媒介“用餐”与消费方式,更大程度地激起大众的接受兴趣、激活典籍文化的传播效力。同时,受多变的现代媒介形态影响,文化传播的模态也在快速迭代。因而,在当下新媒体语境中,研究者需要从多模态话语出发,进而更好地观照典籍文化如何在语言、听觉、视觉等不同模态之间进行内容的创造性转化与创新性演绎,如何进行全方位传播。多模态话语能更好地把多种媒体形态与多种话语模态结合起来分析,全面关注、回应着当下媒介融合、跨媒介传播的问题,所以其对当下包括典籍文化在内的文化传承与发展的研究无疑提供着极大助益。

(二)多文为富:多模态话语在典籍文化传播中的应用

《礼记·儒行》有言“不祈多积,多文以为富”。而在新媒体语境下,典籍文化的传承与传播都需要做到“多模态”呈现。《典籍里的中国》便很好地做到了“多文为富”,通过“诵读文本”“讲述历史”“表演还原”等方式,从文字、声音、图像、视频等方面多模态地、完整而立体地呈现并传播着中华典籍文化,使得传播内容显得更加全面而富足,满足了观众的认知习惯,也在文化内容与媒介样态的交汇中,更好地形塑了观众对于典籍文化的认知。首先是在语言文字模态上,言语传播的过程本质上也是信息的传递、沟通与交流,包含着说者、听者与言语内容等。同时,语言文字模态亦是贯穿典籍文化传播始终的重要方式。《典籍里的中国》便很好地做到了典籍文化在语言文章模态上的“创造性转化、创新性发展”,节目在原有典籍文本的基础上对其进行了基础性释义与通俗化加工,通过主持人的话语、人物表演台词、嘉宾的阐述等,将典籍文本内容在不失真的情况下全方位系统性、创新化地表现了出来。《典籍里的中国》巧妙地运用“古今对话”的方式,将语言模态进行拓展,使典籍著书者与现代读书人进行对话,既呈

---

① 中共中央宣传部.习近平总书记系列重要讲话读本[M].北京:人民出版社,2016:210.

② 冷淞,刘旭.“新国风”综艺节目的叙事路径与美学特质[J].现代传播(中国传媒大学学报),2022,44(12):91.

现出了一种陌生化的效果,又很好地实现了具身化的语言在场,“通过这种跨越时空的古今对话,流畅自然地完成了对古代典籍思想的当代转化,将千百年前的古汉语‘翻译’成现代观众能听懂、喜欢听的现代语言”①。譬如第二季有关《汉书》的一期,便通过“现代读书人”与班昭进行对话,让观众更好地感知到了她内心的“家”与“国”、班氏一家的深厚之家学,以及她如何在时代际遇中超越个人脆弱而完成著史的伟大历程。

同时,《典籍里的中国》也很好地突破了传统书写媒介的限制,让典籍文化既有言语过程的展现,也通过影视媒介,使其语言模态中的物质过程与心理过程更加清晰。所谓物质过程,即通过古今的人物对话、主持与嘉宾访谈、现场齐读经典等不同的行为,将主客体进行互置,让媒介终端的观众感觉自身仿若既是接受客体,也是参与主体。而心理过程与行为过程往往是相辅相成的,行动也昭示与表达着心理状态,《典籍里的中国》通过人物表演、感受交流等方式,以主持嘉宾们的感受与认知来激起、回应观众们的感受与认知,在语言的交流中实现不同主体间的共情传播。

“图像和声音都是必需的,不然交际将难以理解。”②《典籍里的中国》在声音听觉模态与图像视觉模态方面为当下典籍文化的传承与传播做出了很好的示范。视听模态的使用可以使得典籍文化突破静态文本,更深入地体现出主体行为与心理过程,让典籍文化更加真实可感。《典籍里的中国》通过现场主持、嘉宾介绍传达出典籍文化之优美与厚重,同时通过对人物服饰、道具、历史场景等的视觉还原,以及典籍文本的真实图像展现,向观众呈现出了一种真实的、可视化的典籍文化。如在第二季第一期《永乐大典》中,《永乐大典》几经大难幸得存续的场景深深震撼着观众,并使他们深刻认识到了先人存续典籍之不易,以及当下传承与发展典籍文化之意义与责任。视听模态的完美融合,能在语言文字模态的基础上进一步深化典籍文化的传播力,让观众能对典籍文化产生多感官的“具体可感”,而“融合音乐、对话和旁白的多模态模式,带来了深刻的感官体验,通过营造的现场感和真实感,有利于激发观众的具身同理心”③。

四、情景化传播:新媒介生态催生着典籍文化媒介话语新景观

延森在其《媒介融合:网络传播、大众传播和人际传播的三重维度》一书中提到“人

① 房渭平.试析《典籍里的中国》对传统文化创造性转化和创新性发展的探索[J].电视研究,2021(8):45-48.

② 张德禄.多模态话语分析综合理论框架探索[J].中国外语,2009,6(1):24-30.

③ 杨国藏,张立改,马瑞贤.中国文化的多模态具身传播:以《典籍里的中国》为例[J].中国广播电视学刊,2022(4):118-120.

类不仅占据着技术为中介的传播活动的关键位置，而且还是后者的原型”①。当下的传播生态不再是以往单纯的信息传播，而是呈现出感官式、全息式的特征，所以它更强调人的主体性回归，而时下方兴未艾的“身体在场”“场景感”“沉浸式”等话语也成为其贴切注脚，这便呼吁着一种“情景化”传播方式与话语模态的出现。“情景化”意味着身体感官的在场，是对于语言文字模态、听觉声音模态与视觉图像模态的整合。同时，“情景化”还倡导身体的可触及与可感知，亦可说是一次新的模态拓展。同时“情景化”的传播亦可让我们更好地走进典籍的“故事世界”，身临其境地走入其媒介情景，感受其思想精神。

（一）“身受”建构：“感官在场”的媒介“场所精神”

“情境化”背后是媒介“场所精神”的体现，是对全息化、全域化的媒介生态的深入概括。“场所精神”这一概念最早由建筑学者诺伯舒兹提出。“场所精神”一词目前较多出现在包括建筑设计、建筑艺术、建筑摄影等在内的与建筑、空间相关的研究中。典籍文化的传承、发展以及传播中的“场所”问题往往为学界所忽视。但实际上，传播与场所中的“人”息息相关。首先，典籍文化传承本身就需要依托中国国家图书馆、国家典籍博物馆、中国国家版本馆等空间场所。同时，在媒介中进行典籍文化的传播，我们也要创造一个“故事世界”场所来实现媒介叙事的“统一性”。此外，故事的传播与情感的传播必然也会涉及故事情境、情感空间的营造。所以，“场所精神”有着天生的传播适应性，同时，在传播学的媒介场域中，“场所”不仅仅是实感的建筑空间场所，也是一种附着于或者脱胎于空间场所的一种文化心理精神场所。心理精神场所也是社会环境的有机部分，是由媒介所建构起来的一个拟态环境，在这个空间中，受众可以超越现实区隔，实现思想与媒介行为的交汇，这个集合“赋予空间超越形式的特殊意义，空间由此转化为‘场所’，而与目的性的情感体验让个体对空间产生了特殊认同性，进而形成强烈归属感及认同感”②。同时，场所也是仪式展现、文化记忆得以形存的媒介。因而，当下的典籍文化传播与传承中更要注重对“场景感”的营造与应用。

当下的典籍文化传播主体也逐渐注重对“情景化”的使用，为受众打造一种沉浸式、体验式的传播形式。国家典籍博物馆在 2023 年便举行了以“故纸修复师 · 碎丹青”为主题的沉浸式互动解谜游戏。国家典籍博物馆积极发挥自身的场所优势，通过

① 延森.媒介融合：网络传播、大众传播和人际传播的三重维度[M].刘君，译.上海：复旦大学出版社，2012：4.

② 朱凯凯，张海英.建筑空间中的场所精神营造研究：以光之教堂为例[J].艺术研究，2023，108(3)：174-176.

沉浸式的互动道具,层层解谜、充分互动,在游戏故事的情节中,使受众通过“感官在场”近距离体认中华典籍文化的魅力,也深入学习到古籍修复的相关知识。节目《典籍里的中国》也通过不同情境空间的构建,既为“戏剧+影视+访谈+朗读”等不同形式传播活动的开展提供了场所,也让观众仿若身临其境,体味到典籍生成之转合,以及其所蕴含的文化价值与精神。正如第二季第一期《永乐大典》在讲述陈济与其师讨论、求索修书的好方法和好门径时,舞台上桃花的投影,以及舞台上的竹林、凉亭、茅草屋顶等置景,以及声效的配合、镜头的转换等,为观众还原出了“师徒论道”的历史场景,通过媒介技术与物质材料所搭建起来的情景,让典籍的故事与其所承载的精神气质得到激活。节目创新性地将典籍从文本变成了一个立体的文化场景,同时还创造出了集历史情景、现实情景和虚拟情景相互贯通的故事时空,完整着典籍的故事叙事,也给观众营造了极强的“在场感”,打破了现实空间的隔阂,让大众共同进入一个“共情场景”,让大众在真实的感官体验与亲密的人际传播中对典籍文化产生更深层的“感同身受”。此外,在中华传统文化的传承与发展实践中,更是出现了不少诸如体验式工作坊、沉浸式博物馆等场所,将文化内容的“场景感”充分挖掘,最大限度地减少受众的传播行为成本,同时也使受众身体在场,调动其身体感官,使得文化的传播效能得到最大化实现。

(二)“感同”建构:“入脑入心”的媒介效果延伸

“情景”亦强调“景”之外“情”的互动与实现。柯林斯在阐述“互动仪式链”时曾提出“互动仪式是一种相互专注的情感和关注机制,通过对局外人设定界限和明确参加成员的范围,使参与者聚集在同一个场所,形成一种瞬间共有的实在,并将注意力集中在共同符号上发展出共同的关注焦点,使成员彼此间能感受到对方身体的节奏和情感,在互动中不断分享共同的情感,由此形成群体团结和群体成员的身份符号”①,仪式互动本质上也是一种情感互动,而场所也是仪式互动的重要媒介载体,使之得以形存。人的一切互动是在一定情境之中的,同时这个情境也是人的意识、情感发生交集的场所。典籍文化在传承与传播中通过建构一种可以让情感互动的“情境”,让文化的交往更可感,并且形成一种共同的文化认知与记忆。典籍文化是中华民族共同的情感维系,它在五千年的民族历史中不断深化、形塑着文化性格。情感因素是文化传承与传播的重要因素。媒介“场景感”的营造也是打造情感共同体的关键。而在当下的新

① 柯林斯.互动仪式链[M].林聚任,王鹏,宋丽君,译.北京:商务印书馆,2009:1.

媒体时代，我们对于典籍文化的情感认同也不应只是依托博物馆、典籍馆等物质性媒介。受众对文化的精神归属与价值认同亦需要一个场所媒介来承载，无论是如博物馆、图书馆实地的、物质性的媒介，还是文化节目、官方微博、微信公众号等这些数字化、虚拟性的媒介。在典籍文化的传承与传播中，“场景感”不应仅仅止步于“身受”的身体感官在场，更应进一步打造“感同”前提。

“文化是一种时间的传承，在空间中塑造时间的意义，借助集体记忆，借助共享的传统，借助对共同的历史和遗产的认知，才能更好地保持集体认同的凝聚性。”①正是因为“情景化”所实现的“感同”，让典籍文化得以实现“入脑入心”，得以铸牢民族的共同体意识。节目《典籍里的中国》通过“场景感”的塑造，为典籍文化的传承传播建构了一个情感流动、联通的空间场所。节目通过历史场景的再现以及与现实场景的呼应，“在纪实性视觉修辞中为观看者制造出一种身临其境的现场感与真实感，重塑起对于个体、民族、国家‘三位一体’的使命感”②。《传习录》其中一期在描述王守仁在立志学圣贤并想成为圣贤之后，通过书柜、桌椅和笔墨纸砚等建构了一个书房的场景，他与父亲在书房中交谈，让观众感受到他迫切的向贤之心，观众被他的理想与志向所感染，屏幕内外形成了一个具有情感张力的“情绪场”，并借由“情绪场”完成文化与精神的认同。同时《天工开物》其中一期也通过宋应星与袁隆平握手场景的还原，让观众产生对民族与国家的自豪感。每一本典籍亦是一个时空符码，它们承载着民族共同的文化历史空间与想象空间，在这里，我们能找到文明之根源，树立文化之自信，激荡起民族之集体自豪。因而在未来的典籍文化传承与传播中，我们更要注重“场景感”的建构，这既是当下媒体生态与受众接受惯习的要求，亦是对其本身“场景感”的召唤。

结　语

中华典籍本身既是传播内容，亦是跨越千年的时空媒介，保存着中华民族共同的文化记忆，呈现着中华民族深厚的知识体系，凝结着中华民族隽永的思想智慧，向全世界娓娓道来着中国故事，形塑并传播着中国独特之气质，无疑是当下建构中国自主知识体系、铸牢中华民族共同体意识等要问的“基源”与“根本”。中华传统文化大致包括器物、制度和观念三个层面，而典籍既是器物，也是制度与观念的承载媒介。典籍是中

① 莫利，罗宾斯. 认同的空间：全球媒介、电子世界景观与文化边界[M].司艳，译.南京：南京大学出版社，2001：97-98.

② 杨惠，戴海波.记忆·话语·情感：仪式性文化节目的国家认同构建——以《典籍里的中国》为例[J].淮阴师范学院学报(哲学社会科学版)，2022，44(2)：203-208，214，216.

华传统文化的核心要素,它具有文明存续、家国认同的重要意义。从典籍所承载的文化内容以及历代重修、作注的传承实践中亦可以看出,典籍文化充分体现着"连续性""创新性""统一性""包容性"与"和平性"。典籍文化的传承与传播要积极融入媒介融合的潮流,但不能随波逐流,要多模态地去审视典籍文化的传承与传播话语而不故步自封,要对应发挥典籍作为民族情感认同空间的属性,积极将其"情景化",在情景中将典籍文化故事说开,并由景及情进一步将故事说透,形成既有当下效度又具有未来启发性的典籍文化媒介传播模式。诚然,媒介生态依然在更迭,媒介形态依然在繁殖,本研究仅以"跨媒介""多模态""情景化"三维去整合典籍文化媒介传承与传播的探讨,恐略有疏漏,亦敬请方家指正。万变不离其宗,建构好典籍文化故事、形成媒介体系化认知依然是典籍文化传承的关键所在。希望更多学人参与到典籍文化的未来媒介传播思考中,共同讲好典籍文化之故事,更好地实现典籍文化的传承与传播,让国人与世界都真切地感知到中国之文脉。

〔谢清果,厦门大学新闻传播学院副院长、教授、博士生导师,华夏传播研究会长;韦俊全,厦门大学新闻传播学院 2022 级传播学博士研究生〕

政策工具视角下我国文娱领域综合治理优化研究*

Research on Optimization of Comprehensive Governance in the Field of Cultural and Entertainment in Our Country from the Perspective of Policy Instrument

◎高　萍　任伊琳

Gao Ping　Ren Yilin

摘要:文娱领域涉及范围广、准入门槛低、对青少年身心健康影响大,其治理难题受到全世界各国的高度重视。在我国,党的十九大以来,文娱领域治理力度不断加强,有关部门陆续出台相关政策文件对文娱乱象加以规制。探索此类政策文本中政策工具与政策目标的匹配程度,进而挖掘政策制定者对政策工具的使用偏好,能够为健全我国文娱领域综合治理政策体系提供参考。本文聚焦于党的十九大以来出台的政策文本,在政策工具视角下建立"工具—目标"政策分析框架,对文娱治理政策条目进行多维分类和交叉对比分析,并由此从政策工具的组合结构、工具与目标的均衡匹配、文娱领域的长远布局三个方面提出优化文娱政策的建议。

关键词:文娱领域;综合治理;政策工具;政策偏好

Abstract: The governance in the field of culture and entertainment has been highly valued by countries all over the world because of its wide scope, low entry threshold and great impact on the physical and mental health of adolescents. In China, since the 19th National Congress of the Communist Party, the governance in the field of entertainment has been strengthened, and relevant policy documents have been issued to regulate the disorder of

* 本文系国家社科基金重大委托项目"媒体深度融合发展与新时代社会治理模式创新研究"(项目编号:19@ZH043)的阶段性成果。

entertainment. Exploring the degree of matching between policy tools and policy objectives in such policy texts, and then exploring the preference of policy makers for the use of policy tools, can provide references for improving the comprehensive governance policy system of cultural entertainment management in China. This paper focuses on the policy texts issued since the 19th National Congress of the Communist Party of China, establishes a "tool-target" policy analysis framework from the perspective of policy tools, carries out multi-dimensional classification and cross-score of cultural and entertainment governance policy items, and puts forward suggestions for optimizing cultural and entertainment policies from three aspects: the combination structure of policy tools, the balanced matching of tools and goals, and the long-term layout of the cultural and entertainment field.

Keywords: cultural and entertainment fields, comprehensive governance, policy instruments, policy preferences

一、问题提出

近年来,文娱领域乱象频发。天价片酬、阴阳合同、隐私侵犯、流量至上等问题陆续进入公众视野,拜金主义、享乐主义、极端个人主义错误人生观盛行,畸形"饭圈"文化侵蚀主流舆论话语空间。更有甚者,一些错误思想被刻意融合进文艺作品,在社会上大行其道,扭曲的思想价值极易诱导青少年主体意识走向极端,严重冲击主流文化和价值导向。加之人工智能、5G 等技术进入媒体宣传领域,内容生产与传播路径随之革新,给文化娱乐领域的规制管控工作带来了更大的挑战。在日益复杂的行业监管形势之下,政府部门对文娱乱象的治理工作刻不容缓。

党的十九大报告指出我国社会主要矛盾已经转化,人民群众对美好生活的需要日益增长,对精神文化生活也更加重视。文娱是满足人民群众精神文化需求的重要资源,多方部门针对文娱乱象等顽症痼疾重拳出击,为文娱领域的健康和可持续发展提供可操作可遵循的标准、规范、路径、方法,全方位推进文娱行业治理体系和治理能力现代化的发展进程。党的十九大以来,文娱领域综合治理政策的不断推出,反映了相关部门对文娱行业的整治力度,但行业治理事项繁多,在文娱乱象频发的背景下,此类政策采取了什么样的政策工具对乱象加以治理？政策治理的目标是什么？政策工具的使用与政策目标是否能够均衡匹配？基于此，本文立足于政策工具视角，构建“政策工具—政策目标”二维分析框架，对我国文娱领域综合治理政策进行深层次分析。

二、文献综述

（一）文娱领域的范围界定

文娱领域的范围界定在学界及业界尚未形成统一的标准，本文从相关概念入手，通过类比推理的方法对文娱领域的范围进行界定，从而明确本文的研究对象及研究范围。

根据国家统计局发布的《文化及相关产业分类（2018）》，文化核心领域是以文化为核心内容，为直接满足人们的精神需要而进行的创作、制造、传播、展示等文化产品（包括货物和服务）的生产活动，包括文化娱乐休闲服务、信息内容生产传播、主体机构投资运营等。其中既包括报纸、广播、电视等传统文化娱乐活动，也涵盖了动漫、游戏、数字出版等新兴的互联网文化娱乐形式。

此外，国家统计局也规定了“文化及相关产业是指为社会公众提供文化产品和文化相关产品的生产活动的集合”，同时参考学界对相关概念的解释，“文化娱乐消费是指人们享受文化、娱乐商品获得精神愉悦的一类消费”①，“西方娱乐市场概念是指以愉悦身心为主要目的的营业性场所和活动”②，本文由此提炼出文化娱乐以受众的精神愉悦为导向。学者王林生等认为，文化娱乐业具有意识形态属性、公共服务属性和产业经济属性③。学者傅才武认为，中国文化娱乐业从来都不是与政治无涉的纯粹的大众文化消费品④。综合以上观点，本文认为，文娱领域以文化为核心内容，以受众的精神满足为主要目的，涵盖广播、电视、电影、直播、游戏、演艺活动等诸多方面。在中国特色的政治文化语境下，文娱领域对广大人民群众的意识形态导向和政府部门的舆情治理工作有着深刻的影响，因此，开展对文娱领域综合治理的相关研究，对于进一步厘清提高治理效能、肃清行业风气的政策导向具有重要意义。

---

① 曹祎遐，廖繁.文化娱乐消费的影响因素研究：以中国电影行业为例[J].社会科学，2021，494(10)：179-192.

② 陈庚，傅才武.试论文化娱乐市场的当代发展与业态变迁[J].学习与实践，2007，276(2)：137-142.

③ 王林生，金元浦.以系统观推进文化娱乐行业高质量发展[J].中国电视，2022，431(1)：22-26.

④ 傅才武.中国近现代文化娱乐业的发展与公共领域的生成：以汉口为中心的研究[J].文艺研究，2007，184(6)：72-81，167-168.

(二)综合治理的理论与实践

在我国,“综合治理”实际上起源于社会基层问题。① 这种模式可以追溯到20世纪60年代的“枫桥经验”,这是一种社会基层治理中通过发动群众解决矛盾问题的做法。进入21世纪以来,复杂性成为社会治理生态的基本特征,传统的以控制导向为主的管理模式逐渐式微。② 党的十八届三中全会提出全面深化改革总目标,“改进社会治理方式”成为目标实现的主要方式,具体表现在坚持系统治理、加强党委领导和政府主导作用、鼓励和支持社会各方面参与、激发社会组织活力等方面。③ 新模式的社会治理更加关注治理领域的长久健康发展,整体呈现出治理主体与治理方式向多元化转变的特征,为我国社会治理模式提供了契合时代变化的新思路。

在应对不断变化的社会问题的过程中,我国综合治理理论思想和实践方式日渐成熟,并孕育出鲜明的中国特色,具体表现为参与主体的多元化、治理对象的范围不断拓展、治理理论载体的固化与法治化、治理手段的多样化和工具的丰富性。基于综合治理理论对治理工具运用的内在理念,本文从政策工具的视角出发考察文娱领域综合治理政策使用不同类型政策工具的详细情况,以及政策工具使用与政策目标达成的匹配程度,并展开基于综合治理理论的分析思考。

(三)政策工具视角的政策文本研究梳理

政策工具是政府在部署、推行及贯彻政策时运用的实际手段,④是政府部门调节社会问题、实现治理目标的根本依托。政策工具的使用在政策文本中有鲜明体现,通过对政策文本的定量分析,将文本内容进行编码、归纳及频数统计,能够探索相关政策在政策工具选择、组织与建构中所存在的过溢、缺失与冲突问题,⑤进而加以针对性解决,为后续的政策发布提供明确的调整方向。

从政策工具视角对政策文本加以量化是目前政策分析领域主流的研究方法之一。学者王国华等在考察我国网络媒体治理政策工具的使用结构时,从基本政策工具和政

① 王丛虎,王晓鹏.“社会综合治理”:中国治理的话语体系与经验理论——兼与“多中心治理”理论比较[J].南京社会科学,2018(6):60-66.

② 郑家昊.政府引导社会管理:复杂性条件下的社会治理[J].中国人民大学学报,2014,28(2):14-21.

③ 王丛虎.中国“综合治理”的演进与创新[J].北京行政学院学报,2015(2):42-46.

④ 甘宇慧,侯胜超,邹立君.政策工具视角下我国科技人才评价政策文本分析[J].科研管理,2022,43(3):55-62.

⑤ 黄萃,苏竣,施丽萍,等.政策工具视角的中国风能政策文本量化研究[J].科学学研究,2011,29(6):876-882,889.

策目标价值两个维度展开深层次分析，得出政策工具使用存在不均衡特征以及在演变过程中走向多元的发展态势①；黄丽娜等构建了包含基本政策工具在内的三维分析框架，探索发现互联网治理政策工具使用在数量上的适宜和类别结构上的失衡②；李文娟等从政策工具涉及的强制程度和协同程度着手，探讨了互联网信息服务政策工具在二十余年间的运行结构及变迁机理，从而发现政策工具使用模式的主要变迁方向③。政策工具在多领域学术研究中展现出高度的适用性，该方法立足于政策文本内容，通过对其进行不同维度的剖析，考察政策制定的内在偏好乃至政策制定者的价值导向。本文选取政策工具视角，深入探索文娱领域综合治理政策的分布特点，并对此展开思考。

三、数据来源与分析框架

(一)数据来源

习近平总书记在党的十九大报告中明确指出，我国社会主要矛盾已经转化为人民日益增长的美好生活需要和不平衡不充分的发展之间的矛盾，人民群众对精神文化的需求不断提高，对文娱领域的综合治理也提出了更高的要求。本文聚焦于党的十九大之后国家层面出台的文娱领域综合治理相关政策文本，对其进行收集、筛选及分析。

本文选取的文娱领域综合治理政策文本主要来源于中央行政机关官方网站及全国性行业协会官方网站，并按以下标准对政策文本进行筛选：一是政策发布主体为中共中央、国务院、中央各职能部门及相关全国性行业协会；二是发布时间为党的十九大至 2023 年 7 月；三是政策内容涉及文娱行业治理的有关信息。基于此，本文共选取 43 份政策文本作为研究对象。

(二)分析框架

政府功能的有效实现离不开政策工具的妥善运用，因此，政策工具视角是考察政

---

① 王国华，李文娟.政策工具视角下我国网络媒体政策分析：基于 2000—2018 年的国家政策文本[J].情报杂志，2019，38(9)：90-98.

② 黄丽娜，黄璐.中国互联网治理的政策工具：型构、选择与优化——基于 1994—2017 年互联网政策文本的内容分析[J].情报杂志，2020，39(4)：90-97，73.

③ 李文娟，王国华，李慧芳.互联网信息服务政策工具的变迁研究：基于 1994—2018 年的国家政策文本[J].电子政务，2019，199(7)：42-55.

府治理实践的重要方式之一。[①] 关于政策工具的类别划分问题，国内外学者以政策工具对达成目标的层面、干预力度、协同程度、资源依赖程度等多种情况为分类标准，从不同的维度提出了不同的分类方式。豪利特等基于政府部门对社会现象的干预力度，将政策工具划分为自愿性、混合性和强制性三类；[②]胡德根据政策工具对公共部门资源的依赖程度，将之区分为权威、财政、信息以及组织四种；[③]拉斯韦尔等根据政策对促进目标达成的不同层面，将政策工具划分为供给面、环境面以及需求面三种，并且每类政策工具中又包含多种次级政策工具；[④]麦克唐纳和艾莫尔以政策对目标不同维度的关注为分类标准，将之区分为命令性工具、激励性工具、能力建设工具和系统变革工具。不同工具适用于不同目标的实现，其中命令性工具以强制性权威要求促进目标达成，激励性工具着眼于短期目标，关注短期的资源调整；能力建设工具则聚焦于长期投资；系统变革工具的核心是通过权力重组，从根本上影响目标的实现路径。[⑤]

政策工具的划分维度在不同领域的政策考察中存在适用性的差别。文娱治理领域的政策文件内容多以监管、规范、约束为主，部分针对文娱细分领域加以规制，部分为行业的长久健康发展指控方向。由此观之，麦克唐纳和艾莫尔的政策工具类型与本研究最为相符，但由于激励性工具常与奖酬等物质刺激相关联，而在文娱领域对从业主体的支持较少涉及物质刺激，故而本文将激励性工具调整为鼓励性工具，以实现与研究方向最大的契合度。此外，政策工具的运用是为了促进政策目标的达成，由此，本文建构由政策工具维度和政策目标维度组成的二维政策分析框架。

1.X 维度：政策工具维度

(1)命令性工具

命令性工具是通过政策手段对个体或机构行动的直接管制。命令性工具的典型特点是强制性，以政策文本中的“应当”“需”“禁止”“不得”等命令性词语为显著标志，并可根据规则内容分为两类，一是对目标群体的规范性表述，如要求目标群体遵守规定，二是对目标群体的不规范之处加以处罚。总而言之，规则和罚则是命令性工具的

---

① 孙志建.政府治理的工具基础：西方政策工具理论的知识学诠释[J].公共行政评论，2011，4(3)：67-103，180-181.

② 萨拉蒙.政府工具：新治理指南[M].北京：北京大学出版社，2016.

③ HOOD C C. The tools of government[M].London：Macmillan，1983.

④ ROTHWELL R，ZEGVELD W. Reindusdalization and technology[M].London：Longman Group Limited，1985.

⑤ MCDONNELL L M，ELMORE R F. Getting the job done：alternative policy instruments[J]. Educational evaluation and policy analysis，1987，9(2)：133-152.

两大表现形式。

(2)鼓励性工具

鼓励性工具是由麦克唐纳和艾莫尔的激励性工具调整得出的。激励性工具多以货币、服务等物质奖励为手段,引导目标群体做出政府期待性行为。物质奖励一旦消失,相关行为也将随之消失,因此激励性工具的核心是短期的资源调整,具有短期效益性。文娱领域的治理目标多为主体规范、行为规范或作品规范,不涉及物质奖励,而多以鼓励性政策为主要方式。较之于命令性政策的强制性,鼓励性政策由于不具有持久的强制规范力,同样呈现出短期效益性。为提高政策分析框架的适用性,将激励性工具调整为鼓励性工具。

(3)能力建设工具

相较于鼓励性工具的短期效益性,能力建设工具着眼于长期投资。能力建设是政策制定者致力于提高目标群体现有能力的政策表现形式,如通过教育、培训提高个体的能力,或通过建立健全体制机制提高平台机构的管理能力。能力建设工具的使用通常不会快速收获治理成果,但对于促进行业长远健康发展来说至关重要。

(4)系统变革工具

系统变革工具的使用多涉及相关权力和权威的调整,通常发生在现有权力结构与政策要求不匹配的情况下,因此将权力与资源在个体、群体或机构之间进行重新布局。系统变革工具的表现形式为制度体系、法律法规的变革或职能机构的增删撤并,其本质是权威重组,而这通常会引起行业内部的系统性变化,并促进行业发展的革新。

2.Y 维度:政策目标维度

通过对 43 份文娱领域综合治理政策文本进行简要分析,并结合我国本土国情,本文将我国文娱领域综合治理的政策目标分为三个方面:主体规范、行为规范和作品规范。其中,主体规范是指对文娱领域相关从业人员及平台、机构等多种形式主体的规范引导;行为规范是为文娱领域各主体开展行业活动、进行平台建设及机构管理等相关行为而制定的规则、准则;作品规范则针对文娱领域产出作品的内容、形式、备案播出、发布平台等加以规制。

3.二维分析框架的建构

本文基于对政策工具、政策目标各要素及含义的剖析以及文娱领域综合治理的政策文本内容,构建如下文娱领域综合治理政策分析框架(见图 1),为政策文本的编码提供依据。

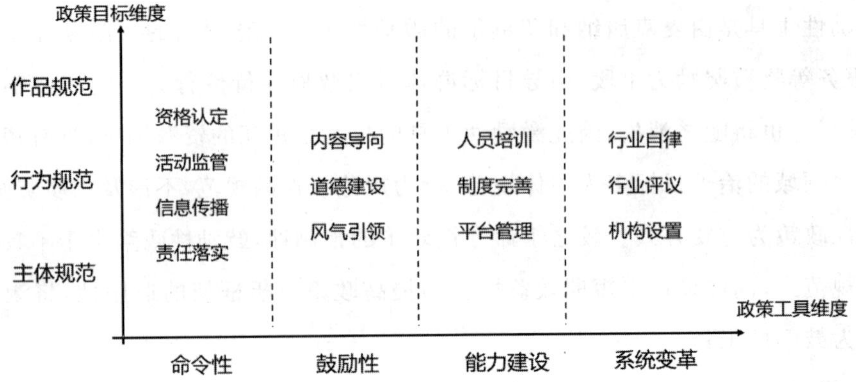

图 1　文娱领域综合治理政策分析框架

四、基于二维框架的文娱领域政策分析

(一)基于政策工具维度的分析

本文运用 Nvivo 质性分析软件,采用内容分析法,在文娱领域综合治理政策分析框架的基础上对筛选得到的 43 份政策文本进行编码分析,共得到 494 个参考点。其中,运用命令性工具的政策文本数量最多,为 339 条,占比 68.62%;运用能力建设工具的政策文本有 80 条,占比 16.19%;运用鼓励性工具及系统变革工具的政策文本均较少,分别为 48 条和 27 条,占比 9.72%和 5.47%。整体来看,不同类型政策工具的使用情况存在显著差异,并表现出以下特点。

1.命令性工具使用过溢

在 43 份政策文本中,有 38 份涉及命令性工具的使用,共计 339 个参考点。也就是说,平均每份文本有 8.92 条具体条款是命令性要求。由此可见,命令性工具在政策工具的运用中占有绝对优势,反映了政策制定者对命令性工具的倚重。在文娱领域综合治理中,命令性工具能够以其强制力和绝对权威,对文娱乱象进行果断且高效的治理,并能够在短时间内收获治理成果。大量命令性政策的发布,反映了决策制定者对文娱乱象重拳出击的决心与力度,但过于密集的命令性政策可能会带来制约行业发展活力和行业从业人员创新力的反作用。

2.能力建设工具使用不足

能力建设工具的使用意图在于对行业发展进行长远投资，包括但不限于对从业人员的专业素质、平台管理能力、制度完善水平等多方面开展规划和建设。分析发现，运用能力建设工具的政策文本共有 80 条，占比 16.19%，说明政策制定者对于行业长远发展有一定的规划意识。但相较于命令性工具，其使用频率较低。能力建设工具多用于当前从业人员及平台机构的能力水平不能够满足政策制定者需要的情况，政策制定者为行业的长远发展而对从业人员及平台机构的专业能力提出要求。从业人员及平台机构是文娱领域的主要组成部分，对其专业能力的提升有助于提高行业准入门槛、规范行业内部管理机制，从根本上对文娱乱象加以规制。

3.鼓励性工具和系统变革工具极为短缺

鼓励性工具和系统变革工具在数据分析中分别占比 9.72%和 5.47%，以极低的频率反映了政策制定者对于鼓励性工具和系统变革工具的运用不足。具体说来，在所选政策样本中，鼓励性工具的出现多为对从业人员创作导向的鼓励，如鼓励文艺工作者创作更多讴歌时代的文艺作品，但整体呈现出运用频率低、内容范围窄的特点。相较于命令性工具，鼓励性工具由于不具有强制性，无法达到令行禁止的效果，而常被政策制定者忽视。

此外，在文娱治理政策中，系统变革工具的使用多体现为赋予行业组织更多的规制权，如加强对行业规范及自律公约的需求，提高行业组织对行业评议、行业抵制的引导力度，行业组织的权力作用得到了进一步凸显。系统变革工具的使用表明了政策制定者让渡部分权力，借助其他权力主体的力量共同完成行业治理，权力结构的变化多反映了政策制定者对行业发展的长远规划。

(二)基于政策目标维度的分析

在对 43 份政策文本进行编码分析并得到的 494 个参考点中，涉及主体规范的政策文本共 228 条，占比 46.15%；涉及行为规范的政策文本共 211 条，占比 42.71%；涉及作品规范的政策文本共 55 条，占比 11.13%(见表 1)。

表 1　政策工具和政策目标的交叉分析

	主体规范	行为规范	作品规范	总计	比例
命令性工具	113	189	37	339	68.62%
鼓励性工具	24	9	15	48	9.72%
能力建设工具	68	10	2	80	16.19%
系统变革工具	23	3	1	27	5.47%
总计	228	211	55	494	—
比例	46.15%	42.71%	11.13%	—	100%

三者之间的差异反映了政策制定者对不同政策目标的追求，其中，涉及主体规范的政策文本数量与涉及行为规范的政策文本数量大致均等，且显著多于作品规范文本数量，说明政策制定者将文娱领域综合治理的工作重心集中于主体规范及行为规范方面。具体说来，主体规范多为对从业人员及平台机构等主体的资格认定、制度规范、责任落实，是对从业主体基本素质的全方位要求。从业主体是行业最重要的组成部分，主体规范能够从根本上对行业乱象的产生加以规制。行为规范与主体规范紧密相连，是对主体行为的引导与规诫。但两者不同的是，主体规范从根本入手，对行业乱象治理起到抽薪止沸的效果，行为规范则更为直接，针对乱象产生的原因有的放矢，两者分别从不同的层面展开治理。作品规范的相关文本数量较少，但呈现出极强的针对性，如针对网络直播、网络微短剧、电视剧等的形式、标识、内容导向进行详细管制，作品规范整体呈现出“少而精”的典型特点。

(三)政策工具和政策目标的交叉分析

对政策工具维度和政策目标维度的交叉分析发现，政策工具的使用频率在不同的政策目标上存在显著差异，整体呈现政策制定者对于命令性工具的显著偏好。在主体规范、行为规范及作品规范的目标下，政策制定者均将命令性工具作为达成目标的最主要工具，且命令性工具的使用频次显著高于其他三类政策工具。

其中，使用命令性工具进行行为规范的政策文本有 189 条，在所有交叉数据中出现的频次最高，可见政策制定者将文娱领域综合治理的重心置于对从业主体的行为规范上，且多通过具有强制力的命令性工具加以规制。对主体行为的强制规范，是对文娱乱象治理的最直接有力的方式，能够在最短的时间内收获成效。此外，使用系统变革工具进行作品规范的政策文本仅有 1 条，在所有交叉数据中出现的频次最低，与之相近的，使用能力建设工具进行作品规范的政策文本以及使用系统变革工具进行行为规范的政策文本同样出现频次极低，显著少于其他交叉数据。由此直观反映了政策工具与政策目标之间的匹配不均衡现象。

整体来看，文娱领域综合治理政策文本集中呈现以命令性工具进行主体规范与行为规范的特点，反映了政策制定者对命令性工具的使用偏好以及对文娱领域主体规范与行为规范的高度关注。这与当前相关部门集中治理行业乱象的背景相契合，短期来看，以命令性工具重拳出击，能够在较短的时间内对行业乱象加以规制，取得立竿见影的政策效果。但命令性工具严格的令行禁止，会压制行业的发展活力与从业人员的积极性，实现行业长久健康发展必须探索其他的出路。因此，当前政策文件的推出有利于在短期内肃清行业风气，但相关部门仍需放眼行业长期发展的需求，给予鼓励性工具、能力建设工具、系统变革工具更多的关注。

五、研究结论与展望

(一)优化文娱治理政策工具的组合结构

党的十九大以来，我国文娱领域综合治理运用了多种政策工具，发挥了不同政策工具的内在优势，但政策工具使用不均衡现象极为显著。在长远的文娱治理政策制定中，一方面，政策制定者应对命令性工具的使用加以控制，谨防过量的命令性工具使用产生对行业发展活力的反向抑制作用；另一方面，增加对鼓励性工具、能力建设工具和系统变革工具的关注，以鼓励性工具激发行业内在发展动力，以能力建设工具提高从业主体的素质能力，以系统变革工具探索行业革新路径。优化政策工具组合结构，不仅能够促使政策制定者破除单一思维，从更加长远的角度布局行业发展格局，而且能够为从业主体提供更加松弛有度的政策环境，为广大群众营造更加健康有活力的文娱场域，增强文娱治理政策的效果。

(二)促进文娱治理政策工具与政策目标的均衡匹配

在政策工具与政策目标的交叉分析中，政策文本的频次数据之间存在较大的差异，反映了二者之间匹配度的不均衡。比如，行为规范的目标达成高度依赖命令性工具，而显著忽略了系统变革工具，为此可通过设立相关规章制度或引入行业组织等第三方机构对主体行为加以监管，以系统变革等多类型工具辅助命令性工具，以取得更好的治理效果。类型多样化的政策工具的使用能够通过刚柔相济、标本兼顾的方式全方位促进治理目标的达成。通过提高政策工具与政策目标的匹配程度，能够弥补行业治理体系的薄弱之处，调节政策对行业细分领域的覆盖程度，规避政策重复或政策空白情况的发生，从而为行业主体、主体行为及产出作品建立更加均衡规范的治理体系，也使得政策工具能够在达成不同政策目标的过程中发挥最大效力。

(三)规划探索文娱领域健康发展的长远布局

文娱领域特有的意识形态属性、公共服务属性和产业经济属性提高了行业综合治理难度，现有治理方式以政策发布及"清朗"系列行动为主，有关部门多通过关停账号等雷霆手段展开治理，这与政策工具的使用中对命令性工具的偏好相呼应。但对文娱乱象的整治不仅需要一时的关停整顿，更需要规划探索更适合文娱领域特点的长久治理格局。目前看来，政策制定者能够有意识地借助行业自律组织的力量，通过行业评议、行业抵制的方式，开展行业内局部的系统变革。虽然目前行业自律组织尚在探索以积极、规范的方式发挥应有力量的进程中，但以此为起点，政策制定者应寻求更加多元的契合行业发展的新路径，充分发挥政府力量及行业自身力量各自的优势，并兼顾行业规范与行业发展活力，推动文娱领域综合治理模式的革新，培育良好的行业生态。

〔高萍，中国传媒大学教授、博士生导师；任伊琳，中国传媒大学公共管理专业2022级硕士研究生〕

理论与历史

论新闻报道中的"调查研究"工作范式*

——基于30篇记者采写手记的扎根研究

On "Investigation and Study" of News Reporting

—A Study of 30 Journalists' Notes Based on Grounded Theory

◎ 涂凌波 刘梦青

Tu Lingbo Liu Mengqing

摘要：调查研究是中国共产党的优良传统和一种重要的工作方法，深刻影响了我国的新闻工作实践。本文尝试从新闻学理论层面探讨新闻报道与调查研究之间的关系，分析新闻报道中调查研究所扮演的角色和发挥的功能。本文将调查研究分为学术话语、政治话语和实践话语三个维度，回到记者的工作实践情景中，收集近年来具有代表性的30篇记者采写手记。通过扎根理论的方法，本研究发现新闻报道中的调查研究包括四个核心范畴：调研目标（正面宣传和舆论监督）、调研流程（角色投入和调研方法）、调研结果（社会治理和社会反响）和调研标准（价值取向和专业水准）。本文认为，调查研究是马克思主义新闻观方法论在新闻报道中的具体体现，在实践中形成了比较完整的工作范式，反映了新闻工作者坚持群众路线和以人民为中心的价值立场，也体现了记者对新闻传播规律的把握，既具有中国经验特征又具有新闻学理论潜力。

关键词：新闻报道；调查研究；群众路线；马克思主义新闻观；记者手记

Abstract: Investigation and study is a fine tradition and an important working method of the Communist Party of China (CPC), which has also profoundly influenced the journalism practice in China. This paper tries to explore the relationship between news reporting and investigation and study from the perspective of journalism theory, and analyse the role and function of investigation and study in news reporting. Investigation and study can be specifically understood in three discourses: the

* 本文系国家人才支持计划研究项目"当代中国新闻学的思想资源、理论范式与话语体系研究"（项目编号：WRJH202101）的阶段性成果。

academic discourse, the political discourse and the practical discourse. Returning to the work practice scenarios of journalists, this paper collects 30 representative journalists' notes in recent years. Through the method of grounded theory, this paper has found that investigation and study in news reporting includes four core categories: research objectives (positive publicity and oversight through public opinion); research process (role engagement and research methods); research results (social governance and social response); and research standards (value orientation and professional standards). This paper argues that investigation and study is a concrete embodiment of the Marxist Concept of Journalism methodology in news reporting, which has formed a relatively complete working paradigm in journalism practice, reflecting the value stance of journalists adhering to the mass line and the people-centered philosophy of development. Investigation and study also reflects journalists' grasp of the laws of news dissemination, which not only has the characteristics of Chinese experience but also has the potential of journalism theory.

Keywords: news reporting, investigation and study, the mass line, the marxist concept of journalism, journalists' notes

引　言

新闻报道与调查研究之间的关系是一个值得研究的重要话题。穆青曾说:"调查研究是我们业务建设上的一个根本性问题,也是记者重要的工作方法。"[①]在中国新闻学的界定中,新闻一般指对新近发生的事实的报道,这是唯物主义的新闻观念,也从本源上将新闻活动同调查研究、实事求是相联系。[②] 西方新闻界也认为新闻的本质在于保障公众的知情权,因此新闻报道要求记者挖掘事实、报道事实,记者也是调查员。[③] 从新闻实践来看,调查性报道是当代新闻工作的一种重要类型。改革开放以来,从传统的报告文学到调查性报道、深度报道、特稿写作的发展,凸显了新闻报道与调查研究之间的密切关系,《中国青年报》《焦点访谈》《新闻调查》等发布的调查性报道广受众公关注,从中也涌

① 穆青.新闻散论[M].北京:新华出版社,1996:15.

② 王晓岚.抗日战争时期陆定一的新闻思想[M]//郑保卫.中国共产党新闻思想史.福州:福建人民出版社,2004:258.

③ 伊图尔,安德森.当代媒体新闻写作与报道[M].贾陆依,华建昌,译.北京:中国人民大学出版社,2006:427.

现出了一批善于调查研究、擅长调查报道的知名记者。

在中国共产党的历史上,调查研究是一种重要的工作方法和手段。调查研究是中国共产党的“传家宝”,中国共产党高度重视调查研究工作。新民主主义革命时期,毛泽东就提出了“没有调查,没有发言权”的著名论断。[①] 在建设社会主义现代化强国的时代背景下,习近平总书记强调,调查研究是谋事之基、成事之道,没有调查就没有发言权,没有调查就没有决策权。[②] 2023 年 3 月,中共中央办公厅印发《关于在全党大兴调查研究的工作方案》,要求各地区各部门结合实际认真贯彻落实。党的调查研究工作在实践中不断发展创新,具有与时俱进的鲜明特征。

本文主要探讨的问题是:其一,新闻报道中的调查研究与作为党的工作方法的调查研究之间有着怎样的关系?其二,新闻报道中的调查研究指的是什么?除了新闻实践的意义外,如何从新闻学理论层面对其进行分析?其三,调查研究在新闻活动中扮演着怎样的角色?新闻报道中的调查研究具有怎样具体的特征、方式与功能?

一、调查研究的三种话语:学术、政治与实践话语

(一)学术话语

调查研究的学术话语是指社会科学研究方法中的调查法(survey),指借助提问调查对象并对调查对象在统计上加以描述的实证研究方法。[③] 调查法可用于描述性、解释性和探索性的研究。[④] 中国多用“社会调查(研究)法”一词。[⑤] 调查法,或言社会调查法,常包含“收集和分析社会资料或数据”的过程。根据研究范式的差异,现代社会调查法可大致分为定量的“统计调查”、定性的“田野调查”和将两者结合的“混合调查”。[⑥]

统计调查通常是以概率抽样、结构化测量、数据统计分析等量化研究手段为主的调查研究方式,多以自填式问卷、结构式访谈与网络调查等方式搜集数据资料,并使用 SPSS 等统计分析工具定量分析数据资料。[⑦] 比如社会学研究机构开展的多期横断面大

---

① 毛泽东.反对本本主义[M]//中共中央毛泽东选集出版委员会.毛泽东选集:第一卷.北京:人民出版社,2008:109.

② 中共中央办公厅印发《关于在全党大兴调查研究的工作方案》[EB/OL].(2023-03-19) [2023-08-11].https://www.gov.cn/zhengce/2023-03/19/content_5747463.htm.

③ 福勒.调查研究方法[M].孙振东,龙藜,陈荟,译.重庆:重庆大学出版社,2009:1.

④ 巴比.社会研究方法[M].11 版.邱泽奇,译.北京:华夏出版社,2009:245-279.

⑤ 侯典牧.社会调查研究方法[M].北京:北京大学出版社,2014:2.

⑥ 杜智敏.社会调查方法与实践[M].北京:电子工业出版社,2014:21

⑦ 杜智敏.社会调查方法与实践[M].北京:电子工业出版社,2014:66.

型社会调查、大规模的纵贯社会调查等统计调查活动。[①] 又如经济学学者杜润生开展农村定点问卷调查[②]，或组织调查员开展大规模的问卷等调查方式[③]，为中央的"三农"政策研究提供科学的数据支持[④]。

田野调查则是以观察法、访谈法、编码分析等质性研究手段为主的实地调查研究方式，强调研究者进入"现场"[⑤]，深入描述地方社会状况和社会变动过程，并注重发展人类共同生活的原理、原则[⑥]。田野调查是深刻阐释中国现实复杂变化、建立中国特色社会科学的关键。费孝通先生的田野调查具有典范意义，其《江村经济》第一次将实地研究应用于现代农村；费孝通调研中国乡镇建设总结出的苏南模式、温州模式和珠江模式[⑦]，对学术界和政策界都产生了深刻影响。由此，有社会学学者将中国田野调查的方法总结为：从实求知、身体力行，以"志在富民"的学术目标关注中国社会发展的深层结构，注重采用"将心比心"的"局内观察法"的田野调查思路。[⑧]

在新闻学领域，记者使用调查法采写新闻的报道类型被称为精确新闻（precision journalism）。在新闻实践中，仅凭对个体言谈的记述和经验性观察不足以报道重大、复杂的新闻事实，于是新闻记者有意引入调查法等社会科学研究方法辅助新闻采编过程，由此形成了精确新闻的报道样式。[⑨] 精确新闻主张新闻报道用数据说话，记者采用抽样调查法、实验法、数据库搜集法等收集数据资料，并运用计算机软件、统计工具分析数据，得出量化结论，使新闻报道具有更强的客观性和可信度。[⑩]

（二）政治话语

调查研究的政治话语是指中国共产党的党建工作和执政建设中所遵循的科学工作方法。调查研究是党员干部坚持辩证唯物主义和历史唯物主义世界观、方法论[⑪]，以获

---

① 李炜.与时俱进：社会学恢复重建以来调查研究的发展[J].社会学研究，2016，31(6)：73-94，243.

② 陈萌山.关于"三农"政策调查研究的认识与思考[J].农业经济问题，2019，475(7)：4-9.

③ 王春超.农村土地流转、劳动力资源配置与农民收入增长：基于中国17省份农户调查的实证研究[J].农业技术经济，2011，189(1)：93-101.

④ 杜润生.开启了农村改革与发展的新时代：回忆1980年代5个"一号文件"出台过程[J].农村工作通讯，2008，485(9)：31-35.

⑤ 杜智敏.社会调查方法与实践[M].北京：电子工业出版社，2014：341-346，361，389.

⑥ 韩明谟.中国社会学调查研究方法和方法论发展的三个里程碑[J].北京大学学报(哲学社会科学版)，1997(4)：6-16，159.

⑦ 费孝通.行行重行行：1983—1996[M].北京：生活·读书·新知三联书店，2021.

⑧ 周飞舟.将心比心：论中国社会学的田野调查[J].中国社会科学，2021，312(12)：37-54，200.

⑨ 迈耶.精确新闻报道：记者应掌握的社会科学研究方法[M].4版.肖明，译.北京：中国人民大学出版社，2014：2.

⑩ 丁柏铨.新闻采访与写作[M].3版.北京：高等教育出版社，2014：148-153.

⑪ 李一帆，徐小庆.新时期调查研究读本[M].北京：中国方正出版社，2009：31.

得对客观事物本质和规律的认识[①]为目标的思想方法和工作方法。

马克思和恩格斯创立的唯物史观和唯物辩证法为正确理解社会现象、科学研究社会发展规律奠定了基础。正如马克思所言："经验的观察在任何情况下都应当根据经验来揭示社会结构和政治结构同生产的关系，而不应当带有任何神秘和思辨的色彩。"[②]马克思和恩格斯重视人的社会实践性，强调做好调查研究要全面占有材料。恩格斯说："即使只是一个单独的历史实例上发展唯物主义的观点，也是一项要求多年冷静钻研的科学工作，因为很明显，在这里只说空话是无济于事的，只有靠大量的、批判地审查过、充分地掌握了的历史资料，才能解决这样的任务。"[③]列宁将调查研究作为马克思主义的普遍真理同俄国革命的具体实践相结合的重要工具，通过广泛搜集和分析历史材料后成文的《俄国资本主义的发展(大工业国内市场形成的过程)》，深刻揭示了俄国资本主义发展的规律。[④]

调查研究是中国共产党百余年来一以贯之的工作方法。[⑤] 中国共产党的调查研究思想直接来源于马克思主义经典作家的理论和实践，并结合中国具体实际不断发展创新。新民主主义革命时期，毛泽东从反对"本本主义"出发，提出了"没有调查，没有发言权"的著名论断。[⑥] 毛泽东是调查研究方面的杰出实践者，他曾用 32 天实地考察湖南湘潭等五县情况，有力矫正了我党针对农民运动的错误态度和处置。[⑦] 毛泽东还是调查研究的理论家，他提出调查研究是转变党的作风和改善工作方法的必要条件，[⑧][⑨]总结了

---

① 马凌.调查研究是马克思主义新闻观的方法论[J].新闻战线，2023(11)：40-43.

② 马克思，恩格斯.德意志意识形态《一般意识形态，特别是德国哲学》[M]//中共中央马克思恩格斯列宁斯大林著作编译局.马克思恩格斯选集：第一卷.北京：人民出版社，2012：151.

③ 恩格斯，马克思.政治经济学批判：第一分册[M]//中共中央马克思恩格斯列宁斯大林著作编译局.马克思恩格斯选集：第二卷.北京：人民出版社，2012：9.

④ 列宁.俄国资本主义的发展[M]//中共中央马克思恩格斯列宁斯大林著作编译局.列宁选集：第一卷.北京：人民出版社，2012：160-163.

⑤ 程美东.做好调查研究要运用科学方法[J].中国党政干部论坛，2023，414(5)：29-33.

⑥ 毛泽东.反对本本主义[M]//中共中央毛泽东选集出版委员会.毛泽东选集：第一卷.北京：人民出版社，2008：109.

⑦ 毛泽东.湖南农民运动考察报告[M]//中共中央毛泽东选集出版委员会.毛泽东选集：第一卷.北京：人民出版社，2008：12-13.

⑧ 毛泽东.改造我们的学习[M]//中共中央毛泽东选集出版委员会.毛泽东选集：第三卷. 北京：人民出版社，2008：802.

⑨ 毛泽东.大兴调查研究之风[M]//中共中央文献研究室.毛泽东文集：第 8 卷.北京：人民出版社，1999：233-236.

“调查深切明了社会经济情况的人”[①]“解剖麻雀”[②]“定调查纲目”[③]“开调查会”[④]等具体的调研方法。

邓小平同样非常重视调查研究，强调实事求是的重要性。他指出：“只有解放思想，坚持实事求是，一切从实际出发，理论联系实际，我们的社会主义现代化建设才能顺利进行，我们党的马列主义、毛泽东思想的理论也才能顺利发展。”[⑤]江泽民提出了“没有调查就没有决策权”，强调“坚持做好调查研究这篇文章，是我们的谋事之基、成事之道”[⑥]，并将调查研究作为全党同志深刻认识、全面把握“三个代表”要求的重要路径[⑦]。胡锦涛强调党员干部要弘扬求真务实的作风[⑧]，要在深入调查研究的基础上提出切实有效的政策措施，使构建社会主义和谐社会成效真正体现在为群众排忧解难，体现在实现和维护群众切身利益上[⑨]。

习近平总书记继承和发扬了党的调查研究传统，他指出：“重视调查研究，是我们党在革命、建设、改革各个历史时期做好领导工作的重要传家宝。”[⑩]习近平总书记十分重视调查研究的工作方法，他强调：“各级领导干部在调研工作中，一定要保持求真务实的作风，努力在求深、求实、求细、求准、求效上下功夫。”[⑪]习近平总书记认为，调查研究“是一门致力于求真的学问，一种见诸实践的科学，也是一项讲求方法的艺术”，对此，他建议“党员干部要善于掌握科学的调查研究方法来提高调研效率和效益”“充分调动社会各界的研究力量，充分利用现代化的信息手段”。[⑫]

总的来看，调查研究是实现马克思主义理论中国化、时代化的重要工作方法。一代代中国共产党人从客观现实出发，重视并践行调查研究工作方法，在实践中将马克思主

---

① 毛泽东.反对本本主义[M]//中共中央毛泽东选集出版委员会.毛泽东选集：第一卷.北京：人民出版社，2008：116.

② 毛泽东.我们党的一些历史经验[M]//中共中央文献研究室.毛泽东文集：第7卷.北京：人民出版社，1999：133-134.

③ 毛泽东.反对本本主义[M]//中共中央毛泽东选集出版委员会.毛泽东选集：第一卷.北京：人民出版社，2008：117.

④ 毛泽东.《农村调查》的序言和跋[M]//中共中央毛泽东选集出版委员会.毛泽东选集：第三卷.北京：人民出版社，2008：790.

⑤ 邓小平.解放思想，实事求是，团结一致向前看[M]//邓小平.邓小平文选：第二卷.北京：人民出版社，1994：143.

⑥ 江泽民.没有调查就没有决策权[M]//江泽民.江泽民文选：第一卷.北京：人民出版社，2006：308-309.

⑦ 江泽民.在新世纪把建设有中国特色社会主义事业继续推进向前[M]//江泽民.江泽民文选：第三卷.北京：人民出版社，2006：129.

⑧ 胡锦涛.求真务实(二〇〇四年一月十二日)[M]//胡锦涛.胡锦涛文选：第二卷.北京：人民出版社，2016：151.

⑨ 胡锦涛.社会和谐是中国特色社会主义的本质属性[M]//胡锦涛.胡锦涛文选：第二卷.北京：人民出版社，2016：524-525.

⑩ 习近平. 谈谈调查研究[N]. 学习时报，2011-11-21(001).

⑪ 习近平.调研工作务求“深、实、细、准、效”[M]//习近平.之江新语.杭州：杭州人民出版社，2007：1.

⑫ 习近平.调查研究要点面结合[M]//习近平.之江新语.杭州：杭州人民出版社，2007：166-167.

义基本原理同中国具体实际相结合,创新发展了马克思主义理论。①

(三)实践话语

本文中,调查研究的实践话语指的是新闻活动中的调查性报道体裁。西方的调查性报道是一种较为系统、深入地揭露政府、公共机构以及社会中存在的事关公众利益的隐藏问题,并寻求解决方法的新闻报道形式。② 在西方,调查性报道多为"揭丑"报道,即重点揭露政府官员、公司企业领导以及公共机构中管理人员的不法行为和丑闻,这需要记者依据秘密消息源进行公开或秘密的采访和调查。新闻史上有名的"扒粪运动"就是一次大规模的"揭丑"调查性报道。③

在我国的新闻工作实践中,调查性报道是一种重要的报道体裁,是记者就现实生活中的某一重要的新闻事件,或群众关心的社会问题,或当前改革开放中出现的新情况、新问题,进行深入的调查研究,并把调查的情况和结论向读者"报告"的一种报道形式。中国调查性报道的崛起依托改革开放的大背景,如央视的《焦点访谈》和《新闻调查》栏目、《中国青年报》的《冰点》栏目等,与之相伴的是一批知名的调查记者的涌现。新闻记者通过调查报道的形式探索和分析改革开放出现的新情况、新问题,此时调查性报道多被称为"批评性报道",一定程度上延续了通讯报道的一些特点。中国的调查性报道的主要任务是以客观、全面、公正的原则探明事件的真相,探讨事物的发展规律,推动问题的解决。④

二、新闻报道中的"调查研究":研究设计与主要发现

(一)研究设计

围绕前文提出的三个研究问题,本文聚焦新闻报道中的调查研究工作,将新闻记者个体作为研究对象。因为开展调查研究工作说到底是新闻记者的一项工作实践,故思考新闻报道中的调查研究之于新闻活动中的定位,理应回到新闻记者主体,从记者个人的工作实践与记录中窥见"调查研究"的特征、方式和功能。

在研究材料的收集与分析上,本文围绕"重大主题""典型人物""热点引导""突发事

① 徐松林.调查研究是马克思主义中国化的根本方法[J].求实,2005(12):27-29.

② 甘惜分.新闻学大辞典[M].郑州:河南人民出版社,1993:153.

③ 周海燕.调查性报道采访与写作[M].北京:新华出版社,2003:11-12.

④ 汪言海.新闻采写十五讲[M].合肥:安徽文艺出版社,2013:174-178.

件”“舆论监督”五大新闻报道类型,搜集记者的采写手记作为研究材料。在资料分析阶段,本研究采用“扎根理论”实证研究方法,对收集的经验材料进行开放编码、主轴编码和选择编码三级编码分析,建构关于新闻报道中调查研究的理论框架和工作范式,回答调查研究工作的特征、方式与功能等研究问题。

(二)研究方法

扎根理论(grounded theory)由格拉斯和施特劳斯提出,是一种从质性资料中建立理论的研究方法。本研究采用扎根理论方法,原因是其哲学基础涉及符号互动论,强调从行动者的视角理解社会互动和社会过程①,契合本研究的研究设计。扎根理论的资料来源丰富,除访谈、观察之外,日记、回忆录、新闻报纸、历史档案等非技术性文献都可以作为原始材料。② 本研究选择记者手记作为研究材料,一方面,手记可以反映报道之外的主观经历和感受,记者撰写的手记包含了自身的道德判断、情感体验和主观想象等不便在报道中呈现的经历和感受;另一方面,手记面向公众展示了新闻生产的透明性,以记者的叙事空间展现新闻生产过程的“后台”,具有明确的实践指向和价值倾向,可以较好地呈现新闻职业的工作标准和意义建构。③

(三)资料搜集与编码分析

本研究主要选取《实践中的马克思主义新闻观——新闻报道经典案例评析》(包括第一辑和第二辑)中摘录的记者采写手记,④另外根据近几年中国新闻奖获奖作品,搜集记者的采写手记,如《深挖几锹,把监督报道做得更扎实》等,共获得记者手记 29 篇。根据新闻报道题材,本研究将所选的采写手记分为“重大主题”“典型人物”“热点引导”“突发事件”“舆论监督”五大主题(见表 1)。

---

① 科宾,施特劳斯.质性研究的基础:形成扎根理论的程序与方法[M].朱光明,译.重庆:重庆大学出版社,2015:1-3.

② 科宾,施特劳斯.质性研究的基础:形成扎根理论的程序与方法[M].朱光明,译.重庆:重庆大学出版社,2015:21,30.

③ 张洋.展演透明性:作为副文本的记者手记[J].新闻记者,2023,482(4):14-25.

④ 《实践中的马克思主义新闻观——新闻报道经典案例评析》编写组.实践中的马克思主义新闻观:新闻报道经典案例评析[M].北京:高等教育出版社,2014;《实践中的马克思主义新闻观——新闻报道经典案例评析(第二辑)》编写组.实践中的马克思主义新闻观:新闻报道经典案例评析(第二辑)[M].北京:高等教育出版社,2022.

表 1　记者采写手记基本信息

报道类别	记者	采写手记题目	编号
重大主题	新华社中央新闻采访中心	讲述改革蓝图背后的故事——《〈中共中央关于全面深化改革若干重大问题的决定〉诞生记》采写手记	A01
	《人民日报》吴秋余、葛孟超	讲好百姓故事，折射时代大变迁——《在这里，有太多创新创业的故事》采写手记	A02
	《人民日报》徐隽	《管好政府的“钱袋子”——从安徽、四川调研的情况看地方政府行政成本》采写手记	A03
	人民日报社	成就报道要有“辩证思维”——《转变，中国道路的历史性跨越——从十六大到十八大(上)》写作体会	A04
	中央人民广播电台经济之声	聚焦改革话题，探寻破解之道——“深水闯关”系列述评采写手记	A05
典型人物	新华社“焦裕禄精神的新时代回响”融媒报道团队	难忘的追寻——《焦裕禄精神的新时代回响》采写体会	A06
	新华社解放军分社黄明	一个纯粹共产党员的情怀与担当——《绿化将军张连印：青山写忠诚》采写手记	A07
	《光明日报》郑晋鸣	《坚守 32 年，王继才永远留在了开山岛》采写手记(此处来自记者“好记者讲好故事”演讲)	A08
	中央电视台崔霞、王威等	告诉你一个真实的罗阳——《素描罗阳》采写手记	A09
	《光明日报》严红枫、叶辉	发掘“最美乡村教师”的时代意义——《一位乡村小学校长的承诺——记衢州市衢江区下张小学校长马建红》采写手记	A10
	《光明日报》夏静 光明网张晶	一位乡村教师的师德情怀——《背篓背出的乡村学校》采访手记	A11
	新华社国内部张严平	《索玛花儿一点点在心中绽放》	A12

续表

报道类别	记者	采写手记题目	编号
热点引导	中央广播电视总台 王琰、陈思聪执笔	一次难忘的调研采访——《一线调研:湖州“不可替代”的启示》采写手记	A13
	《经济日报》 佘惠敏	中关村“新”在哪里——《中关村新传——北京国际科技创新中心核心区建设发展纪实》采写手记	A14
	新华社 曹国厂	只有荒凉的沙漠,没有荒凉的人生——《从一棵树到一片“海”——塞罕坝生态文明建设范例启示录》采写手记	A15
	中央广播电视总台 朱兴建、白璐、汪洁	明知山无路,偏向山上行——《“悬崖村”扶贫纪事》采写手记	A16
	中央电视台 孙金岭	传统家风,时代之问——《家风是什么》采写手记	A17
	中央电视台 张萍	在需要时发声,在困难处发力——《马子硕的求医路》采写手记	A18
突发事件	新华社 廖卫彬	在全景式记录中彰显人性光辉——《壮哉,大武汉——献给英雄的武汉人民》采写手记	A19
	深圳广电集团 李璨	蹲守:太阳和希望一同升起——《深圳滑坡灾害现场今晨成功救出首位被困者——新闻特写:生命大营救》采写手记	A20
	新华社 孟娜、李志晖	《从汶川到芦山,“变”与“不变”中的民族成长》采写手记	A21
	《经济日报》 王晋	让灾害报道充满情感的温度——《在地震灾区,应急广播声、琅琅读书声、营业网点的叫卖声打动人心——希望伴着声音传递》采写手记	A22
	新华社 张旭东	运用历史和自然辩证法创作精品——《在历史灾难中实现历史进步——2010年中国自然灾害警示录》采写手记	A23
舆论监督	新华社经济参考报 王文志	深挖几锹,把监督报道做得更扎实——《青海“隐形首富”:祁连山非法采煤获利百亿至今未停》采写背后	A24
	人民网 周世玲、唐佳	舆论监督报道要接地气——《人民直击:村民期盼“方便”事能够更方便》采写手记	A25
	《经济日报》产经新闻部 崔书文	三个版报道一件事——“石家庄破解水泥产能过剩难题调查”系列报道采写手记	A26
	新华社国内部 刘敏、郑天虹	《“新华视点”会所的秘密》采写手记	A27
	《人民日报》 刘建华、杨明方	把人民群众的呼声作为第一信号——《这里的农田是如何被蚕食的》采写手记	A28
	中央电视台 朱慧容	变了味的“第一口奶”背后——《变了味的“第一口奶”》采写手记	A29

扎根理论研究的关键环节是对资料的逐级编码分析。扎根理论的编码至少包括两个主要环节：一是初始编码，对数据的每个词、句子或片段命名；二是聚焦编码，使用最重要的或出现最频繁的初始代码来对大部分数据进行分类、综合，形成类属。① 常见的编码方法一般包含三级编码：开放编码、主轴编码和选择编码。在开放编码阶段，笔者保持开放、迅速浏览数据并比较不同的数据，尽量使用受访者的原话作为原生代码，②共生成简短、具有分析性的开放式编码 174 条，后对相同相似概念进行合并、整理，最终获得 19 个概念化编码。在主轴编码阶段，研究者通过对开放编码聚类分析，发现概念间的逻辑关系，归纳出更具有概括性的 8 个范畴，分别是舆论监督、正面宣传、角色投入、调研方法、价值取向、专业水准、社会治理、社会反响。在选择编码阶段，本研究系统分析副范畴，进一步抽象并归纳出 4 个核心范畴，分别是调研目标、调研流程、调研标准和调研结果（见表 2）。

表 2　扎根理论形成的三级编码体系

开放编码 标签化（部分）	开放编码 概念化	主轴编码 范畴化	选择编码 核心范畴化
舆论推动生态治理、关注农村、缓解医患紧张、反思防震救灾变化	改进工作	舆论监督	调研目标
深入调查群众反映强烈问题、新闻线索；天津医院奶粉贿赂、新闻线索；政府官员的会所歪风	群众线索		
宣传典型人物精神、挖掘时代意义、重大节点宣传、助力“中国梦”宣传	弘扬主旋律	正面宣传	
典型人物评估、紧跟时政挖掘典型、探索创新典型经验、为脱贫攻坚展现建设性样本	寻找典型		
初步调查确定重大非法采矿案例；多方打听、丰富新闻源；提前画分镜头草稿	前期准备	角色投入	调研流程
3 个月跑 2000 公里还原两位书记事迹；当成企业一员、亲身体验调查；拍摄大量素材	实地调研		
春节严寒海采；调查报道危险；酷暑天翻山越岭赴大山、山路危险、日夜寻找理想案例、数易其稿	克服困难		
查阅资料；文献研究；搜集改厕留言和政策要求	文献研究	调研方法	
暗访；暗访和正面碰撞相结合；多方采访；平衡采访；实地采访；专访	采访		
查阅资料；蹲点医院；样本追踪法；一年三上祁连山、深度调研采访	追踪调查		
三个小时座谈多家企业、三天时间走访数十家企业	座谈调研		

① 卡麦兹.建构扎根理论：质性研究实践指南[M].边国英，译.重庆：重庆大学出版社，2009：59.

② 卡麦兹.建构扎根理论：质性研究实践指南[M].边国英，译.重庆：重庆大学出版社，2009：61-70.

续表

开放编码 标签化（部分）	开放编码 概念化	主轴编码 范畴化	选择编码 核心范畴化
辩证思维；吃透中央精神；经得起历史和人民的检验；站定立场、不损公信力；站在天安门城楼上思考问题；既顾全大局又解决问题	大局意识	价值取向	调研标准
接地气、现实关切；深入基层和生活；生活中寻找创作灵感；真体验真感情；不唯苦唯远，只唯真唯实	群众路线		
客观准确；追求深度；求真求精；独家新闻；追求时效性	报道标准	专业水准	
新闻敏感；不言放弃；面对复杂问题，用心在实践中探究；问题意识；透过现象看本质	记者素质		
审计署负责人要求各地特办；卫健委新闻发言人要求做节目专访；中央领导肯定	批示	社会治理	调研结果
当地公布处理结果；当地相关部门摸排整改；开展问责和整治行动；相关部门提出整改方案并实时跟进	问责整改		
社会援助；社会追捧	社会行动	社会反响	
报道大量转载形成极佳宣传效果；大量网友留言；多家媒体转载；热门话题	舆论场反馈		

在研究中，编码与搜集同步进行，研究者通过对手记资料的不断比较分析，思考是否产生新问题，最终实现理论饱和。三级编码之后，研究者对另外 7 份手记资料进行理论饱和度检验，再次梳理所形成的编码范畴，以确保没有新的重要范畴出现。研究者尝试建立范畴之间的内在逻辑关系，分析主轴范畴的逻辑次序和脉络联系，最终获得了核心范畴的“新闻报道中的‘调查研究’工作范式”结构框架（见图 1）。

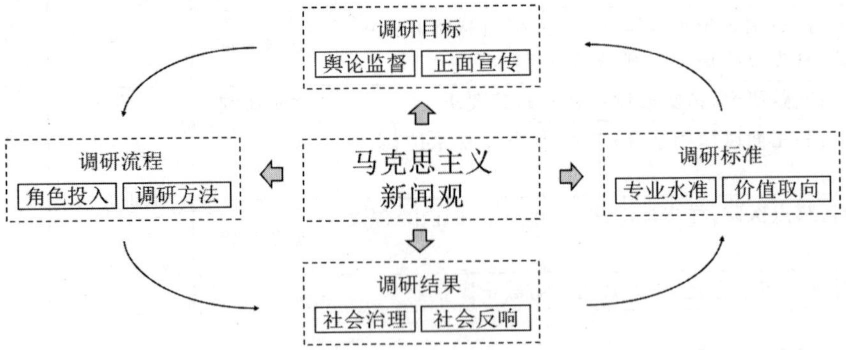

图 1　新闻报道中的“调查研究”工作范式

(四)主要研究发现

根据扎根编码的结果,本文从调研目标、调研流程、调研结果和调研标准四个维度分析记者的“调查研究”工作。首先,新闻记者的角色规定开展调查研究的目标考量,具体有舆论监督和正面宣传两类目标。其次,新闻记者在调研流程的实践中包含角色投入和科学的调研方法,并由此带来调研结果的社会治理和社会反响。最后,无论是调研目标中的新闻价值衡量、调研流程的投入路径,还是调研结果的反馈,都深刻影响了新闻记者对调研标准的把握,即记者自身的价值取向和专业水准。调研标准也将影响新闻记者在下一段新闻实践中的调查研究工作的开展。

1.调研目标

调研目标是记者根据媒体组织的报道任务提出的预期成果。党的新闻舆论工作要求记者要坚持正确舆论引导,坚持以正面宣传为主的方针,并以科学准确的舆论监督作为职业角色的使命责任。具体到新闻实践中,记者要从媒体组织的栏目定位和报道选题出发,形成发挥正面宣传功能和舆论监督功能的两大调研目标。

以正面宣传为调研目标,记者多关注重大节点、挖掘时代价值、寻找典型案例(人物),做好重大主题、典型人物和热点引导报道。比如,新华社融媒团队关注重大节点宣传,“在中国共产党引领反贫困斗争取得伟大胜利的重要历史时刻,我们以寻找‘新时代的焦裕禄’为题进行典型人物报道,为党的百年华诞献礼(A06)”;央视新闻中心响应“中央扶贫开发工作会议上习近平总书记的号召”,策划“具有鲜明特色,又对全国扶贫攻坚具有典型意义的选题”,记者经过调研的前期准备,在将目光聚焦到“悬崖村”后,重申调研目标:“悬崖村不能通过我们的报道‘炒作’一番成了‘扶贫盆景’,我们要为普遍意义的扶贫攻坚提供有益的启迪(A16)。”

以舆论监督为调研目标,记者多聚焦社会治理、调查各领域突出问题、关注群众线索,以此改进党和政府工作,保障人民群众利益。比如,关注“农村改厕”问题的人民网记者提到“要把目光更多投向农村”“全面建设社会主义现代化国家,实现中华民族伟大复兴,最艰巨最繁重的任务依然在农村,最广泛最深厚的基础依然在农村(A25)”;《经济参考报》记者在《青海“隐形首富”:祁连山非法采煤获利百亿至今未停》中强调“为彻底治理生态破坏乱象做直接和有益的舆论推动(A24)”;《人民日报》“读者来信”的记者根据读者反映的“缺乏个案监督报道、力度总有些不够”等问题,聚焦“加大个案调查力度”的组织目标,积极“寻找具有典型性和代表性的群众线索,对群众反映强烈的问题、事件进行深度调查与披露(A28)”。

在我国的新闻舆论工作中,正面宣传和舆论监督是有机统一的,都需要记者坚定党性和人民性相统一的基本原则:无论是反映党和政府的工作成效、展现人民群众的时代风貌,还是激浊扬清、针砭时弊,记者都自知要秉持根本的新闻宣传工作立场,在调查研究中遵循新闻传播规律,真实、客观、全面地进行报道,巩固壮大奋进新时代的主流思想舆论。

2.调研流程

调研流程是指记者开展调查研究的工作过程,包含角色投入和调研方法两类范畴。角色投入一般指个体从事某一角色相关活动时牵涉到的个人付出,包含时间、物质等资源投入,还有心理能量和认知兴趣的改变。① 比如,有学者探讨现代人的角色投入如何影响工作—家庭关系的冲突与平衡。② 本文中的角色投入主要是指记者在完成新闻报道任务时的付出,调研方法则是记者为搜集资料而采用的科学方法。

首先,在角色投入上,记者强调“前期准备”“实地调研”,尤其是“克服困难”的工作经历,以此来说明调查研究相较于普通新闻采写(比如简单的网络信息整合)有更高的要求和投入。比如,记者会在前期初步调研,“经与青海省环保、国土资源、税务等多个部门有技巧地初查了解,获知祁连山南麓的木里煤田聚乎更矿区一井田属无证非法采煤,并且开采量极大,对生态环境破坏尤烈(A24)”;多方打听丰富新闻源,“我们的调查采访在前往运城的火车上就开始了……这个公园征地、占地的情况,堪称我们在火车上的‘意外收获’(A28)”。而记者深入实地一线调研,既有亲身体验感,“对每家企业,我们从订单到收款、从供货到出品、从研发到提质等各环节,把自己当成企业的一员,与他们同呼吸,共感受(A13)”,又有践行脚力的付出,“在5天时间里,行程近2500公里(A22)”“历时近3个月,行程近2000公里,我们深入潇湘大地……(A06)”。记者面临的困难有恶劣的自然条件,“这次面临的却是生理上的极限挑战。只身闯入这个地表只长草不长树的边远之地(A24)”“蜿蜒曲折的山路凹凸不平,一面临山,一面是悬崖,不时有小石子滚落下来。有的地方只能一个人通过(A11)”;有生命威胁,“不仅没有采访对象提供便利条件,还要独自面对利欲熏心、铤而走险的不法利益集团

① 唐汉瑛,马红宇,王斌.工作—家庭界面研究的新视角:工作家庭促进研究[J].心理科学进展,2007(5):852-858.

② 王永丽,叶敏.工作家庭平衡的结构验证及其因果分析[J].管理评论,2011,23(11):92-101,109.

(A24)”;还有写作过程对笔力的考验,“文章数易其稿,几度推倒重启。切磋苦想之中,每一个经典故事的选择,每一个精彩金句的涌出,团队小伙伴们都殚精竭虑(A19)”。

其次,在调研方法上,记者会采用多种方法收集一手资料。比如,借助“文献研究”的方式查阅权威资料以掌握更多事实,“笔者调阅了长达十几万字的新华社各类中英文报道(A21)”“我们看到一份中国社会科学院政治学所创新工程第五项目组完成的政府行政成本研究报告(A03)”。另如,记者总结了“采访”中的暗访、专访、平衡采访等技巧方法,“先暗访了解情况、掌握证据,再正面接触主管部门的思路,迂回采访与正面碰撞结合的方式(A27)”。此外,“追踪调查”与“座谈会”也是记者常用的调研方法,如“用‘样本追踪’的方法,全程记录一名有代表性的患儿看病求医的真实过程(A18)”“五年不到、九次上岛,才知道真正的开山岛和真实的王继才(A08)”“在安徽、四川,采访小组共召开了7场座谈会,分别与省、市、县三级相关部门同志、专家学者研讨,还邀请了中国社会科学院的专家学者全程参与在安徽的调研采访(A03)”。

总之,调查研究的过程,是记者在调研中坚持马克思主义新闻观的方法论、把握新闻规律的过程。新闻报道的真实性意味着记者要全面反映事实,既要把握整体真实,也要准确反映局部真实。由此,记者要深入实地调研,克服调研困难,一步步掌握事实,并利用科学的调研方法开展科学调研,完成真实准确的报道。

3.调研结果

调研结果是指发布新闻报道后收到的结果反馈,包含“社会治理”和“社会反响”两大范畴。对记者而言,调研结果是新闻报道产生社会影响力的具体体现,是调查目标的实现,与调研流程的投入有正相关关系。

“社会治理”多是指媒体在报道揭露社会某领域的问题后,推动政府开展“问责整改”,促进相关问题的改善或者解决。如“北京市政府要求市属公园内的私人会所和高档娱乐场所一律关停(A27)”,更有影响力的甚至还会收到上级部门或中央领导的批示,如“卫健委新闻发言人要求新闻频道做节目专访(A29)”。

“社会反响”既有来自媒体同行和受众的“舆论场反馈”,如“被240家媒体采用,48家媒体头版刊载(A15)”“整个春节期间,‘说家风’成为千家万户团圆时刻的热门话题(A17)”,也有来自社会各界开展的“社会行动”,如“部队、国企和多家社会组织、企业主动联系央视记者表示愿意帮助当地建设村民出行道路和货物索道(A16)”。

4.调研标准

调研标准是指记者对开展调查研究工作的评判尺度。调研标准的形成与记者职业的角色规范和专业认同有关,包含"价值取向"和"专业水准"两大范畴。

角色概念来自符号互动论与功能主义的社会理论,是指角色的规范性期待和这种期待的"社会共识"。角色规定是一种规范性概念,是根据社会身份的区分而组织起来的各种规范性规则。而且,角色规定通过资源的使用实现,并与现实实践紧密关联。[①]

"价值取向"来自马克思主义新闻观赋予中国新闻工作者的角色规范。中国的新闻记者是"党和人民的耳目喉舌",要坚持党性与人民性相统一的原则。故记者在"价值取向"上要树立"大局意识",如记者认为舆论监督报道要拿捏有度,"不能偏移立场站位,损害党和政府的权威性和公信力……要站在天安门城楼上看问题(A28)";还要坚持"群众路线"思想,如"新闻节目一定要'接地气',从人民群众中捕捉时代的鲜明主题(A17)""坚持走转改,多听多看多想(A03)""'走基层'应不唯苦、不唯远、只唯真、只唯实(A18)"。

"专业水准"来自记者对新闻职业的专业认同,[②]这里主要指从事新闻工作的职业素质和报道的评判标准。如记者强调个体要具备"透过现象看本质(A13)""新闻敏感(A09)""问题意识(A04)"等专业素质,还指出好的新闻报道应"追求深度(A24)""挖掘独家新闻(A15、A22)""求真求精(A10)"。

三、结论:调查研究作为新闻报道的一种工作范式

本研究围绕"新闻报道与调查研究"的关系问题展开分析,梳理"调查研究"的学术话语、政治话语和实践话语三种话语,并通过对新闻记者的采写手记材料进行扎根理论分析,建构了新闻报道中的"调查研究"工作范式框架。研究发现,新闻记者在新闻实践中通过调研目标、调研流程和调研结果的论述来展现调查研究工作历程,并总结调研标准,形成调研工作规范。这为探讨调查研究在新闻报道中的角色、特征与功能提供了思路。

首先,新闻报道与调查研究紧密相关,调查研究是党的新闻舆论工作的基本方法

① 吉登斯.社会理论的核心问题:社会分析中的行动、结构与矛盾[M].郭忠华,徐法寅,译.上海:上海译文出版社,2015:126-129.

② 丁汉青,苗勃.网络时代新闻从业者职业认同危机研究[J].当代传播,2018,201(4):19-23.

和优良传统。[1] 刘少奇曾说："报纸工作人员是调查研究的专业人员。"[2]具体而言，新闻报道与调查研究的关系就像两个相交圆(见图2)：虽然广义上常说采访的过程就是调查的过程，二者是有交集的，但在严格意义上，新闻采访不能等同于调查研究。有记者曾说："采访是有题目的调查，调查是无题目的采访。"[3]只有新闻报道的主题在记者深入研究实际、剖析典型的过程中逐渐明确，记者的采访过程才能算得上调查研究。而从新闻记者的职业角色看，调查研究是实现新闻记者成为"获知事务的权威"的重要方式之一，是业务建设上的重要工作方法。[4] 具体从三种话语来看，精确新闻的出现体现了记者有意借鉴社会科学的研究方法提升报道的科学性和客观性；调查性报道是直接体现新闻记者践行调查研究的报道形式；在我国的新闻报道实践中，调查研究体现了党的新闻舆论工作的基本要求以及马克思主义新闻观的重要方法论。

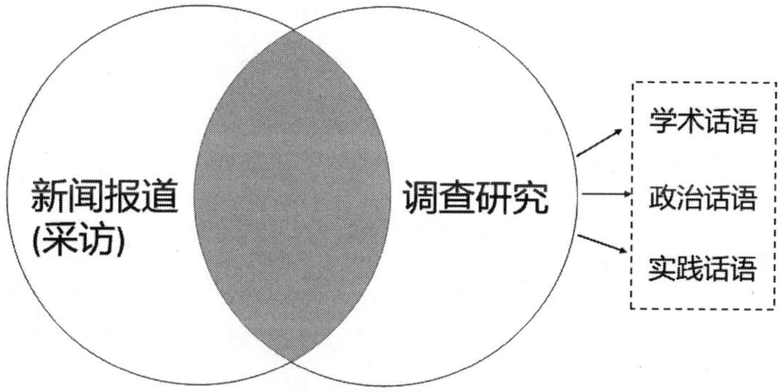

图2　新闻报道与调查研究的关系

其次，调查研究是马克思主义新闻观的方法论在新闻报道中的具体体现。有学者认为，调查研究是贯穿党的新闻舆论工作的方法论，是马克思主义新闻观的重要组成部分。[5] 新闻工作者的调查研究是坚持马克思主义新闻观的党性和人民性相统一原则、践行群众路线和把握新闻真实性与新闻规律理念的根本方法路径，是做好党的新闻舆论工作的重要参考标准。从调查研究的工作范式来看(见图1)，记者要树立大局意识和群众路线的价值取向，吃透中央精神，把握大局，重视人民群众的意见，彰显党

① 王仕勇，贾浩伟."没有调查，就没有发言权"：新闻调查研究观的源起、经验与价值回归[J].新闻论坛，2023，37(1)：19-23.

② 陈力丹.刘少奇的新闻思想及其理论意义[J].新闻与传播研究，1998(2)：67-79，97.

③ 胡国华.探寻事物的本质：调查研究方法论[J].中国记者，1993(10)：10-12.

④ 宣奉华.论穆青的新闻理论观点[J].新闻与写作，1998(2)：9-12.

⑤ 马凌.调查研究是马克思主义新闻观的方法论[J].新闻战线，2023(11)：40-43.

性和人民性相统一的鲜明特征；要从实际出发，敢于以艰苦深入的工作作风找真问题和典型案例，运用科学的调研方法全面搜集材料，保证新闻真实性和事实准确性；分析问题时要运用唯物辩证的观点方法，透过现象看本质，抓住主要矛盾，力图解决新问题，有效改进党和政府工作，使报道真正经得起历史的检验。①

〔涂凌波，中国传媒大学电视学院教授、博士生导师、广播电视学系主任，媒体融合与传播国家重点实验室研究员；刘梦青，中国传媒大学电视学院广播电视学专业硕士研究生〕

① 胡国华.探寻事物的本质：调查研究方法论[J].中国记者，1993(10)：10-12.

认知与情感：来华留学生短视频中的中国国家形象分析*

Cognition and Emotion: Analysis of Chinese National Image in Short Videos of International Students Studying in China

◎ 申金霞　巴毅然

Shen Jinxia　Ba Yiran

摘要：本文以来华留学生拍摄的“我与中国的美丽邂逅”抖音短视频为案例，以4D国家形象分析模型为视角，对短视频进行视觉内容表征和视觉修辞分析。研究发现，功能维度通过具身实践形成认知，图式选择讲述系统功能；规范维度以隐喻、转喻揭示价值判断，使中国国家形象更为立体；美学维度认知策略多元协同，语义框架呈现浅共情；情感维度以低能量情感为主，通过统摄叙事产生情感动员作用。为此，本研究提出，在国际传播过程中，应将抽象概念情景化具象化，深化来华留学生对中国的认知与理解；通过以文化人、技术赋能，提升来华留学生传播中国国家形象的自觉意识；构建多点融通的传播矩阵，打造国内外“双系统”传播格局。

关键词：来华留学生；中国国家形象；短视频；视觉修辞

Abstract: From the perspective of 4D national image analysis model and taking Douyin short videos of "My Beautiful Encounter with China" shot by international students studying in China as examples, visual content representation and visual rhetoric analysis of short videos have been studied. It is found that the functional dimension forms cognition through embodied practice, and schema selection narrates system functions; The normative dimension reveals value judgment through metaphor and metonymy, and

* 本文系中国传媒大学中央高校基本科研业务费专项资金资助项目“网络圈群的情绪传播对互联网舆论的影响研究”（项目编号：CUC230A003）、中国传媒大学亚洲传媒研究中心科研资助项目“新加坡网络虚假信息的传播与治理研究”（项目编号：AMRC2021-4）的阶段性成果。

Chinese national image is more dimensional; The cognitive strategies in the aesthetic dimension are diverse and collaborative, and the semantic framework presents shallow empathy; The emotional dimension is mainly low energy emotions, which generate emotional mobilization through controlled narratives. Therefore, abstract concepts should be contextualized and concretized to deepen the cognition and understanding of China among international students studying in China; Empowering cultural and technological talents to enhance the conscious awareness of foreign students in spreading Chinese national image; Building a multi-point integrated communication matrix and creating a "dual system" communication pattern both domestically and internationally.

Keywords: international students, Chinese national image, short video, visual rhetoric

来华留学生是扩大知华友华的国际舆论圈的重要桥梁,是我国国际传播中的重要力量。2021 年 6 月,习近平总书记在给北京大学来华留学生的回信中说到,希望来华留学生朋友"深入地了解真实的中国,同时把你们的想法和体会介绍给更多的人,为促进各国人民民心相通发挥积极作用"。2023 年 5 月,习近平总书记给中国石油大学(北京)的中亚留学生回信,鼓励他们"弘扬丝路精神,讲好中国故事、中亚故事,当好友谊使者和合作桥梁,为推动中国同中亚国家关系发展作出更大贡献"。在国际传播中,不仅需要"我方"视角的讲述,也需要"他者"视角的呈现。来华留学生既亲历中国,又与本国社会密切相连,有着"他者"叙述的自然优势。当前,新媒体传播生态环境日益"年轻态""娱乐性",软性传播、共情传播、重量内容的轻量传播成为新媒体环境表达的逻辑原则。作为新媒体实践的形式之一,在如今的传播格局中,短视频已经成为重要的媒介景观。在国际传播中,短视频成为"兵家必争"的舆论高地。因此,探究来华留学生制作的短视频对中国国家形象的认知与呈现,对引导来华留学生讲好中国故事、开辟国际传播新格局具有重要意义。

一、案例选择与文献综述

"我与中国的美丽邂逅"短视频大赛由教育部国际合作与交流司指导、教育部留学服务中心主办,由来华留学生拍摄,记录他们在中国留学期间的见闻和美好瞬间,这一活动已于2020年、2021年、2022年连续举办了三届，每年4月份评选出上一年度的优秀参赛作品。同时，该活动在抖音平台创建话题＃我与中国的美丽邂逅＃，展示和传播参赛作品。截至2023年6月15日，这一话题内包含198个来华留学生拍摄制作的短视频，播放量达733.8万次，集中展现了来华留学生对中国国家形象的呈现和认知。故本研究选取该话题为研究案例，具有典型性和代表性。

论及来华留学生对中国国家形象的认知，目前研究多用“问卷＋访谈”和词汇自由联想测试的方法，分析影响来华留学生对中国国家形象的认知因素和形象呈现。舒笑梅等人通过问卷调查发现，短视频接受对来华留学生认知中国国家形象有重要影响。① 牟蕾等人则通过对155位来华留学生的词汇自由联想测试发现，来华留学生对中国的印象主要停留在具象化事物的层面。② 如何引导来华留学生正确认知中国并主动传播中华文化，促进来华留学生成为传播中国形象的“他者”主体，对提升中国国际认同具有重要意义。③ 在短视频与国家形象关系方面，孟威对2021年的新媒体研究进行分析发现，短视频对外传播与国家形象建构是短视频研究的热点之一。④ 多数研究仍集中于“我方”叙述视角，通过对我国主流媒体⑤、自媒体⑥的视频文本分析，探究通过短视频讲述中国国家形象以及讲好中国故事的策略。少数研究分析了“他者”视角，如“洋网红”的短视频创作和传播情况，肯定了这一群体在中国国家形象对外传播过程中的作用。⑦

二、研究问题与研究方法

(一)研究问题

利用新媒体树立良好的中国国家形象，是当前国际传播的重要任务。通过文献梳理发现，虽然国外民众对中国国家形象的认知已经成为学界的关注重点，但聚焦来华

① 舒笑梅，董传礼.来华留学生短视频接受与中国国家形象认知[J].现代传播，2021(7)：52-53.
② 牟蕾，吴勇毅，李婷.“一带一路”国家来华留学生对中国形象的认知及传播[J].青年研究，2019(5)：89.
③ 宋海燕.中国国家形象的“他者”传播：来华留学生的中介机制[J].新闻爱好者，2021(8)：27.
④ 孟威.2021年新媒体研究的热点、新意与趋势[J].当代传播，2022(1)：11.
⑤ 谢琴.从符号学角度看短视频对国家形象的传播效应：以《中国一分钟》系列短视频为例[J].传媒，2020(23)：94-96.
⑥ 张举玺，王琪.论新公共外交视域下中国网红对国家形象构建的作用：以YouTube平台中国网红李子柒为例[J].新闻与传播评论，2021(5)：108-120.
⑦ 王国华，高伟，李慧芳.“洋网红”的特征分析、传播作用与治理对策：以新浪微博上十个洋网红为例[J].情报杂志，2018(12)：97.

留学生群体的研究有待深入。因此,本文以来华留学生为研究对象,以来华留学生自己拍摄的短视频为研究内容,深入分析如下问题:来华留学生眼中的中国国家形象是什么样的?他们如何以短视频方式呈现中国国家形象?他们采用了哪些短视频叙事与修辞策略?体现了来华留学生的哪些情感?如何提升来华留学生传播中国国家形象的意识与能力?

(二)分析视角与研究方法

2015 年,Buhmann 和 Ingenhoff 从传播管理角度提出了"4D 国家形象"分析模型。① 该模型认为国家形象包括认知和情感两个部分,认知包括三个维度,即功能维度(Functional Dimension),指对国家能力和竞争力的认知,包括政治、经济两个方面的效能与表现;规范维度(Normative Dimension),指对国家正当性的认知,包括国家规范、价值观、意识形态等方面的理解;美学维度(Aesthetic Dimension),指对国家美学层面的认知,包括文化、传统等方面的审美与判断。在上述三个认知维度的基础上,个体形成情感维度(Sympathetic Dimension),即对国家情感方面的整体态度和价值判断,这是对国家形象建构、国际传播效果的评价与检验。本文以"4D 国家形象"分析模型为视角,从视觉内容表征和视觉修辞两个角度,对来华留学生拍摄的短视频进行分析,探讨来华留学生对中国国家形象的认知与情感。

研究方法方面,在对"我与中国的美丽邂逅"短视频进行转录的基础上,本文作者作为编码员,利用 Nvivo11 从认知和情感两个方面对转录稿进行编码。结合本研究的实际语境,研究者将功能维度的所指予以延伸,即在"政治""经济"的基础上,加入"教育""生活"两个方面,偏重各方面的客观效能。根据价值观体现的视角,将规范维度划分为"个人""政党""国家"三个方面。美学维度则在"文化"的基础上增加"风景"维度,以区分来华留学生对中国传统文化和现代社会形象的不同认知。情感维度具体划分为"获得感""认同感""归属感""责任感"四个方面。本研究实际使用的"4D 国家形象"分析模型如图 1 所示。其中,获得感偏重于在中国的收获;认同感则基于热爱、祝福等表达而产生的对中国的肯定与赞赏;归属感体现为将中国视为第二个家乡的独特情感;责任感表现为主体对传播中华文化、向世界讲好中国故事的自觉性。

随后,导出认知及情感节点对应的文本资料,利用在线分词标注系统(CUCBst)对保存数据进行分词并人工校验结果;使用 ROST CM6 对认知方面的分词文本进行词

① BUHMANN A, INGENHOFF D. The 4D model of the country image: an integrative approach from the perspective of communication management[J]. The international communication gazette, 2015,77(1):115.

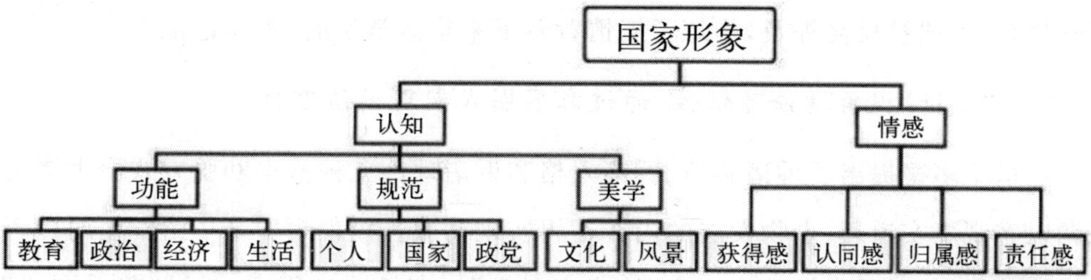

图1　来华留学生对中国国家形象认知的4D分析模型

频统计，利用Gephi0.9.2和Antconc3.5.9对高频词进行社会网络语义分析和话语分析，并利用Antconc3.5.9的N-gram统计功能对情感维度的分词文本进行N元结构统计。结合编码结果，分析功能、规范、美学及情感维度的视觉内容表征特点。同时，从不同角度进行视觉修辞分析，探究视觉内容表征的呈现方法。

三、研究结果

（一）功能维度：具身实践形成认知，图式选择讲述系统功能

1.具身实践形成认知，重点聚焦教育系统

在短视频中，来华留学生以亲身实践感受中国社会的运作方式和运作特点。经济方面，支付宝、微信等可操作化设施具象化了来华留学生对中国经济的认知，互联网经济成为中国经济的代名词；政治方面，来华留学生亲眼见证了新冠疫情下的中国速度，以及中国特色社会主义制度的优势；生活方面，交通发达、生活便利成为大多数来华留学生的共识，其中也夹杂着“生活节奏快”的亲身感受。

学校是来华留学生接触中国的“一扇窗”，校园生活给来华留学生留下了最直接、最深刻的印象。编码结果显示，对教育系统的感知占功能维度的58.7%。在以往有关来华留学生对中国国家形象的认知研究中，经济、政治、文化形象是调查的主要内容，对校园及对其所接受的教育感知往往没有被重点分析。完善的学习设施、舒适的生活条件受到了来华留学生的赞赏，藏书丰富的图书馆、物美价廉的食堂等基础设施同样受到了来华留学生的肯定。除了课堂知识学习，丰富多彩的实践活动进一步加深了来华留学生对中国发展的理解，如通过农村调研，他们切实感受到了中国新农村建设和脱贫攻坚的成果；通过学校组织的专业实习，他们感受到了中国各行各业的飞速发展。

老师和同学的帮助也成为来华留学生的温暖记忆。同时,以网络课堂为代表的“互联网+教育”模式被反复提及,构筑了疫情背景下来华留学生的“集体记忆”。

2.以“走进”视角增强可信性,通过容器图式实现诉诸理性

亚里士多德提出了诉诸感情、诉诸人格和诉诸理性三种基本劝服方式。诉诸理性强调以客观事实道理、事物发展的内在逻辑实现劝服。短视频中来华留学生对中国教育系统的呈现,以具身性的中国实践“晓之以理”。在呈现过程中,通过“前后图式”到“容器图式”的图像转换,以“走进”视角增强短视频的说服力。莱考夫提出了几种常见的视觉图式,如预示相互联系关系的链环图式、体现重大意义和权力分布的中心—边缘图式、重方位序列的前后图式、强调包含意义的容器图式。① 在短视频前后图式位置下,来华留学生讲述自己的校园生活,其“身体位置”与所讲述内容的距离感相对较强。紧接着“走入”校园建筑这个“容器”内,构成容器图式,凸显来华留学生自身与校园建筑两个空间的融合,更体现亲密感。他们以亲历者的身份呈现校园教育系统的功能,形成容器图式,使得诉诸理性的讲述更加真实可信。

(二)规范维度:国家形象更为立体,隐喻、转喻展示价值判断

1.认知视角更加丰富,国家形象更为立体

通过分析发现,来华留学生亲历中国后,会修正或补充其以往对中国价值观的判断,认知视角更加多元。按照编码层次,代表国家层面的词语有“中国”“国家”,代表政党层面的词语有“共产党”,代表个人层面的有“我们”“他们”等。

与“中国”“国家”相关的社会网络语义关系如图 2 所示,由关联动词、关联名词、关联形容词组成。规范维度主要涉及对中国的形容性评价,“团结”“友好”“美丽”三种价值判断更占优势。来华留学生在旅行中发现中国的地大物博和风景秀丽,感受“可爱的中国地方”②。新冠疫情席卷全球,中国人民团结一心共克时艰,中国政府主动承担国际社会责任,对其他国家伸出友好援手,帮助其他国家共同战疫,受到来华留学生的感谢与尊重。在亲历中国的来华留学生眼中,部分西方媒体报道的“中国威胁论”是无稽之谈,“可信可爱可敬”的中国形象更得人心。此外,中国不断发展进步,综合国力提升,“繁荣昌盛”也成为来华留学生对中国形象的重要感知。

---

① 莱考夫.女人、火与危险的事物:范畴显示的心智(一)[M].李葆嘉,章婷,邱雪玫,译.北京:世界图书出版公司,2017:280-284.

② 赵新利.共情传播视角下可爱中国形象塑造的路径探析[J].现代传播,2021(9):71.

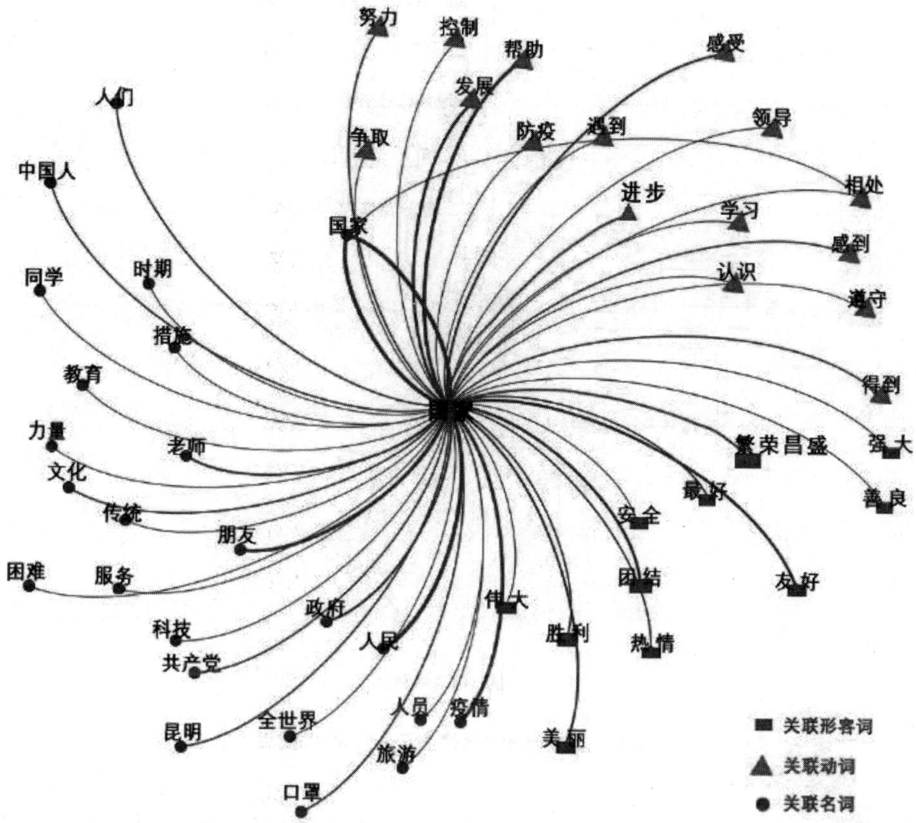

图 2　规范维度"国家"一词的社会语义网络关系

搭配词主要用于分析检索词前后的关键词。"共产党"一词的搭配词如图 3 所示。联系"领导力""脱贫攻坚""神舟十二"等词语,在来华留学生眼中,中国共产党是一个领导力强且内部团结的政党,带领中国人民取得抗日战争的胜利;建设新中国,通过努力实现了脱贫攻坚战的胜利;发射神舟十二号载人飞船,刷新了中国载人航天技术的新高度。在这种宏大感知下,他们也形成了对共产党党员的具象认知,如学校里共产党党员老师的帮助,加深了来华留学生对共产党为人民服务宗旨的理解。相较而言,来华留学生对中国共产党内驱力的认知相对薄弱,更集中于其外显性的功绩。

意识形态魔方分析是范戴克提出的话语策略理论,是一种观察和呈现世界、特别是"我们"和"他们"在世界上的行动、地位和作用的方法。意识形态魔方决定了群体如何选择指称系统,并借此传递出言者的价值取向,比如认为自我呈现是积极的而他者

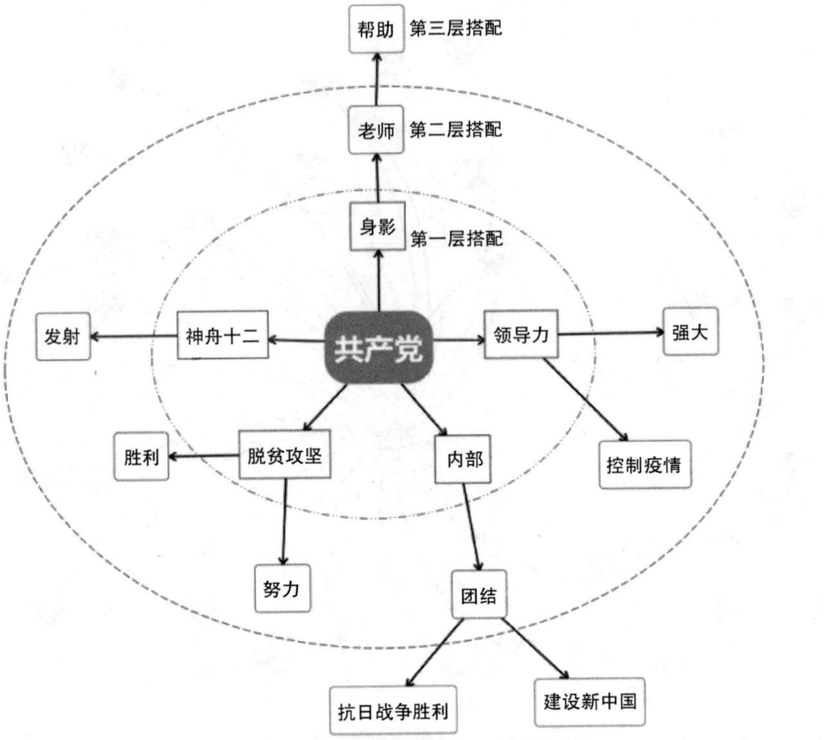

图 3　规范维度“共产党”一词的搭配词

呈现是消极的。[①] 但在本文语境下,在个人层面,指称来华留学生群体的“我们”与指称中国人的“他们”并非相互抵触、相互拆解。中国给予“我们”实现梦想的机会,在“他们”中国人的帮助下,“我们”能够顺利完成学业,在生活中感受到温暖。二元对立的意识形态消融,“我们”与“他们”和谐共处。不同于以往中国人在国际社会中“世界第一勤劳”的形象,[②]来华留学生眼中的中国人,在日常生活中“热情”“善良”,面对疫情“团结”“勇敢”,中国人的形象更加饱满真实。

2.以具体视觉符号为载体,隐喻、转喻体现价值认同

伯克曾提出三种认同方式:同情认同、对立认同、误同。不同于功能维度的客观图式呈现,规范维度抽象的认同需要以具体的视觉符号为载体。而图像如何作用于观看者,则涉及短视频的修辞实践。隐喻和转喻是两种比较典型的理想化认知模型,也是

① 赵阳阳.“丧文化”的文本呈现与意义生产分析:基于费尔克劳夫三维话语分析理论[D].重庆:重庆大学,2019:23.

② 黄东兰.内在视角与外在标准:内藤湖南的同时代中国叙述[J].史学理论研究,2021(4):128.

修辞实践中最基本的两种修辞手法。① 其共同点为用某一事物去映射另一事物。转喻强调两事物之间的同域性,借助子范畴理解整个范畴;②而隐喻强调两事物之间的异域性,借助一个概念域去把握另一个概念域。③ 其中,视觉符号为源域,规范判断为目标域,以此构成短视频的视觉修辞实践。通过视觉修辞实践,来华留学生在短视频中表达对中国国家形象规范维度的判断时,以同情认同为基础。具体表现为以在中国的亲身体验和由此而生的感情为基础进行价值判断,并以此与观看者产生共鸣。但在视觉修辞实践中,需要对文化体系中符号的规约性有一定了解,否则误用符号会导致误同的产生。

近年来,美国为遏制中国发展,在全球反复操弄涉疆议题,抹黑中国国际形象。而来华留学生镜头下团结幸福的新疆形象,是对西方霸权的直接驳斥。在来华留学生的镜头中,新疆是"团结"的凝缩符号。在表现"团结"这一意象概念时,视频中出现了众多民众围在一起吃饭的影像,并有旁白解说"不同的民族在这里和平和谐地生活"。在另一幅画面里,新疆店主热情地为来华留学生展示特色乐器,以此展现新疆人的友善。图像以被传递的新疆乐器为源域,以新疆人民的热情友善为目标域,在乐器的传递中完成意义映射。上述视觉修辞实践源于来华留学生在新疆的愉快体验,以轻松欢快的源域场面营造高兴的情绪氛围。而高兴是人类基本情感之一,④具有一定的普世性与共通性,这为同情认同打下了良好的基础。

在我国,镰刀和锤头组成的图案象征着中国共产党,2021 年又恰逢建党百年。但拍摄短视频的来华留学生没能准确理解这一符号的意义,在转喻实践中,将党徽代表的中国共产党错误地指涉为中华人民共和国,无意中以"政党"替代"国家"的概念,误把"中国共产党成立 100 周年"理解成"中华人民共和国成立 100 周年",造成了误同传播。虽然国家的发展离不开党的领导,但二者有本质的区别。

(三)美学维度:认知策略多元协同,语义框架呈现浅共情

1.关注内容较为广泛,认知策略多元协同

李泽厚先生认为美学应该是多元化的,且与一定的生活和文化相连。⑤ 在美学

① 刘涛.隐喻与转喻的互动模型:从语言到图像[J].新闻界,2018(12):33.

② 莱考夫.女人、火与危险的事物:范畴显示的心智(一)[M].李葆嘉,章婷,邱雪玫,译.北京:世界图书出版公司,2017:85.

③ 刘涛.视觉修辞学[M].北京:北京大学出版社,2021: 124.

④ 特纳,斯戴兹.情感社会学[M].孙俊才,文军,译.上海:上海人民出版社,2007: 9.

⑤ 李泽厚.美学四讲[M].天津:天津社会科学院出版社,2001:20.

维度,其认知的多元化表现在两个方面,一是关注内容的多元,二是文化“认知策略”的多元。在内容方面,结合编码情况(见图 4),来华留学生更加关注中国的传统文化,节庆、饮食、习俗等均被提及。其中又以美食为主,但其对美食的关注偏向于“客观属性”方面,即食物的味道、外观等,而较少跨越食物的物质符号意义,深入到其情感层面的内在含义。在中国,除夕夜的饺子象征着团聚幸福,街边的小吃摊带着生活中的烟火气息,火锅背后是三五好友的真挚感情。短视频中,这些内涵性的展示相对欠缺,来华留学生对中国美食的认知相对浅表化。而在风景方面,来华留学生对中国社会的认知集中于“体验式”感受,偏重于对自然环境的感知。但同时,短视频中很少展现对社会人文环境的了解。人文环境偏向于社会非物质文明成果,如城市发展理念、城市精神、城市历史文化等,这些内容很少进入来华留学生对中国的认知范围。

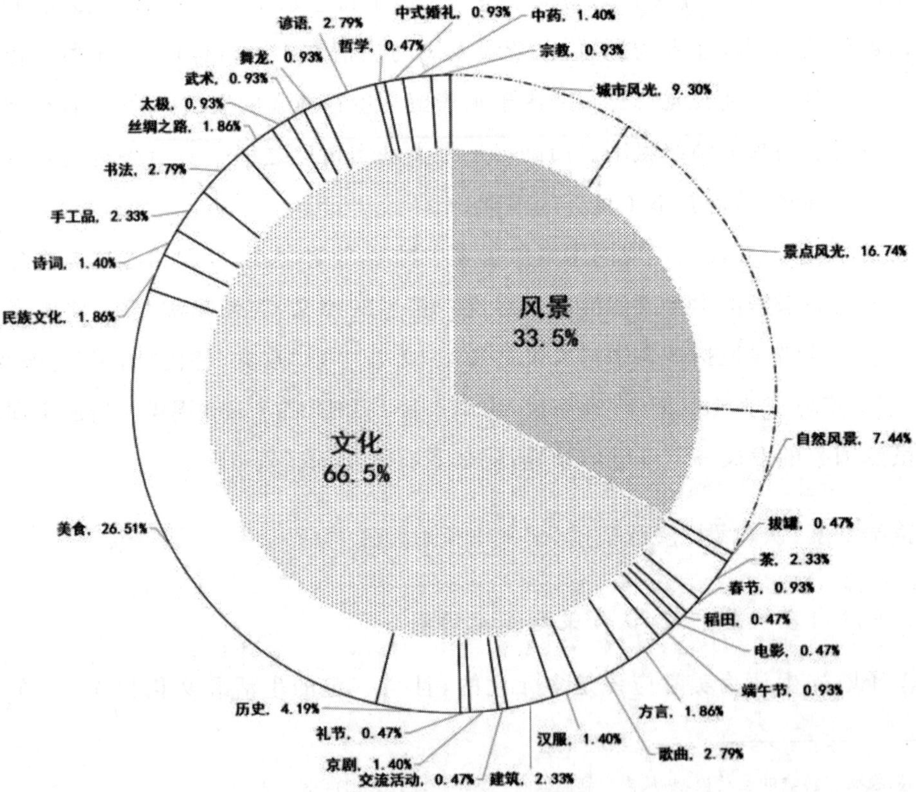

图 4　美学维度编码结果

来华留学生具有“双文化”背景，既受母国文化影响，又接受中华文化熏陶。① 在文化适应过程中，对母国文化与中华文化多元化的“认知策略”，使得来华留学生的认知“同一性”更加稳定。人类文化可以分为器物文化、制度文化和观念文化三个层次。② 器物文化通过各种实体层面的物体得以展示，制度文化体现为生活中被某一群体创造的规章制度，观念文化则为对事物价值观的判断。来华留学生对中华文化中器物文化的直接感官体验，以其母国文化为基础，整合认知策略比较常见。当器物文化不能被来华留学生接受时，尊重中华文化、不把“矛盾”放大的缓和认知策略更为常见。有来华留学生在短视频中表示，川菜太辣了，自己不适应，但并没有因此断言川菜不好吃，产生对四川的负面认知。他们以多元化的审美视角认知中国社会与中国文化，以包容性的态度合理内化其与母国文化之间的差异，器物文化层面的文化冲突没有造成观念文化层面的偏见认知，“双文化”体系下的认知协调得以稳定，摆脱了非此即彼的对立结构。

2.美学维度以共感为主，语义框架呈现浅共情

王鑫认为，中华文化的国际传播需要经历“共感—共情—共理”三个审美阶段。共感以感官愉悦为基础，达到悦耳悦目的程度；共情与共感有一定关联，但更偏向内心和精神的愉悦，悦心悦意；共理则是悦志悦神，进入感性与理性交汇的状态。③ 从来华留学生对中华美学的认知来看，笔者认为应将其划分为“共感—浅共情—共理—共情”四个阶段。来华留学生在美学维度的认知以“共感”为主，通过形象认知与直观感受建构起中国国家形象；由感官的刺激性满足带来的精神愉悦被纳入“浅共情”阶段，如因为中国菜的口感而对中华饮食文化表示肯定；“共理”层面的认知展示较少，深入地理解、会意中华美学，仍然需要时间的积淀；基于“共理”的“共情”是由中华文明带来的深度自我满足感与效能感的体现，来华留学生的短视频中几乎没有涉及这一层面。

在短视频中，来华留学生通过选用视觉语义框架，呈现对中华美学的感知。以中心构图凸显感官信息值，在展现中华文化时，来华留学生多将文化符号置于画面中心位置，以凸显其重要性。如在展示中国食物时，食物几乎占满了整幅画面，特写镜头能够清楚地展现中国菜的食材、颜色、摆盘形状等细节，处于绝对吸引焦点的中心位置，单幅图像食物含有的感官信息值较高，且通常一个视频内会包含多种食物的展示，使得图像的信息值翻倍，以此来体现来华留学生与中华文化的“共感”。

① 仁裕海.全球化、身份认同与超文化能力[M].南京：南京大学出版社，2015：114.

② 赵磊.以夯实文化安全助推建设文化强国[J].人民论坛·学术前沿，2021(13)：128.

③ 王鑫.中华文化国际传播的审美进阶与“感—情—理”结构[J].江西社会科学，2022(1)：105-114，207.

以“身体媒介”传递态度。在互联网时代,身体本身通过媒介得到呈现,成为媒介场域中的身体符号。[①] 如果说高感官信息值凸显“共感”,“身体媒介”则强调了“浅共情”的传播。在视频中,来华留学生的肢体动作、面部表情都传递着他们的态度倾向。如一位也门籍留学生面带微笑,双手竖起大拇指,为在哈尔滨看到的冰雕点赞,视频在记录哈尔滨城市风貌的同时,也传递了他对哈尔滨的喜爱。来华留学生身体媒介的实践表达了其自身的情感态度,为情感的传播建构了良好的通道。

(四)情感维度:低能量情感更为明显,语图互文传递情感态度

1.正向情感直接表达,低能量情感更为明显

柯林斯在互动仪式链理论中提出了个体情感能量的概念,指行动时的自信、高兴、主动的感觉。[②] 笔者认为,“获得感—认同感—归属感—责任感”四种情感的情感能量由低到高。获得感基于生活体验;认同感需要对“所得”进行评判,与自己已有价值体系进行对比;归属感则要进一步内化认同,从而建立与群体的密切关系;责任感更需要主动情感的投入。短视频中流露出来华留学生对中国的情感,以低能量情感的获得感与认同感为主,归属感和责任感的表达较少(见图 5)。

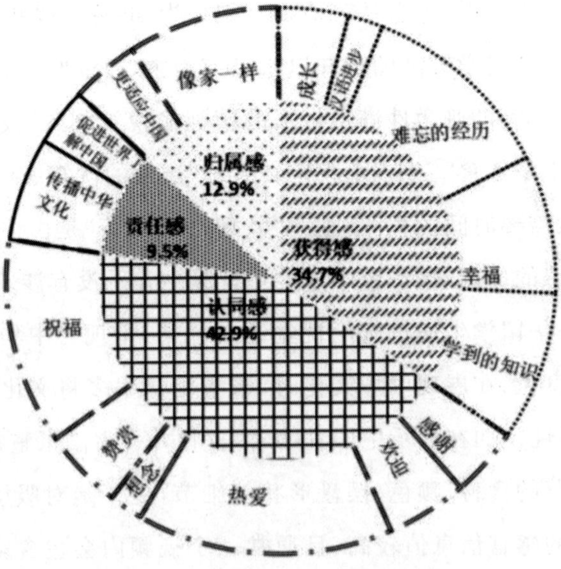

图 5 情感维度编码结果

① 喻国明,徐子涵,李梓宾.“人体的延伸”:技术革命下身体的媒介化范式——基于补偿性媒介理论的思考[J].新闻爱好者,2021(8):12.

② 柯林斯.互动仪式链[M].林聚任,王鹏,宋丽君,译.北京:商务印书馆,2017:80.

获得感源于多样化的生活体验。从编码结果来看，来华留学生在中国的生活体验不单单局限于知识的学习，志愿活动中难忘的经历、旅游过程中看到的别样风景、尝试新奇的美味食物等，都是来华留学生获得感的现实来源。在研究来华留学生的跨文化适应问题时，多数讨论着眼于课堂教学方面，但文化浸润在社会的方方面面，获得感也不仅限于课堂知识的学习。走出校园，感受中国，多样化的生活体验为来华留学生感受立体的中国国家形象奠定了基础。

认同感与归属感表现为直抒胸臆的热爱。增强来华留学生的文化认同感与归属感，是我国来华留学生教育文化战略的重要目的。① 在情感维度最常出现的三组词语搭配为“我爱中国”“我爱你”“第二个(家乡/祖国)”。来华留学生采用直接抒情的叙述方式，表达对中国的热爱。认同感的表现是多维度的，除热爱之外，感谢中国、祝福中国抗疫成功、希望中国与世界各国友谊长存等情感也体现出了对中国的肯定。家乡往往是人的归属地，把中国比为第二个家乡，则体现出来华留学生对中国的眷恋。但归属感的表达相较而言不占优势，其一体现在数量方面，归属感的体现仅占12.9%；其二体现在深度方面，在短视频中，归属感的表达主要基于生活层面的适应，如认为移动支付非常方便，因此不想离开中国。基于文化认同的深度归属感仍需要逐步培养。因此，如何提高来华留学生的归属感仍然是来华留学生教育中值得思考的问题。

责任是他者叙述的内在动力，责任感是来华留学生讲好中国故事最直接的驱动力。相较于上述三种情感，责任感更偏向文化自觉的“情感输出”，表现为致力于弘扬中国文化，搭建中国与世界桥梁的意愿，仅占9.5%。短视频中出现了“作为一名留学中国的学生，我将会讲好中国故事”“最重要的是让更多人了解、爱上这个国家”的独白，体现出部分来华留学生对于传播中华文化的自觉意识。

2.统摄叙事进行情感动员，营造爱之意象

语言和图像对应着不同的认知过程与行为，当两种元素按特定的逻辑组合成一个文本时，实际上构成了一种新的叙事关系——语图叙事。按语言文本和图像文本地位作用的不同，可具体形成“统摄叙事”和“对话叙事”两种语图关系。统摄叙事强调文字的主导性，语言主导图像的释义结构；对话叙事体系下，语言与文字形成平等、互补的对话关系，共同建构视觉话语的意义。②

---

① 张琳琳，赵俊峰.文化维度视阈下我国来华留学生教育政策的历史迁移与现实选择[J].现代教育管理，2016(5)：117.

② 刘涛.视觉修辞学[M].北京：北京大学出版社，2021：64-84.

总体看来,以统摄叙事方式表达对中国的热爱、营造爱之意象,是本次研究中短视频的共通性。在短视频中,来华留学生出镜的深情表达、天安门城楼的雄伟壮丽、"我爱中国"的语言文字反复出现,框定了"表达正向感情"的意义框架。图像符号则更具流动性和意义所指的灵活性,在语言意义的统摄下,图像符号从意义上服务于"来华留学生表达对中国热爱"的内涵,从形式上则丰富了这一内涵的展现方式,这些不同的符号选用都指向了同一个意义:热爱中国。

语图互动生成情感动员力量。语言文本发挥锚固作用,固定所指,唤起情感。① "我爱中国"的文字始终指向对中国的积极情感,奠定理解意义的基础。图像文本补充意义,导向特定的"情感范型",触动观者的心理情感。② 微笑的表情、暖色调的天安门城楼等图像创造出明亮、愉悦的氛围,将"美好中国"的情感预设具象化。在统摄叙事中,语言文本并不仅是单向地主导视觉文本;视觉文本以其自身的多样性,也丰富了语言文本的感染力,二者的互动会产生更大的话语实践,创造更广阔的意象。在很多情况下,短视频的感染力、转发力不在于信息价值,而在于情感共鸣,或者维持交流。③ 来华留学生对中国的热爱被嵌入更大的语境系统中,上升为世界各国友人对中国的爱与认可的宏大意象,形成情感动员的力量。

四、讨论与建议

(一)抽象概念情景化、具象化,深化来华留学生对中国的认知与理解

教育部 2018 年出台的《来华留学生高等教育质量规范(试行)》提出:来华留学生应该对中国有一定的认知和理解,熟悉中国的历史、地理、社会、经济等中国国情和基本文化制度,并了解中国的政治制度,理解中国主流价值观。在短视频中,来华留学生对中国国家形象的认知偏重于社会生活方式、传统文化等方面,而在政治制度、政党文化、社会发展理念、人文环境等领域,来华留学生的认知相对欠缺,尚未达到规范中所提出的理解层。因此,在来华留学生教育过程中,应完善培养体系,尤其要侧重抽象概念的讲授,全方位提升来华留学生对中国的认知与理解。

目前的学校教育仍以课堂教学为主,通过传统的课堂教学为来华留学生构建汉

① 刘庆,何飞.网络舆论中图像的情感动员机制研究[J].西南民族大学学报(人文社会科学版),2021(11):164.

② 林成文.图像、情感与视觉修辞:论"画如修辞"和"情感范型"对当下视觉文化研究的启发[J].云南社会科学,2017(1):177.

③ 王晓红.短视频助力深度融合的关键机制:以融合出版为视角[J].现代出版,2020(1):56.

语知识及中华文化体系。[①] 未来在课程建设中，应充分重视网络资源在教学过程中的重要作用。通过视觉符号的编排，数字媒体艺术能够形象地展现抽象概念，如“中国特色社会主义”“城市精神”等宏大且不易直接感知的概念，降低来华留学生的理解门槛。在教学设计中，政党相关的知识讲解应被重视。内隐的政党运行逻辑不易被直接感知，需要教师的不断启发，帮助来华留学生建立对中国共产党、中国政府最基本的认知。同时，课堂中学到的知识需要通过实践予以内化，来华留学生的培养体系应进一步增加多样化、情景化的实践活动。但在活动设计方案中，应充分考虑来华留学生文化适应性的问题，安排熟悉相关文化的中国老师或同学带队，对活动中的所见所闻进行讲解，搭建“意义建构”的平台，帮助其理解，否则可能造成托马斯所言的“跨文化语用失误”，即听者不能理解“所言为何意”而产生误解，[②] 降低意义交流的效率。

(二)以文化人、技术赋能，提高来华留学生传播中国国家形象的自觉意识

很多来华留学生未来很可能成为其国家的社会精英，有着一定的话语权与辐射圈，其传播力不容忽视。[③] 从短视频分析来看，虽然绝大部分短视频都表达出对中国的热爱及肯定，但只有少数的来华留学生在短视频中直接表达了希望传播中国文化、展示他们眼里真实中国形象的倾向。而牟蕾等人通过调查问卷的方式，发现来华留学生有较为强烈的传播中国形象的意愿和动力。[④] 两相比较，也许是在调查问卷中有关是否愿意主动传播中国文化的“问题暗示”下，来华留学生做出了肯定的回答。而他们自主拍摄的短视频，反映出他们主动传播的“自觉意识”有待提高。

坚持以文化人，以中华优秀传统文化为底蕴支撑，增强情感认同与情感归属，帮助来华留学生超越对表层文字符号的理解，激发来华留学生传播中国国家形象的自觉意识，使其讲述的中国故事由认知层面上升到情感层面，呈现的中国国家形象更加生动、更有温度。2021 年 9 月，由上海大学土库曼斯坦籍来华留学生克丽丝导演的短视频《新中国之歌》走红。克丽丝通过对一千余张珍贵老照片和大量影视资料的修复，再现了《义勇军进行曲》从新中国诞生并走向全世界的故事。通过手写英语注释充当“旁白”，短片兼具直观性与可观性。克丽丝所借助的 MG 动画短视频，灵活有趣，将中华民族那段厚重的

---

① 申莉，韩宪洲.来华留学生中华文化认同教育探析[J].黑龙江高教研究，2018(12)：138.

② 单波，肖珺.文化冲突与跨文化传播[M].北京：社会科学文献出版社，2015：275.

③ 马春燕.中国故事的“他方”讲述与传播初探：以来华留学生为视角[J]，理论导刊，2017(8)：95.

④ 牟蕾，吴勇毅，李婷.“一带一路”国家来华留学生对中国形象的认知及传播[J].青年研究，2019(5)：89.

历史以较为轻松的形式表达出来,符合新媒体"弱传播"的表意原则。同时,可以鼓励来华留学生使用海内外社交媒体传播来华留学的经验体会,以诸如"记录你眼中的美丽中国"等作业形式,鼓励来华留学生有意识地记录中国留学生活,并在海内外社交平台传播,既提升来华留学生的新媒体使用水平,也提升其讲述中国故事、传播中国国家形象的意识。

(三)构建多点融通的传播矩阵,打造国内外"双系统"传播格局

"我与中国的美丽邂逅"以抖音为主要传播平台,尽管抖音在中国短视频市场中具有头部效应,但由于缺乏和其他国内外平台的联动共动,缺少主流媒体重要节点的传播,这些优秀的短视频尚未在更大范围内凝聚共识,传播效果仍有待优化。新媒体时代,"酒香也怕巷子深",拉扎斯菲尔德曾把"渠道"作为提高传播效果的三个有效条件之一,[①]如何有效传播来华留学生对中国国家形象的认知,传播渠道的选择至关重要。一方面,应加强国内互联网传播平台的应用,形成国内互联网传播矩阵;另一方面,利用国外传播平台传递来华留学生眼中的中国国家形象,以此构建国内外双管齐下的"双系统"传播格局。

新媒体格局下,在国内形成多点融通、多点共鸣的传播矩阵,是提高传播力的关键。可以从传播平台与传播媒体两方面入手,形成"N 次方"传播矩阵。如综合运用PC 端网页、社交媒体、短视频平台等多样化传播平台,实现融媒体传播格局下的全覆盖,构建立体式环绕型传播场;在传播场中发挥主流媒体的声量优势,合理设置议程,吸引用户注意力。同时,完善对外传播平台,整合来华留学生个人的"私域流量"和主流媒体的"公域流量",扩大来华留学生短视频的海外受众面,提高短视频在海外传播中的信息触达率。我国已经有部分主流媒体入驻 Youtube、Facebook 等海外社交媒体平台,这些账号可以适当转载来华留学生创作的关于中国留学生活的内容,利用主流媒体在这些平台的"公域流量",放大来华留学生的声音,使国际传播的实践主体更加丰富,各主体之间相互协同,并在一定程度上形成合力关系,[②]从而在世界范围内搭建文化传播的桥梁,提升来华留学生中国国家形象的传播效能。

〔申金霞,中国传媒大学媒体融合与传播国家重点实验室副研究员;巴毅然,中国传媒大学媒体融合与传播国家重点实验室学生〕

① 单波,刘欣雅.国家形象与跨文化传播[M].北京:社会科学文献出版社,2017:84.

② 张毓强,庞敏.新时代中国国际传播:新基点、新逻辑与新路径[J].现代传播,2021(7):42.

青年视点

视觉特效的多维审视*

A Multidimensional Examination of Visual Effects

◎ 陈世华　刘　爽

Chen Shihua　Liu Shuang

摘要：在视觉文化转向的时代，媒介技术革新创造了多样的图像处理和传输手段，视觉特效应运而生。视觉特效的起源与流行经历了从丰富艺术表现到表达利益诉求，再到流量经济工具的演变过程。视觉特效具有提升视觉观感、表达利益诉求、实现流量变现的正面价值，也存在加剧性别凝视、沦为牟利工具、强调技术本位、弱化内容呈现的风险。视觉特效的出路在于摒弃完美凝视、接纳事物本真，回归技术本真、丰富艺术表达，摆脱流量控制、强化正面导向，在构建“真善美”的社会价值体系中发挥技术的力量。

关键词：视觉特效；技术理性；凝视

Abstract: In the era of visual culture turn, media technology innovation has created a variety of image processing and transmission methods, and visual special effects have emerged. The origin and popularity of visual effects have gone through a process of evolution from enriching artistic expression to expressing interest demands, and then to becoming a tool for traffic economy. Visual effects have a positive value in enhancing visual perception, avoiding political risks, and realizing traffic monetization. There are also risks of exacerbating gender gaze, becoming a profit-making tool, emphasizing technology orientation, and weakening content presentation. The way out for visual effects lies in abandoning perfect gaze, accepting the essence of things,

* 本文系江西高校人文社会科学规划项目“短视频参与社会治理研究”(项目编号:XW22106)、江西省教育科学规划重点课题“纠偏与赋能:大学生网络直播观看的实证研究”(项目编号:21ZD003)的阶段性成果。

returning to the essence of technology, enriching artistic expression, breaking free from flow control, strengthening positive orientation, and exerting the power of technology in building a social value system of "truth, goodness, and beauty".

Keywords: visual effects, technical rationality, gaze

哈罗德·英尼斯有言,一种新媒介的长处,将导致一种新文明的产生。[①] 媒介技术的变革丰富了人们的物质和精神生活,推动了社会的进步和文明的进程。种种不同的技术和影像,用视觉语言表现世界,提供给我们看世界的视野。[②] 在视觉文化转向的时代,媒介技术革新创造了多样的图像处理和传输手段,视觉特效应运而生。视觉特效改造了事物的本来面目,丰富了视觉表现手法,容易取得意想不到的传播效果,备受大众追捧,也产生了滥用和异化。明星艺人随意使用视觉特效懈怠本职,网红滥用视觉特效带动大众跟风模仿,普通网民乱用视觉特效美化自己、丑化他人,大众不再能接受有瑕疵的真相,宁愿接受虚假的"完美"。以视觉特效为代表的媒介技术正在改变我们对客观世界的认知,甚至逐渐主导我们的生活,"唯技术论"逐渐渗入我们的日常生活,我们有沦为"技术的奴隶"的风险。视觉特效的流行遮蔽了我们对真实世界的认知,营造了看似完美的世界。在颜值至上的视觉社会中,我们不得不迫于社会压力使用视觉特效、精心修饰我们的照片或视频,真实世界被过度美化,人们不再愿意接受未经修饰的真实事物与人。在视觉特效技术的过度侵蚀下,现实社会与虚拟空间的相互交织使得社会信任感降低,造成人的主体性危机。

当前关于媒介技术的研究已经极为丰硕,但少有文献论及视觉特效。少量文献主要是从影视制作的角度探讨视觉特效的正面价值,探析视觉特效与实体拍摄的可互换性,[③]思考如何利用特技语言去为影片的总体创作服务;[④]或是从某一具体影视剧类型或综艺节目出发探讨视觉特效的实践路径(例如从中国电影的"工业化流程"角度探究《寻龙诀》中的特效制作路径,[⑤]《新木乃伊》《奇异博士》以及战争电影中的特效运用

---

① INNIS H. The bias of communication[M]. Toronto: University of Toronto Press, 2008: 34.

② 罗斯.观看的方法:如何解读视觉材料[M].肖伟胜,译.重庆:重庆大学出版社,2017:3.

③ 吉拉尔特,付筱茵,蒲夏青.视觉特效与实体拍摄的可互换性及其对现实主义含义的改写[J].世界电影,2018(1):4-24.

④ 李金辉.《大明王朝-1566》视觉特效镜头的拍摄与制作[J].北京电影学院学报,2007(1):86-89.

⑤ 周雯.谋求中国电影的工业化样本:与刘松谈《寻龙诀》的视觉特效[J].电影艺术,2016(1):124-128.

等[①])，此类研究的实用性和技术性色彩浓厚，缺乏反思性和批判性的质询。至今仍未有文献专门论及视觉特效的滥用对于社会、行业、个体的负面影响，更遑论提出应对策略。视觉特效的运用利弊相成，既有其价值亦有风险。本文试图从传播政治经济学的批判视角出发讨论视觉特效的价值和风险，指明视觉特效的未来发展走向，为主流媒体、影视制作行业、社交媒体平台及个体对其的理性使用提供参考，让视觉特效助力经济社会的进步和人的全面发展。

一、视觉特效的起源与演进：从艺术表现、诉求手段到流量工具

正如社会学家查尔斯·蒂利所言，“大多数社会过程更像是一场激烈的对话”[②]，视觉特效的起源与流行经历了从丰富艺术表现手法到规避政治风险，再到流量经济工具的演变过程，其背后隐藏着视觉转向的时代背景、政治考虑、经济驱动、影视文化和技术驱动。

（一）视觉特效作为艺术表现手段而诞生

人类的交流从视觉开始，步入文明社会，语言文字取代视觉图像成为主要的交流工具。在传统社会，文字作为理性的化身备受推崇，视觉符号作为感性的替身备受贬抑。在 19 世纪 90 年代电影问世之前，富有创新精神和创造力的人们就一直在用视觉特效和特殊化妆效果来“愚弄”眼球。[③] 进入电子媒介时代，影视媒介再次将视觉推入舞台中心，视觉特效最初主要用于电影拍摄，成为电影的一种重要的表现手法。电影摄像机的发明带来了本雅明所说的“机械复制”时代，这一时代正是伴随着以视觉为中心的转向而不断演进的。匈牙利电影理论家巴拉兹预见了视觉文化的转向，认为电影的发明标志着视觉文化的重新回归，电影的问世，凸显、强化和提升了以图像或影像来传递信息、解释世界的方式，深刻地改变了文化的格局。[④] 在技术理性的主导下，传播主体利用技术手段创造出各种各样的视觉特效，制作出现实场景中无法完成的画面，弥补了拍摄技术的遗憾，重构了媒体画面的视觉呈现。视觉特效被广泛应用于影视节目制作中，或为了带给观众更优质的视听体验，或服务于控制成本的目的。随着计算

① 盛勇，方荣国.视觉特效在战争电影中的应用[J].现代电影技术，2017(7)：31-38.

② 蒂利.社会生活中的理由[M].李钧鹏，译.上海：上海文化出版社，2020：67.

③ DEBRECENI T. Special makeup effects for stage and screen：making and applying prosthetics [M]. Burlington：Focal press，2009：2.

④ 周宪.视觉文化的转向[M].北京：北京大学出版社，2008：3.

机图形处理技术的诞生，好莱坞类型电影中出现的壮观的计算机生成图像(CGI)成为大众媒体强烈着迷、好奇和审视的对象。[①]

后现代社会的预言家贝尔认为，最能满足人类在城市社会中寻求刺激与新鲜社交的迫切欲望的，莫过于艺术中的视觉成分，“当代文化正在变成一种视觉文化，而不是一种印刷文化，这是千真万确的事实”[②]。在视觉文化转向的时代背景下，视觉特效被广泛应用于影视制作中，这是源于影视形象呈现的需要。作为影视中的一种角色工具，人物形象借助视觉特效更加生动，角色凭借视觉特效引起观众的关注，剧情凭借视觉特效实现与观众的交流和互动。正如康德所言，崇高使人感动，优美则使人迷恋。[③]在影视剧中，好人或者坏人都有较为固定的形象类型，如在《西游记》《仙剑奇侠传》等古装影视剧中，基于对部分角色刻画的需求，后期制作需要对人物形象、动作等进行特殊效果处理，以呈现人物的特殊性。视觉特效的出现完美契合了用户的视觉需求，以其震撼的效果刺激着大众的眼球，视觉特效往往与声音特效组合出现，共同激发着大众的感官，带给我们前所未有的视听欢愉。

(二)视觉特效用于表达利益诉求

社会是由多重交叠和交错的社会空间的权力网络构成的。[④] 权力作为一种支配性的力量，通过对话语的掌握来制定社会规则，指引社会行为。在权力所有者价值观推行阶段，如何塑造利己的舆论环境是权力运作的关键一环。媒介技术在营造话语体系和政治环境的过程中发挥着重要作用，成为建构社会现实的力量。在现代社会中，大众传媒作为党和人民的喉舌，服务于上传下达并承担相应的义务。权力与媒介牢牢绑定，权力通过媒介强化其统治，控制信息、转移风险。视觉特效作为一种媒介技术被用于特定的社会治理需要。例如，传媒文本中的特定人物可能存在无法消除的“污点”，出于宣传或者是规避风险的目的，需要利用视觉特效对其进行特殊处理。这是因为影视节目的制作需要一定的周期，播出具有滞后性，特定人物可能会出现形象损毁的情况，不适合再出现在文本中，因此一旦危机发生，媒体需要将该内容进行技术处理，以保障节目的顺利播放。视觉特效通过技术显示在人的身体上，是对形象的修饰与遮蔽。再如主流媒体进行新闻报道时，如有涉及对犯罪嫌疑人和受害者的报道，出

---

① PIERSON M. Special effects：still in search of wonder[M]. New York：Columbia University Press，2002：3.

② 贝尔.资本主义文化矛盾[M].赵一凡，蒲隆，任晓晋，译.北京：生活·读书·新知三联书店，1989：155.

③ 康德.论优美感和崇高感[M].何兆武，译.北京：商务印书馆，2020：3.

④ 曼.社会权力的来源：第一卷[M].刘北成，李少军，译.上海：上海人民出版社，2007：1.

于保护其隐私的考虑，会对其脸部进行打码。视觉特效作为一种技术手段被纳入了权力的框架之中，反映了政治经济权力对公众观看对象的掌控，构成了社会中的权力与话语的实践。

(三)互联网时代视觉特效是猎奇心理与眼球经济的叠加

视觉文化的转向让大众从以文字为中心的视线越来越集中于具有视觉冲击力的事物之上，而猎奇心理又催生大众不断去关注新奇事物，视觉特效带来的全新的视觉观感促使人们反复观看和尝试。在消费社会中，视觉特效更加普遍，一方面是影视剧制作方出于画面呈现效果的考虑使用视觉特效，另一方面是因为用户偏爱视觉感官的刺激。尼葛洛庞帝曾说，在信息网络时代，每个人都是“没有执照的电视台”①。智媒时代的到来使得视觉特效的应用日渐风靡，一方面，影视制作者有了更加丰富的技术手段来制作精美的影视画面；另一方面，便捷的图像处理技术让普通人也参与到视觉特效制作中来，如自媒体博主剪辑各类影视剧的片段，为影视作品的片段配上搞笑的音效和视觉特效，极大地丰富了影视作品的二次创作空间。

视觉特效的兴起是影像处理技术高速发展的产物，是技术理性下的视觉重构。经视觉特效处理后的图像和视频成为人们展示形象的重要方式，我们几乎时时刻刻都在被视觉特效技术营造的影像围绕，如短视频、图片、视频等。影像处理技术和即时传输技术，使视觉形象的展示、传输、接收更为便捷，不仅是专业传播机构，个体也能利用智能手机软件，轻松生产出令人满意的图像。技术的应用使得我们可以制作出现实中不存在的画面，借助视觉特效重构令人惊艳的视觉画面。摄影、摄像技术让视觉特效的使用有了图像实体，视觉特效技术的发展使其大规模应用成为可能。在移动互联网时代，视觉特效成为一种可即时操控的修饰工具，其制作技术更为成熟，逐步走向轻量化和便捷化。普通用户只需要在应用软件上简单操作就可体验视觉特效，几秒钟就可使如 3D 建模一般完美的脸和身体形象出现在社交平台之上。普通用户参与的视觉特效最开始被应用于美颜相机等 App 中，随后广泛流行于抖音等社交媒体平台之中。大众既是视觉特效的内容生产者，也是视觉特效的凝视主体。在抖音、快手等视频社交媒体平台上，用户越来越习惯使用视觉特效对自身形象加以修饰，连微信朋友圈等相对充满强连接性的私域社交空间也处在视觉特效的包围之中。本雅明认为，艺术作品在原则上总是可复制的，人所制作的东西总是可被仿造的。② 作为一种媒介技术，

---

① 尼葛洛庞帝.数字化生存[M].胡泳，范海燕，译.海口：海南出版社，1997：107.

② 本雅明.机械复制时代的艺术作品[M].王才勇，译.北京：中国城市出版社，2002：5.

人类利用视觉特效改造自己、他人和周围世界，视觉特效的泛滥把本真的世界转化为模拟真实，营造出视觉文化背景下的“完美”形象。

视觉特效正是视觉文化社会与大众的猎奇心理完美耦合的产物，用户借助视觉特效展现自我，社交平台借助视觉特效吸引大众的目光、获取流量，提升用户使用率和留存率。一方面，用户借助视觉特效塑造自身形象、满足心理需求。视觉特效的使用权被下放给自媒体用户，视觉特效创作者将制作的视觉特效上传至社交媒体平台，普通用户可以随意使用各种各样或美化或丑化的视觉特效，获取暂时的或预期的刺激而产生愉悦，[①]满足表达需求，塑造自身形象，达到自娱和娱人的效果。另一方面，各种社交媒体平台上的人物形象、视频成为网民猎奇的重要对象。猎奇心理是指人类和动物探索新奇陌生的刺激与环境的倾向。[②] 猎奇心理发源于人类基本的驱力——好奇心，人们通过搜寻新鲜事物以获得未知的刺激。追求新奇不仅有助于认知发展，而且对社会和情绪发展有积极的影响。[③] 在瞬息万变的新媒体社会中，大众需要获取足够的信息帮助自己在现实社会中做出决断，猎奇心理成为大众查找、收集信息的重要驱动力。新闻机构在生产和传播的过程中，就曾利用大众的猎奇心理来吸引消费者，完成新闻作为商品的“二次售卖”。当社交媒体平台上出现新的视觉特效时，用户往往会出于猎奇心理而下载使用，若有“网红”等意见领袖进行推动，该视觉特效将会在抖音等短视频平台风靡一时，甚至出现在朋友圈等强关联平台，实现跨平台联动。

在互联网时代，视觉特效的兴盛与眼球经济和流量经济密不可分。眼球经济是视觉特效兴盛背后不竭的动力。眼球经济与文化工业牢牢绑定，视觉特效通过视觉化的呈现来完成眼球经济的转换，其视觉呈现强化了外形的重要性，使个体越来越在意自己在他人眼中的形象呈现。视觉特效作为一种制造惊艳的技术，恍若天然就是为吸引公众注意力而生的。在德波所言的景观社会，景观成为当今社会的主要产品。[④] 视觉特效与身体、颜值紧密结合在一起，成为一种夺人眼球的视觉景观。在信息爆炸的互联网时代，人们的注意力是有限的，如何吸引人们的注意力成为网络平台和自媒体考虑的首要问题。视觉特效成为自媒体吸引眼球、获取流量的工具，如何制作出炫酷的视觉特效以吸引受众，如何尽可能多地提升视觉特效使用量，成为自媒体衡量转化率

---

① 鲍桑葵.美学史[M].李步楼，译.北京：商务印书馆，2019：15.

② COSTA V，TRAN V，TURCHI J et al. Dopamine modulates novelty seeking behavior during decision making [J]. Behavioral neuroscience，2014(5)：556-566.

③ REIO T，CHOI N. Novelty seeking in adulthood：increases accompany decline[J]. The journal of genetic psychology：research and theory on human development，2004(2)：119-133.

④ 德波.景观社会[M].王昭风，译.南京：南京大学出版社，2006：5.

的首要指标。在这一趋势下，观众越来越习惯于接受视觉特效镜头下的形象呈现。例如网络主播利用视觉特效来强化自己的形象呈现以吸引观众的眼球，博得公众的青睐，强化了相关的“视觉呈现产业”。利用视觉特效展示出的形象似乎比本真形象更为重要，文化工业体制下的社会图景越来越呈现出虚假的“个性化”特征。在抖音等社交媒体平台上，各种视觉特效让人目不暇接，年轻人在视觉特效的加持下，不停地生产出各类吸引人眼球的视频内容，大数据将基于某种视觉特效而拍摄的视频推荐给普通用户，用户乐此不疲地观看，在简单的重复当中逐渐沦为视觉特效的奴隶。约翰·费斯克曾言，狂热是工业社会流行文化的一个共同特征。① 经济活动利用粉丝与流行文化在互联网空间中的盛行而展开，视觉特效在网络空间中随处可见，观看视觉特效视频的行为本身就构成了消费，经视觉特效修饰后的脸、身体成为人们视觉消费的对象。广大受众在观看视觉特效的同时，得到精神上的满足，也完成了视觉景观向文化工业转变的消费闭环。

二、视觉特效的价值：多元主体的共同诉求

作为人类社会进步的重要力量，以视觉特效为代表的媒介技术在丰富视觉呈现、顺应影视规制、提升经济收益、表达自我诉求等层面都具有显著的价值。

（一）强化形象呈现，提升视听感受

在消费社会，形象的呈现几乎成为我们购买商品的首要原则，只有第一印象足够出彩，才能在商品琳琅满目的商品社会中吸引消费者的注意力。视觉特效的价值就在于其制作出的画面足够绚丽，能够在第一时间吸引用户的注意力。视觉特效不局限于单一媒体，在纸质、广播电视、互联网等所有媒体中都可以被运用。19 世纪末电影出现之前，许多不同形式的公共娱乐以其神奇的视觉特效吸引了观众。② 在影视剧制作中，视觉特效可以用于整个宏观场景的展现，营造特定的气氛。对于角色个体而言，视觉特效既可以完成一些现实中无法展现的虚拟场景，又可以表现人物的角色特征，比如人物黑化之后的一些场景，更深刻地展现人物魅力。影视剧制作过程出于安全考虑、成本控制等原因，会在必要时使用视觉特效；在制作场景时为了画面的呈现更加完美，会使用精美的视觉特效，以强化形象的呈现，提升用户的视听感受。在好莱坞科幻

① LEWIS L. The adorning audience: fan culture and popular media[M].London: Routledge, 1992:30.

② PIERSON M. Special effects: still in search of wonder[M]. New York:Columbia University Press, 2002:11.

大片中,常常可以见到各种美轮美奂的视觉特效画面,一些惊险的画面在现实中无法用实景拍摄完成,制作者便可以借助视觉特效完成该场景的制作。配合画面呈现的往往还有声音特效,声音特效使各种人类无法发出的声音得以还原和完成,实现画面的完整呈现。视觉特效加持下的视频或图像具有某种特定的意义,往往能够带给用户更多的精神愉悦。

(二)规避政治风险,顺应法律规制

影视节目制作周期较长,由于播出时间的延迟性,出现在节目中的嘉宾因为自身的工作和生活经历变化而具备一定的不确定性。出于规避政治风险和秉持社会公序良俗的考虑,节目播出时有违法犯罪或者违背社会道德底线的人物的出现会引发观众批评,因此,为了保障节目的顺利播出,制作方往往在节目画面展示时将此类人物进行视觉特效处理,以保障节目内容的正确价值导向。在早期,主流媒体在报道特定敏感政治人物和事件时会采取打码处理的方式。后来,节目中出现一些特殊人物,例如未成年人、受害者、犯罪嫌疑人等,出于保护其隐私的需要,会对其面部或形体进行特效处理,防止其个人信息的泄露。在涉及血腥暴力的画面时也会适当处理,避免引起观众不适。在精神文明建设的要求下,主流媒体和网络社交媒体平台都需要履行社会责任,维护当事人和公众的合法权益,引导公众塑造正确的价值观,使用视觉特效对一些不合规的内容进行修正成为必不可少的手段。

(三)获取经济收益,实现流量变现

每一种消费行为都是一种文化生产行为,因为消费的过程总是意义生产的过程。① 在当今的互联网时代,创作者制作精美的视觉特效上传到网络上供大家使用,平台将会根据视觉特效的使用量对创作者进行激励,视觉特效的创作和使用实际上已经成为创作者的变现来源。在社交平台上,人人成为创作者,视觉特效的使用权已经被下放到个人,用户可以根据自己的意愿自由使用相关的视觉特效。好莱坞凭借炫酷的科技视觉特效在全球范围内大肆圈钱,收割全球的电影票房,利用自身的科技优势进行文化输出,占领他国尤其是发展中国家的文化市场。社交媒体平台凭借对视觉特效创作者的掌控,激励创作者创作出更多炫酷的视觉特效以吸引用户,使用量越高的视觉特效将会被平台赋予更多奖励。社交媒体放大了视觉特效的商品属性,平台凭借

① 费斯克.理解大众文化[M].王晓珏,宋伟杰,译.北京:中央编译出版社,2001:42.

对精美视觉特效的掌握,对消费者和创作者进行了两次“收割”,视觉特效已然成为数字时代的特殊商品。

三、视觉特效泛滥的风险:个体的异化与社会的迷失

视觉特效犹如硬币的两面,存在正面价值的同时,如不正确规制与引导,也可能带来负面影响。在微观的个体层面,视觉特效的泛滥为个人带来心理与身体的双重枷锁,加重精神规训;从中观的行业层面来看,视觉特效的滥用会扰乱市场的有序发展;从宏观的社会层面来说,视觉特效的滥用会对整个社会的价值观引导产生不可估量的负面影响。

(一)加剧性别凝视,轻视精神内涵

视觉特效带来了严重的性别凝视。传统男权社会主要从男性视角对女性进行视觉凝视,随着媒介技术的发展,性别凝视由单向的对女性的凝视逐步演变为互相凝视,既有男性对女性的凝视,也有女性对男性的凝视。在互联网的虚拟世界中,颜值成为唯一定义美的标准,视觉特效俨然成为固化美的标准的帮凶。在技术的加持下,性别凝视在网络空间中更加普遍,虽为高颜值的群体带来了性别红利和经济收益,但也将其固定在颜值至上的怪圈中,他/她们不敢在网络世界中发布自己未经修饰的照片与视频。在互相攀比颜值的网络环境下,某些用户患有严重的颜值焦虑,他/她们不敢在网络世界中发布关于真实的自己的照片,害怕受到他人嘲笑与攻击,产生了自卑、焦虑甚至抑郁等严重的心理障碍。在压抑的网络交往氛围中,颜值焦虑成为一种普遍的社会现象,这是一个群体对另一群体的压迫,有人开始反抗这种压抑的氛围,他们将这种现象制作成网络段子,在脱口秀中进行调侃。在明星群体中,这种颜值焦虑普遍存在,明星出席公开活动时,不仅事先精心装扮,在后期也只会发布精心修饰过的照片,而不敢发布所谓的“生图”。

正如波兹曼所言,毁掉我们的,不是我们所憎恨的东西,而恰恰是我们所热爱的东西。[①] 我们在网络空间中逐渐陷入“娱乐至死”的怪圈。在网络世界中,视觉特效至上、颜值至上的压抑氛围导致了精神内涵的削弱。在抖音、小红书、微博等社交平台中,颜值博主成为一种颇受关注的职业,他/她们的职业日常就是在个人账号上发布自己经过精心修饰的、配上视觉特效后的照片和视频,以此吸引流量并完成颜值变现。

---

① 波兹曼.娱乐至死[M].章艳,译.北京:中信出版社,2015:132.

颜值博主的大范围曝光压制了具备人文内涵的内容的产出与流动,随着颜值博主的曝光增多、内容博主的曝光减少,用户在此类社交平台上只会看到更少的优质内容,社交平台的内容严重单一化,颜值成为占领高地的流量密码,内容成为日益衰弱的配角。我们生活在当下这样一个视觉极端重要的时代,消费社会塑造的"完美"商品,不仅要功能俱全,颜值也要完美,商店的商品琳琅满目,商家则在商品包装上下功夫,若商品的外包装不能第一眼吸引用户,就难以实现它的商品交换价值。

在快节奏的加速社会,人们过于繁忙,没有多余的精力去体验"慢"生活。在现代人的情感生活中,心动的首要要求变成了要足够漂亮、足够帅气,否则无法吸引对方的眼球,这种将形象过度拔高的要求恰好体现了视觉社会对我们外形的极端规训和对我们价值观的绑架。无论购物还是人际交往,我们过于注重外在形象的呈现,人或事物的外形必须足够吸引眼球,在满足此要求的前提下,我们才会去了解其他方面。我们追求感官刺激,拥有强烈的感官刺激的视觉特效本身就能反映出当下人们对于感官刺激的追求。正如弗洛姆所言,欲望之无节制,与缺少公开的权威一样,会导致自我的瘫痪,以及最终的毁灭。[①] 媒介创造的视觉特效是对真实情景的渲染和美化,并非真实情景的再现,与真实情景存在差异的虚拟情景作为真实的替身活跃于人们日常生活的每个角落。视觉特效的盛行加剧了网络空间中的形象凝视,个体富有精神内涵的特质被大众忽视,我们用视觉特效取悦自己和他人,最后带来的是精神的贫乏和空洞。

(二)沦为牟利工具,扰乱视觉特效市场

当我们把目光转向更广阔的视觉特效应用市场时,会发现视觉特效正逐步沦为牟利工具。在技术的漫长发展过程中,技术的发明与应用始终面临着文化工业和消费社会的诱惑,当技术的应用能为使用者带来无穷的利益时,视觉特效就已经失去单一的中立的技术身份,成为一种重要的生产手段和要素为他所用。马克思提到,如果有10%的利润,它(资本)就保证到处被使用;有20%的利润,它就活跃起来;有50%的利润,它就铤而走险;为了100%的利润,它就敢践踏一切人间法律;有300%的利润,它就敢犯任何罪行,甚至冒绞首的危险。[②] ZAO换脸App通过AI技术,仅需要一张正脸照,便可以用你的脸制作网络热门表情包,让你出演经典电影片段,这对明星和名人的肖像权构成了威胁,同时使广大用户的个人隐私受到侵犯。从添加视觉特效以修饰

---

① 弗洛姆.健全的社会[M].孙恺祥,译.上海:上海译文出版社,2011:136.

② 马克思恩格斯全集:第23卷[M].中共中央马克思、恩格斯、列宁、斯大林著作编译局,译.北京:人民出版社,1972:829.

或遮蔽事物转向完全改变事物本真，其后果是深远而持久的。部分用户将他人的脸换到一些非法小视频当中牟利，对被换脸的个体造成了困扰。在资本主义经济活动中，成功获得物质利益成了目的本身。[①] 虽然社交媒体平台也会有很多视觉特效创作者制作很多视觉特效，并以此吸引流量为平台盈利，自身也获得相应的平台奖励，但是诸如换脸这类网络应用显然违背了利伯维尔场的交易法则，扰乱了市场秩序，加剧了我们对真实世界的不安全感。当公众人物首先使用视觉特效便利来为自己牟利时，技术便凌驾于道德之上并会加剧社会矛盾。视觉特效由公众人物制作、传播，由普通人接收，传播影响力的差距造成了视觉特效使用阶段的不平等。在公共领域，公众人物的话语权远大于普通用户。某演员就曾利用视觉特效的便利，将本该由自己亲自出演的戏份借由视觉特效合成完成，被广大观众发现之后引起群情激愤，激化了社会矛盾，明星们拿着天价片酬，却依然利用技术便利懈怠本职工作。技术在此时已经失去了本身应有的位置，沦为牟利的工具。

技术的异化已经屡见不鲜。在自拍的短视频中，美颜、瘦脸、拉长腿等操作使个体形象与真人图像相去甚远；景区的照片或视频添加严重的滤镜进行修饰，导致游客抵达实际目的地后发现网图与实际风景相差太大，从而产生被欺骗的感觉；在电商平台进行网购时，模特和服饰都十分吸引眼球，然而消费者实际购买后却发现与网图相去甚远；商家在制作宣传图时，利用视觉特效修饰商品原本的颜色和形态，甚至对模特的脸部、身材等外形进行修饰，以达到理想中的完美效果，视觉特效的滥用对消费者就造成了严重的购物困扰，损害了消费者权益，违背了斯宾诺莎所说的“自由人绝不做欺骗的事”[②]的基本伦理准则。

(三)固化技术本位，弱化内容呈现

在视觉特效日益发达的当下，我们在社交媒体平台中看到的照片或视频大多都是经过美化的，原生态的未经加工的照片或视频不仅极少，而且不受欢迎。人们的网络生活状态已经被技术控制，人们过于重视第一眼的效果，过于在意外表与颜值，过分强调第一眼的炫酷和吸睛，对于内容的关注度大大降低，这本质上是一种“劣币驱逐良币”的结果，优质的内容得不到关注，平台媒体的流量也逐渐向注重形象的、视觉特效效果出彩的内容倾斜。

电视传媒通过其技术组织所承载的，是一个可以任意显像、任意剪辑并可用画面

① 弗洛姆.逃避自由[M].刘林海，译.上海：上海译文出版社，2015：72.
② 斯宾诺莎.伦理学[M].贺麟，译.北京：商务印书馆，1958：226.

解读的世界。[①] 最初的影视视觉特效应用是为了完成部分无法进行实景拍摄的画面制作，或出于降低风险、控制成本的考虑，以带给观众更好的视听体验，但当下的视觉特效应用显然已经逐渐走偏，迎合了亚当·斯密所说的“自我欺骗的天性”[②]，逐步进入“唯视觉特效论”，视觉特效出彩的影视剧就是优质的影视剧，成为口口相传的口碑之作，视觉特效制作精良的好莱坞科幻片在年轻人中风靡一时，成为票房密码，而国产剧的视觉特效制作水准一直饱受诟病，包含视觉特效的国产片被贴上了劣质的标签，不少国产片的观众流失，转向美国好莱坞大片的怀抱。在视觉特效至上的潮流冲击下，国产影视剧组将重点放在视觉特效制作提升上，而对剧本的打磨缺乏耐心，一味强调视觉特效的应用，忽视了剧情的连贯性与内容呈现，正如人们批评以前的春晚靠内容、现在的春晚靠视觉特效。在一个健全且多元化的网络社会中，应该允许多元且优质的内容存在，不仅要有炫酷的视觉特效内容，还要有包含深度思考的内容，形成一个多元和谐的网络空间，而不是极端且单一的景观社会。

四、视觉特效的规制与引导：多方协同与价值重构

面对当下视觉特效所存在和带来的种种问题，我们需要培根所说的“清醒的、沉静的和严肃的心灵”[③]，对视觉特效进行有效规制与科学引导，改变传统的注重经济效益和技术导向型的发展路径，构建更加注重人文关怀和社会效益的运用模式。在视觉特效的叙事当中，需要摒弃当下对塑造完美凝视对象的倾向，接纳事物的本真；在技术层面，需要回归技术本位，避免技术成为主体，打造更为丰富多元的艺术表达；在导向层面，需要摆脱流量对技术使用的控制，强化正面导向。

(一)摒弃完美凝视，接纳事物原貌

在传统父权制社会中，男性是审美的主体，女性永远站在男性权威的凝视和判断之下，她的身体一直被另一个人观看，被一个匿名的父权制下的他者观看，女性气质是被铭刻在女性身上的一种规训。[④] 当男性和女性都成为他者的凝视对象时，个体均逐步成为消费社会中的视觉产品。基于视觉文化的转向，我们不断塑造接近完美的凝视

① 波德里亚.消费社会[M].刘成富，全志钢，译.南京：南京大学出版社，2000：131.

② 斯密.道德情操论[M].蒋自强，钦北愚，朱钟棣，等译.北京：商务印书馆，1997：192.

③ 培根.新工具[M].许宝骙，译.北京：商务印书馆，1984：13.

④ 福柯.女性气质和父权制力量的现代化[G]//麦克拉肯.女权主义理论读本.桂林：广西师范大学出版社，2007：300.

对象，以吸引人们的目光，当个体在扮演一种角色时，便不言而喻地要求观察者认真对待在他们面前建立起来的印象。[①] 为了迎合这种完美凝视，我们打造的产品越来越接近于完美，这看似是消费社会闭环发展逻辑的产物，实则是他者目光凝视下对特定群体的压迫。对象越完美，这种无声的压迫就越严重。在他者凝视的束缚下，我们自愿沦为被观看的客体。作为客体，我们通过镜头中的视觉特效呈现被他人认知。视觉特效与身体共同构成了传递意义的符号，社交媒体平台中的交往都是从凝视切入的，我们通过视觉获得观看与互动的愉悦体验。当代女性气质是被建构的，[②]女性在社会上被要求的“温柔、服从”等特质是在感知到社会对于此类特质的不断规训后逐渐形成的，女性的形象呈现中如果有“美丽、温柔”等特质，那么会更容易成为被资本和社会推崇的对象，资本加剧对女性的形塑，越来越多不明真相的个体加入其中，也自发对具备此类特质的女性主体进行追捧，长此以往，形成了一个恶性循环：如果说美貌变现也是一个市场，那么在市场上受到追捧的将只有满足此类特质的女性，不符合此类特质的女性将会受到规训。女性被严重规训之后，男性也逐渐成为被凝视的对象，男性的形象呈现也出现了脸谱化特征，男性的形象呈现出现两极化现象：一类人喜爱阳刚、充满力量的形象，“男友背、八块腹肌”的图片和视频在网络上受到热捧，而具备柔美形象的男性则被该群体厌恶；与此相反，另一类群体则偏爱具备女性化长相的男性，对充满阳刚气质、男性化的男性嗤之以鼻。男性和女性都已悄然成为被规训的对象，不再满足于自身本真形象的呈现，不断渴望成为凝视主体眼中的完美客体。

面对视觉特效的规训，我们应该接纳形象的本真。正如黑格尔所言，艺术的要义一般就在于意义与形象的联系和密切吻合。[③] 回归外观的本原，明星艺人应该以身作则，而不是一味进行颜值与完美的“军备竞赛”，尤其是女明星，她们在镜头中几乎精致到头发丝，观众一次又一次地感慨内娱女明星的美貌内卷。影视剧制作和互联网自媒体生产都存在着很多不必要的视觉特效。影视剧应当舍弃不必要的视觉特效竞赛，更加注重原创性内容本身的传达。在社交媒体平台上，“网红”应该产出更多元化、更优质的内容，而不是一味对自身的网络形象过度美化。还原生活本真，不仅是对无声压迫的反抗，也是对自我的精神与身体的解放，掌控对身体和形象呈现的主导权。正如笛卡尔所言，用智慧去做自己激情的主人，并且巧妙地对它们加以安排和控制。[④]

---

① 戈夫曼.日常生活中的自我呈现[M].黄爱华，冯钢，译.杭州：浙江人民出版社，1989：17.

② 鲍尔德温，等.文化研究导论[M].陶东风，等译.北京：高等教育出版社，2004：301.

③ 黑格尔.美学[M].朱光潜，译.北京：商务印书馆，1979：10.

④ 笛卡尔.论灵魂的激情[M].贾江鸿，译.北京：商务印书馆，2016：131.

(二)回归技术本真,丰富艺术表达

杜威说,艺术家绝对不能虚伪与折中。视觉技术应该作为一种公认的人与人之间联系的力量,而不被当作空闲时的娱乐,或者一种卖弄的表演的手段。[①] 遗憾的是,当下个体对视觉特效的应用已经近乎迷恋,无论是影视剧制作还是自媒体,都在不必要使用视觉特效的地方大量使用视觉特效,技术视觉特效不再只是工具,而是成为我们生活的主宰者,决定着我们在互联网上的表达和生活方式。就像录像机并没有真正改变所观看的内容,只是从根本上瓦解了播放者对观众的控制及约束,[②]我们应该将视觉特效视作一种技术赋能,让其成为丰富艺术表达的众多形式之一。技术本身只是推进个体价值实现和人类社会进步的工具,就应该回到技术本身的位置,不应该成为人类社会的主宰者,而应该为我所用,作为一种工具,见证和推动人类社会的发展。面对视觉特效霸权,我们不应视若无睹,应该秉持着批判精神辩证看待视觉特效,从理性的视角出发认真审视视觉特效的价值和风险。媒介总是冷酷无情的,而艺术却欲语还休。[③] 视觉特效作为媒介技术与艺术结合的产物,创新了艺术表达形式,给媒介用户带来了新奇的艺术感官体验。媒介技术本身只是一种人类发明和使用的工具,视觉特效技术只是我们用来丰富艺术表达的方式,合理运用视觉特效,影视剧制作者可以生产出精美的影视作品,精良的视觉特效和声音特效都可以成为吸引观众的利器。视觉特效不仅可以美化画面,还可以让画面内容更加丰富,弥补实景画面的缺失,表情包和科幻视频的呈现都是视觉特效丰富艺术形式的注脚。视觉特效应该让影视剧作品呈现的画面和形式更为多元化,借助视觉特效展现原本无法呈现的画面,带给观众一种美妙的视听盛宴,毕竟"艺术不但是一种愉快的消遣品,而且是人生的最高尚和最真实的目的之完成"[④]。

(三)摆脱流量依赖,强化正面导向

在社交媒体平台,视觉特效的功效在于吸引流量,当个人制作的视觉特效被很多用户使用时,自身的流量可以在平台实现变现,平台为了激励更多创作者,对视觉特效创作者进行奖励,奖励直接与变现挂钩,这就导致了创作者逐步沦为流量的奴隶,然而

---

① 杜威.艺术即经验[M].高建平,译.北京:商务印书馆,2010:402.
② 波斯特.信息方式:后结构主义与社会语境[M].范静哗,译.北京:商务印书馆,2000:102.
③ 基特勒.留声机 电影 打字机[M].邢春丽,译.上海:复旦大学出版社,2017:174.
④ 格罗塞.艺术的起源[M].蔡慕晖,译.北京:商务印书馆,2019:241.

自由是人类本质在其外化活动中的实现，异化是对自由的否定，即人不能从事自我实现的活动，[①]视觉特效对流量的依赖，让创作者的主体地位受到了削弱，为了保障视觉特效的合理运用，应该摆脱流量对主体的控制，强化视觉特效的正面导向。正如马尔库塞所言，社会控制的现行形式在新的意义上是技术的形式。[②] 视觉特效作为一种技术，它的社会价值取决于使用者的使用意图，使用者对视觉特效的合理利用会强化视觉特效的正面价值，比如主流媒体在其宣传片中利用视觉特效制作出精美的画面，加强科技感的呈现，让观众身临其境；影视剧制作者利用技术呈现出更多优质的作品，为中国文化市场注入鲜活的影视力量，响应当下“文化自信”的号召，让中国市场不再只是欧美大片的圈钱地；在社交媒体平台上，自媒体从业者可以合理利用视觉特效强化个人作品中的视觉呈现，增强视觉效果，吸引更多用户参与其中。但无论任何一方，都需要注意把握视觉特效使用的度。面对高度视觉化的社会，主流媒体可以利用视觉特效巧妙挖掘和满足视觉文化背后所隐含的形象传播需求，例如在新中国成立七十周年之际，人民日报客户端推出了“军装照”，用户可以上传自己的照片，通过视觉特效制作自己的军装照，吸引无数网友参与其中，朋友圈一度兴起一阵“军装照”的潮流，引发社会对军人群体的关注和尊重。

结　语

正如视觉文化学者米尔佐夫所说，视觉文化是学术的“第一响应者”，将当下的情形和久远的历史联系起来。[③] 视觉特效的兴盛见证着视觉文化的转向，视觉特效的盛行反映了人们对于视觉效果的重视，人们感受到视觉特效强烈的感官刺激，而不愿慢慢花时间去体验事物的本真，强化了日益增长的“视觉中心主义”。从传统媒体时代到互联网时代，视觉特效的应用逐渐“祛魅”，从主流媒体专属、专业人员使用到普通人也可以任意使用，视觉特效的发展见证了技术的下沉和普及。视觉特效作为技术与时代的产物，深刻地改变和影响了人们的日常生活。在视觉文化和眼球经济不断繁荣的当下，无论我们使用与否，视觉特效几乎无处不在，为平台媒体、个人不断贡献着注意力。在不可预知的将来，视觉特效的价值和风险都将不断显现，我们亟须重新定义以视觉特效为代表的媒介技术的意涵。正如帕斯卡尔所言，异常清晰的洞见力才能看出全部

---

① 阿格尔.西方马克思主义概论[M].慎之，等译.北京：中国人民大学出版社，1991：9.

② 马尔库塞.单向度的人：发达工业社会意识形态研究[M].刘继，译.上海：上海译文出版社，1989：10.

③ 米尔佐夫.如何观看世界[M].徐达艳，译.上海：上海文艺出版社，2017：268.

的原则，[①]在利益格局多元、意识形态差异显著、东西方文化冲突加剧的当下，视觉特效会与文化自信密切相关。美国好莱坞不断利用影视视觉特效进军他国文化市场，我国的青年一代亟须看到优秀的中国文化作品，强化文化自信。在推进中华民族伟大复兴的征程中，需要更多优秀的文艺作品，视觉特效作为一种重要的媒介技术手段，存在极大的用武之地。正如马克思所言，人的自由全面发展需要"造成新的力量和新的观念，造成新的交往方式、新的需要和新的语言"[②]，我们要利用好视觉特效推动文化繁荣，丰富人们的精神生活，平衡当前人民日益增长的美好生活需要和不平衡不充分的发展之间的矛盾，构建幸福美好生活。

〔陈世华，南昌大学新闻与传播学院教授、博士生导师；刘爽，南昌大学新闻与传播学院博士研究生〕

① 帕斯卡尔.思想录：论宗教和其他主题的思想[M].何兆武，译.北京：商务印书馆，1985：3.
② 马克思，恩格斯.马克思恩格斯全集(第46卷上)[M].北京：人民出版社，1979：494.

高校舆情回应充分性的生成逻辑研究*

——基于58个案例的模糊集定性比较分析(fsQCA)

Research on the Generative Logic of the Adequacy of Public Opinion Response in Universities

—Fuzzy Set Qualitative Comparative Analysis (fsQCA) Based on 58 Cases

◎詹 骞 李伟森

Zhan Qian Li Weisen

摘要:高校舆情回应若能兼顾话语回应与行动回应,则表明该回应具有很好的充分性。事件特征、传播样态与环境特性构建出高校舆情回应充分性的内在逻辑,尤其是事件指向、事件性质、传播热度和政府介入等要素都是充分性的重要影响因素,并在不同的情境下组合出多种导向舆情回应与不回应的路径。本文运用模糊集定性比较分析法得到了三种具有强解释力的典型路径,即高校弥补过失型、传播热度驱动型和政府介入失效型,这些路径反映出了高校舆情回应中的认知偏差与机制缺位。

关键词:高校舆情回应;舆情治理;定性比较分析

Abstract:If the response of university public opinion can take into account both discourse response and action response, it shows that the response has good adequacy. The internal logic of the adequacy of public opinion response in universities is constructed by the characteristics of events, communication patterns and environmental characteristics. In particular, the elements of event orientation, event nature, communication heat and government intervention are all important influencing factors, and a variety of paths leading to public opinion response and non-response are combined under different situations. This paper uses the fsQCA method to obtain three typical paths with strong explanatory power, that is, the university make up for the fault type, the transmission heat

* 本文系中国传媒大学思想政治教育提升创优项目"'大思政'视域下高校网络舆论引导研究"(项目编号:CUC210M01011)的研究成果。

driven type and the government intervention failure type, and these paths reflect the value tension and system tension in the response of public opinion in universities.

Keywords: university public opinion response, public opinion governance, qualitative comparative analysis

网络赋权之下，以高校大学生为代表的“新意见群体”崛起，打破了传统的传播格局，形成了主体多元且观点竞争激烈的新言论空间。① 在此情境中，网络舆情对社会的能动作用被前所未有地放大，其治理工作已成为国家治理体系构建与治理能力现代化建设的重要内容。高校作为社会的重要场域之一，与国家的经济、政治、文化有着紧密联系，同时也是观察与反映社会舆情的重要窗口。② 作为网络原住民的大学生群体擅长使用网络平台深度参与各类社会事务，对高校舆情事件尤其容易形成情感共鸣，舆情容易向情绪化与非理性的方向演变，若无正确引导可能引发群体性事件，③这是高校舆情治理工作必须面对的新挑战。

当下的高校网络舆情治理工作普遍存在应对程序不完善、引导主体不明确等问题，④致使高校常常难以充分回应公众的信息诉求，诸多高校舆情事件出现了“查无后续”的情况，即由于高校未能主动公布舆情事件的调查结果与处理办法，引发了网友更强烈的追问与质疑。此种舆情应对方式无疑与当今舆情治理所倡导的及时性、针对性、整合性等理念相悖，⑤难以真正从根源上化解引发舆情事件的矛盾。当类似性质的事件再次发生时，本已被淡化的舆情事件又会再度进入公众视野，形成次生舆情。在既有的研究中，高校舆情回应通常作为舆情演化的动因之一或政策建议的一种，以此为重心的实证研究不多，且高校回应相关的建议常因缺乏针对性或解释力不足而难以付诸实践。本文立足于此，通过对 58 个典型的高校舆情案例的模糊集定性比较分析，发掘构成高校舆情回应充分性的组合性条件，探究促成高校充分回应的内在逻辑，

---

① 吴海江，杜彦君.互联网时代如何进一步加强和改进主流意识形态建设：基于“自干五”现象的思考[J].毛泽东邓小平理论研究，2016(2)：34-40，91.

② 王哲，何飞.高校网络舆情危机演化及管理机制研究[J].西南民族大学学报(人文社会科学版)，2022，43(8)：157-162.

③ 余九林，李淑云，王京跃.“新意见群体”：高校网络舆情治理的关键向度——基于广东不同类型高校的实证分析[J].高教探索，2017(8)：20-25.

④ 王晓冬.校园微博舆情危机的应对之道[J].青年记者，2020(11)：44-45.

⑤ 陈纯柱，敖永春.网络环境下高校舆情的传播及引导机制研究[J].重庆大学学报(社会科学版)，2011，17(2)：154-159.

厘清其中的潜在问题，以期推动高校网络舆情治理工作的不断完善。

一、文献分析

(一)舆情回应的内涵与主体

舆情回应是指舆情主体对舆情事件的话语回应，[①]有的研究中也将行动回应纳入舆情回应的范畴。[②] 舆情回应在舆情治理中占据重要的地位，甚至表征着舆情的本质，即舆情实质上是回应问题而非舆情信息本身的问题。[③] 依据回应主体的差异，舆情回应研究可分为政府舆情回应、高校舆情回应等，其中尤以对前者影响因素的研究居多。高校对舆情事件的回应是其行政管理工作的一部分，与政府舆情回应一样，都属于公权力的使用，二者在影响因素和条件组态上具有同源性。

政府舆情回应有时也称“回应治理”，是政府依据管理职责对公众的需求和诉求做出积极反应和回复的过程。[④] 在不同的情境中，政府舆情回应还会进一步拆解出回应速度、回应质量、话语特征、政策行为等维度。[⑤] 由于政府舆情回应是政府内部、公众、社会组织多重作用的结果，其影响因素呈现出明显的差异化和多样性，涉及事件热度、事件类型、涉事单位性质、上级政府是否介入等，[⑥⑦]部分因素亦可被纳入高校舆情回应中进行考量。

高校舆情回应是指为促进舆情决策的有效性和科学性、高校依据管理职责对公众的诉求做出积极反应和回复的过程，如果高校在这一过程中主动公布舆情事件的调查结果与处理办法，兼顾话语回应与行动回应，则表明其回应具有较好的充分性。高校

---

① 李明，曹海军.“沟通式”治理：突发事件网络舆情的政府回应逻辑研究——基于 40 个突发事件的模糊集定性比较分析[J].电子政务，2020(6)：32-40.

② 原光，曹现强.“涉官”网络舆情中政府回应效果的影响因素分析：基于 139 个案例的实证研究[J].情报杂志，2019，38(8)：126-135.

③ 邝良锋，罗昱夫.网络舆情的实质与治理：基于新冠肺炎的舆情分析[J].华南师范大学学报(社会科学版)，2021(2)：193-204，208.

④ 崔小燕，张长立.突发网络舆情回应治理的三重风险及其智慧治理策略：基于传播政治经济学视角的分析[J].学术界，2022(10)：75-84.

⑤ 常多粉，孟天广.动之以情还是晓之以理？——环境治理中网络问政的政府回应话语模式[J].社会发展研究，2021，8(3)：44-62，243.

⑥ 韩冬临，吴亚博.中国互联网舆情热点与地方政府回应：基于《中国社会舆情年度报告》(2009—2013)的分析[J].公共行政评论，2018，11(2)：137-159，193.

⑦ 章昌平，钱杨杨，黄欣卓，等.公共危机信息传播中的政务新媒体回应能力影响因素研究：基于 2013 年以来 90 个公共危机事件的分析[J].现代情报，2020，40(7)：104-113.

舆情回应的中观研究多导向舆情演化机理的探索[①]、引导机制建立等[②]；在微观实证研究中，“回应”则常被纳入舆情演化的动因之中，担负起调节舆情传播节奏的作用，[③]或起到正向干预舆情危机的作用，[④]以其为研究重心的成果尚不多见，这就是本文的着力点。

(二)基于舆情回应复杂性的组态分析方法的采纳

高校舆情回应的中观研究所给出的治理建议，往往处于一定程度的抽象层面，难以转化为具体的实践操作；微观实证研究则通过分析变量间的显著关系来给出有针对性的建议，但这些基于单一变量的讨论使得此类研究的解释力欠佳。相较之下，将组态视角与案例导向结合起来的模糊集定性比较分析(fsQCA)方法具有明显的优势，[⑤]借助集合论与布尔运算对案例进行比较分析，其超越并统一了传统的质化与量化方法，能够有效分析复杂社会议题的“多重并发因果”，发掘导致同一结果现象的多种条件组态。[⑥]

舆情的构成要素很多，是具有复杂特性的信息生态系统，适用于组态视角的定性比较分析，[⑦]不少研究采用这一方法分析网络舆情的传播与演化规律。[⑧] 在高校舆情的研究中，fsQCA 方法用于判断何种组态条件驱动舆情的传播，[⑨]影响公众对高校形象的感知。[⑩] 其中，高校知名度、事件性质、事件的影响力是重要的讨论点，这些比较成熟的组态条件为本文的理论框架建构提供了可参照的视角。

---

① 樊琳，张生，丁社教，等.高校网络舆情的演化机理及其应对策略[J].当代青年研究，2020(4)：90-95，115.

② 孙璐.新媒体时代高校网络舆情引导机制探析[J].新闻爱好者，2021(6)：91-93.

③ 陈晓燕，何有世.新媒体环境下基于动机理论的高校负面网络舆情传播研究[J].高校教育管理，2020，14(6)：105-116.

④ 唐亚阳，李璐.教育网络舆情危机干预效果影响因素及应对机制：基于 100 个教育网络舆情危机事件的实证分析[J].现代传播(中国传媒大学学报)，2017，39(9)：145-152.

⑤ 拉金.重新设计社会科学研究[M].杜运周，等译.北京：机械工业出版社，2019：54-55.

⑥ 马克斯，里候科斯，拉金，等.社会科学研究中的定性比较分析法：近 25 年的发展及应用评估[J].国外社会科学，2015(6)：105-112.

⑦ 杜运周，贾良定.组态视角与定性比较分析(QCA)：管理学研究的一条新道路[J].管理世界，2017(6)：155-167.

⑧ 李彪.霸权与调适：危机语境下政府通报文本的传播修辞与话语生产——基于 44 个引发次生舆情的“情况通报”的多元分析[J].新闻与传播研究，2019，26(4)：25-44，126.

⑨ 谭春辉，郝晓月.高校突发事件网络舆情传播影响因素的组态分析：基于 32 个案例的模糊集定性比较分析[J].知识管理论坛，2022，7(3)：248-260.

⑩ 王楠，王保华.网络舆情对高校形象的影响因素研究：基于 30 个案例的定性比较分析[J].国家教育行政学院学报，2020(8)：77-85.

二、研究设计与分析

(一)案例选取

本文通过知微数据平台案例库选取了 2019—2021 年发生的 58 起典型高校舆情事件作为案例样本,在质量上保证案例总体的充分同质性、案例总体内的最大异质性以及案例数据的完整性,在数量上也符合 fsQCA 方法的要求。① 既有的舆情回应研究一般默认为对负面舆情的回应,所以本次所选案例样本均为高校负面舆情事件;又由于我国法律法规对负面舆情事件中刑事案件的信息公开有相关规定,对事件的处置超出了高校的管辖范围,故而案例样本中不包括涉及刑事案件的高校负面舆情事件。

(二)fsQCA 的分析框架与变量类目

定性比较分析本身不具备提供确定解释条件的标准,需基于已有文献建构分析模型。② 本文将高校舆情回应的影响因素分为事件属性、传播属性、环境属性三大类,其下属的 6 个变量均为前因变量,如图 1 所示。

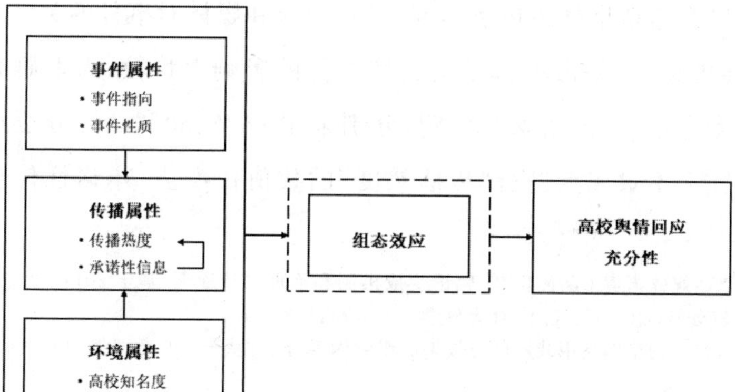

图 1　高校舆情回应的组态分析框架

事件属性是指引发舆情的事件本身的特征,包括“事件指向”与“事件性质”。“事

① BENNETT A, ELMAN C. Qualitative research: recent developments in case study methods[J]. Annual review of political science, 2006, 9(1):455-476.

② CARAMANI D. Introduction to the comparative method with boolean algebra[M]. Sage publications, 2008: 52-54.

件指向”是舆情事件的主要责任方，[①]高校网络舆情的事件指向可分为学生、教职工、学校三类。例如，“东南大学本科生支教踹倒小学生(E15)”的事件指向为学生，“扬州大学一老师骚扰女学生(E33)”的事件指向为教职工，“华南理工大学被指修改考研复试成绩(E4)”的事件指向为学校。政府回应中，事件指向中的涉事单位性质和官员级别会成为政府回应的阻力因素，[②]高校回应同样也可能受到事件指向的影响。由于高校对学生管理行为具有单向意志的特性，而学生一般则是被教育和管理的对象，[③]因此在赋值中将这二者作为两个端点，“事件指向”为学生时赋值0，为高校时赋值1。教职工一方面受到高校的制度约束，但同时也是高校教育、管理措施的具体执行者，处于较高的位置，依据定性比较分析法中高、较高、较低、极低的赋值惯例，将该类案例的事件指向赋值为0.67。[④]“事件性质”是影响舆情研判与回应的重要因素，事件性质越恶劣，越需要通过回应疏解公众的负面情绪。[⑤]舆情事件中是否发生人员伤亡常常是事件性质的判断标准，[⑥]本文也依此将无人员伤亡的事件性质赋值为0，有人员伤亡的事件性质赋值为1。部分高校舆情事件涉及性骚扰等行为，虽未造成明显的身体创伤，但都给受害者造成了一定程度的心理伤害，[⑦]因此将此类事件的事件性质赋值为0.67。

传播属性是指舆情事件的传播特征，包括“传播热度”以及高校是否就舆情事件给出“承诺性信息”。舆情事件的传播热度越高，公众和媒体对事件的关注度就越高，“回应”的效率也会更高。[⑧]知微平台提供舆情事件的影响力指数，为本研究的传播热度提供了明确的参考指标，依据既有惯例，分别采用95%、50%、5%分位点作为完全隶属点、交叉点、完全不隶属点进行“传播热度”的数值校准。[⑨]承诺性信息是指通过向

① 曾祥敏，戴锦镕.新媒体语境下新闻反转、舆论生成机制和治理路径探究：基于2014—2020年典型反转新闻事件的定性比较分析(QCA)研究[J].社会科学，2020(7)：168-184.

② 原光，曹现强.“涉官”网络舆情中政府回应效果的影响因素分析：基于139个案例的实证研究[J].情报杂志，2019，38(8)：126-135.

③ 王旭.变革中的高校与学生法律关系研究[J].甘肃政法学院学报，2017，153(4)：148-156.

④ 王英伟.异质群体行动对政府决策的差异化作用逻辑：基于阶层视角的定性比较分析[J].公共管理与政策评论，2023，12(2)：127-143.

⑤ 侯艳辉，孟帆，王家坤，等.后真相时代考虑信息熵的网民观点演化与舆情研判引导研究[J].情报杂志，2022，41(7)：116-123，150.

⑥ 杨波，谢乐.企业危机事件网络舆情传播态势生成机理研究：基于信息生态的多阶段fsQCA分析[J].管理评论，2022，34(7)：339-352.

⑦ 郑力，张冉.高校性骚扰受害者的沉默原因：一项初步研究[J].复旦教育论坛，2018，16(4)：50-57.

⑧ KSANJAYK Y. Public responsiveness of government organizations: testing a preliminary model [J]. Public performance & management review，2007，31(2)：215-240.

⑨ 李晚莲，蒋化，曾锋.突发公共事件网络舆情反转强度生成机理研究：基于多案例的fsQCA分析[J].情报杂志，2022，41(11)：129-136，54.

公众制造远景期待来降低当下舆论压力的舆情应对策略。[①] 由于回应主体可能会追求舆情平息的“形式绩效”，而非化解矛盾、重塑信任的“实质绩效”，[②]高校倾向于先做出初步承诺降低当前的舆论压力，随着传播热度下降，便不再进一步公开更具体的调查结果与处理办法。换言之，承诺性信息可能只是高校回避矛盾的一种策略，而并非“充分回应”的组成部分，甚至会对高校回应产生负面影响。舆情案例中，如果高校曾公开承诺要彻查事件并公布结果，则将其承诺性信息赋值为1，反之为0。

环境属性是指舆情事件外部环境的特征，包括“高校知名度”与“政府部门是否介入”。“双一流”作为高校知名度的重要表征之一，其所引发的社会关注度，[③]能够在一定程度上起到对高校行政管理的监督作用。舆情案例中的高校如果为“双一流”高校，则将其高校知名度赋值为1，否则赋值为0。既有研究指出，上级政府部门的介入对舆情事件的回应效果有明显推动作用，[④]在很多高校舆情事件中也存在类似情况，如“翟天临被指论文抄袭(E18)”事件中，教育部的介入调查让整个事件的信息透明度增强。于是，针对本文考量的舆情案例，如果有政府部门介入该事件展开调查，则将该事件的政府部门介入赋值为1，反之为0。

结果变量“高校舆情回应”既从时间维度来判断回应是否及时，[⑤]也从文本维度来评价回应的态度、话语表达与行动框架是否完备，[⑥]以综合性的视角来衡量高校舆情回应的充分性。如果高校主动公布舆情事件的调查结果与处理办法，则该事件案例的变量高校舆情回应赋值为1，反之为0。

(三)必要性与充分性分析

单个条件的必要性是指某一单一因素是否是构成结果变量产生的必要条件，一般用“一致性水平”来衡量。经测算，所有前因变量的一致性均低于0.9，故而不存在单项

① 周庆安，赵文才.新闻发布如何回应次生危机[J].新闻与写作，2017(4)：50-53.

② 任昌辉，巢乃鹏.我国政府网络舆情综合治理创新路径研究：基于治理工具论的分析视角[J].电子政务，2021(6)：40-51.

③ 王楠，王保华.网络舆情对高校形象的影响因素研究：基于30个案例的定性比较分析[J].国家教育行政学院学报，2020(8)：77-85.

④ 原光，曹现强.“涉官”网络舆情中政府回应效果的影响因素分析：基于139个案例的实证研究[J].情报杂志，2019，38(8)：126-135.

⑤ 文宏，黄之玞.网络反腐事件中的政府回应及其影响因素：基于170个网络反腐案例的实证分析[J].公共管理学报，2016，13(1)：21-30，152-153.

⑥ 王宇琦，曾繁旭.社交媒体上的公众表达与政府回应--基于风险事件的模糊集定性比较分析(fsQCA)[J].新闻记者，2022(10)：16-27.

必要条件,[①]这样的初步探索也进一步说明高校舆情回应是多项因素综合作用的结果,需要挖掘结果变量产生的条件组态。

条件组态的充分性分析关照的是若干条件构成的组合产生某种特定结果的充分性,仍然通过"一致性水平"来衡量。依据研究惯例,本文将一致性水平阈值设置为0.75,样本频数阈值则基于58个案例的样本规模设为1。[②] 表1和表2是分别对变量"高校舆情回应"和其非运算"~高校舆情回应"的组态路径进行定性比较分析的结果。

为检验分析结果的稳健性,本文参照郝政等的做法,[③]将一致性阈值提高到0.85再次进行分析。结果表明,检验组态解为原组态解的子集,根据拉金对于检验结论的相关研究,可认为结果具有较好的稳健性。

表1 "高校舆情回应"条件组态的充分性分析

前因条件		结果变量:高校舆情回应						
		组态1	组态2	组态3	组态4	组态5	组态6	组态7
事件属性	事件指向	●	⊗	⊗	⊗	●	●	
	事件性质	⊗	⊗	●		•	●	
传播属性	传播热度	⊗	●	⊗		●	●	•
	承诺性信息				●			●
环境属性	高校知名度	⊗	●		●		⊗	●
	政府部门介入			⊗	⊗	⊗		⊗
原始覆盖度		0.154	0.259	0.052	0.091	0.083	0.067	0.097
唯一覆盖度		0.144	0.169	0.005	0.022	0.041	0.065	0.028
一致性		0.885	0.859	0.614	1	0.679	0.738	1
总覆盖度		0.603						
总一致性		0.894						

① SVEND-ERIK S. Assessing the robustness of crisp-set and fuzzy-set QCA results[J]. Sociological methods & research, 2011, 40(2), 391-408.

② 拉金.重新设计社会科学研究[M].杜运周,等译.北京:机械工业出版社,2019:102.

③ 郝政,何刚,王新媛,等.创业生态系统组态效应对乡村产业振兴质量的影响路径:基于模糊集定性比较分析[J].科学学与科学技术管理,2022,43(1):57-75.

表 2 “～高校舆情回应”条件组态的充分性分析

前因条件		结果变量：～高校舆情回应				
		组态 1	组态 2	组态 3	组态 4	组态 5
事件属性	事件指向	⊗	•	⊗	●	⊗
	事件性质	•		⊗	●	⊗
传播属性	传播热度		⊗	⊗		•
	承诺性信息	⊗			●	•
环境属性	高校知名度		●	⊗	●	⊗
	政府部门介入	●	●	⊗	•	•
原始覆盖度		0.253	0.121	0.086	0.067	0.040
唯一覆盖度		0.227	0.056	0.086	0.028	0.040
一致性		0.950	0.808	0.866	1	1
总覆盖度		0.501				
总一致性		0.916				

注：a.●＝核心条件存在；⊗核心条件缺失；•＝边缘条件存在；⊗＝边缘条件缺失；空白表示该条件既可存在也可不存在。

三、高校舆情回应充分性的内在逻辑

事件特征、传播样态与环境特性构建了高校舆情回应的内在逻辑，尤其是事件指向、事件性质、传播热度和政府介入等要素是影响高校舆情回应充分性的重要维度。在不同的情境下，这些要素发挥各自的特异性作用，组合构建出多种影响舆情回应的路径，也在一定程度上表征了舆情治理值得关注的面向。

“高校舆情回应”七种组态总体解的解释力和覆盖度都很好（见表 1），且就单个解而言，存在两种唯一覆盖度在 0.1 以上且一致性在 0.8 以上的典型组态路径，①笔者将其分别提炼为“高校弥补过失型”与“传播热度驱动型”。

“高校舆情不回应”五种组态总体解的解释力和覆盖度都很好（见表 2），且就单个解来看，存在一种唯一覆盖度在 0.1 以上且一致性在 0.8 以上的典型组态路径，笔者将其提炼为“政府介入失效型”。

① 万筠，王佃利．中国邻避冲突结果的影响因素研究：基于 40 个案例的模糊集定性比较分析[J]．公共管理学报，2019，16(1)：66-76，172．

(一)高校弥补过失型

“高校弥补过失型”对应的组态为“事件指向(学校、教职工) * 事件性质(无人员伤亡) * 传播热度(低) * 高校知名度(低)”，覆盖的案例如“广东医科大学第二饭堂某家店肉丸疑似长虫(E38)”“浙江财经大学教务系统出问题使学生学费突增(E44)”“山东财经大学为留学生腾宿舍(E45)”“燕京理工学院高价校园网(E58)”等。这一组态路径所表征的案例特征是低知名度高校日常管理过失所引发的低热度舆情事件，这些高校能够主动发出声音，以积极的姿态来弥补过失并试图平息舆论。

该路径的形成基于两类原因：一是高校的日常管理能够直接且大范围地影响在校学生的切身利益，校方对此类事件一直保持较高的关注度；二是议题性质会对权力高位方的回应产生显著影响，尤其是不涉及政治领域的日常化民生议题更便于达成务实性的回应。① 这一路径中的事件性质均为轻量级的校园常规化管理中的疏漏，与外部环境牵涉较少，不易形成议题的交叉扩散乃至积累较高的传播热度，高校面临的舆论压力亦相对较低，因此校方能够及时纠偏，充分回应学生与公众的诉求。

(二)传播热度驱动型

“传播热度驱动型”对应的组态为“事件指向(学生) * 事件性质(无人员伤亡) * 传播热度(高) * 高校知名度(高)”，覆盖的案例如“翟天临被指论文抄袭(E18)”“复旦大学 3 名学生因嫖娼被开除(E27)”“中国科学院大学硕士生发表不当言论被开除(E47)”等。这一组态路径所表征的案例特征是，高知名度高校对于学生的不当行为所引发的高热度舆情事件，能做出积极主动的充分回应。

该路径验证了既有研究中传播热度对政府回应的正向影响，即传播热度越高的事件越有可能得到权力高位方的回应。这一路径的形成也与当前高校舆情预警机制的设计相关，很多高校都把舆情传播热度作为舆情风险评估的重要参考指标，热度越高，风险等级越高，②就越容易引起高校重视，推动高校的回应。传播热度还和其他条件如“高知名度高校”等一起发挥作用，赢得校方的重视，推动高校主动公开调查结果与处理办法。此外，由于事件的主要责任方为学生，学生作为被教育和管理的对象，高校

① XIA C, SHEN F. Does government pay attention to the public? The dynamics of public opinion and government attention in posthandover Hong Kong[J]. International journal of public opinion research, 2020, 32(4): 641-658.

② 高艳丽，朱勤文，乔芳琦.全媒体环境下高校网络舆情现状与引导研究[J].湖北社会科学，2015，346(10)：163-167.

对学生管理行为具有单向意志的特性,[①]某种程度上降低了事件处理的难度,提高了高校充分回应的积极性。

(三)政府介入失效型

"政府介入失效型"对应的组态为"事件指向(学生)* 事件性质(存在人员伤亡)* 承诺性信息(否)* 政府部门介入(是)",覆盖的案例有"沈阳航空航天大学一女生跳楼身亡(E8)""南京审计大学一学生坠楼(E10)""湖南师范大学女生宿舍内身亡(E48)"等。这一组态路径所表征的案例特征是政府部门介入高校学生伤亡事件的调查,但未能有效促成高校回应公众对事件信息的相关诉求。

在政府回应中,上级介入对政府回应的成效有着明显的推动作用;[②]与此形成对照的是,政府部门的介入在"高校舆情不回应"的组态中发挥了重要作用。这一路径所覆盖的多为学生自杀事件,公众对学生自杀原因以及如何处理其他涉事人员存在诸多疑惑。相关行政部门虽然介入事件展开调查,却难以促成高校的积极回应。究其原因,一是高校管理权与学生隐私权存在冲突。在提倡权利平等保护原则的当下,学生的隐私权要受到与高校自主管理权同等的保护。[③] 因此,高校处理学生自杀类舆情事件时,会充分照顾学生的个人隐私与家属感受,不能对公众提出的涉及事件具体细节的诉求做出充分回应。二是高校对公众信息诉求回应的忽视。从表 2 的组态 2 覆盖的案例中可以看到,即使部分舆情事件已有明确的处理结果,高校也没有主动向公众通报,未履行信息公开的职责。高校或是依赖媒体进行跟踪调查和后续报道,或是仅在舆情事件发酵初期公布拟定的初步处理方案,后期则因无回应且处理程序不完整而引发公众追责。由此可见,即使高校在解决舆情事件的过程中有了部分行动回应,也不可忽视回应公众信息诉求的迫切性与重要性。

四、治理建议:预警与善后中的"回应"

(一)以"回应"纠正舆情预警中的认知偏差

高校舆情预警策略的设计往往将舆情事件的传播热度作为主要考察指标,低热度

---

① 王旭.变革中的高校与学生法律关系研究[J].甘肃政法学院学报,2017,153(4):148-156.

② 原光,曹现强."涉官"网络舆情中政府回应效果的影响因素分析:基于 139 个案例的实证研究[J].情报杂志,2019,38(8):126-135.

③ 邓姗姗.论高校管理权与学生隐私权的冲突与平衡[J].思想理论教育,2012,375(7):82-86.

事件在此策略下易被忽视。“热度”与“回应”之间的逻辑关系表现为：具备“高传播热度”的多重条件的事件能够推动高校对舆情事件的充分回应，同时，“低传播热度”成为高校“不回应”的典型条件之一，体现在表2的组态2与3中。这两条路径具有一定的代表性与解释力，表征出高校对舆情价值的认知偏差。

网络舆情的实质乃是社情民意的集合，化解舆情并非只是简单地消除表面的舆情张力，更重要的是凝聚民心所向，引导人民群众与主流舆论同频共振。[①] 如果高校关注的问题只是如何尽快平息舆情，将化解舆情定位为技术性问题，这一认知偏差必将导致对舆情内在价值的冷遇与偏离。[②] 其结果是，高校舆情回应与处置机制的完善程度与青年学生精神向度的体验之间存在“逆差”，[③]针对学生与公众关注的诸多舆情事件，高校没有给予足够的重视，未对事件做进一步补充说明，也未采取相关行动以预防和应对舆情再次引爆的可能，[④]偏离了网络舆情治理凝聚思想共识的目标。

为了纠正这一认知偏差，需要改变的是传统舆情预警策略中的“唯热度”倾向。诚然，舆情事件的传播热度越高通常意味着矛盾越激烈，亟须得到解决，高校需要加以重视。但反过来，热度低的事件并不意味着不重要，高校舆情事件往往涉及高校师生的切身利益与人身安全，无论传播热度高低与否，公众都有权利知晓事件的调查结果并要求相关部门做出回应与整改。由是，在高校舆情预警的过程中，除了考虑传播热度外，还可以纳入更多的考量维度，如事件指向、事件性质、信息风险等，更为全面地研判舆情，这样既能避免陷入“唯热度论”的陷阱，又能避免个别利益绑架公众利益而陷入“家长主义”的恶性循环。

(二)以“回应”完善舆情善后中的机制缺位

如果说舆情预警中的“唯热度”倾向体现了高校舆情回应的认知偏差，那么“政府介入失效型”这一典型路径则体现出舆情善后工作中一定程度的无序状况，反映出回应中的部分机制缺位。互联网突破传统的单向传播模式，用户间实现了双向、多向互动，舆情发酵空间的信息量得以快速膨胀。在海量信息的冲击下，高校难以全面排查敏感信息，及时疏通多方信息通道；而公众则容易在不实信息的影响下走向群体极化，

---

① 刘余勤，李振.重大疫情网络舆情的特征及其治理[J].思想理论教育，2020(4)：103-107.

② 李放，韩志明.政府回应中的紧张性及其解析：以网络公共事件为视角的分析[J].东北师大学报(哲学社会科学版)，2014(1)：1-8.

③ 姚翼源.高校网络舆情治理的关键问题与实践向度[J].西南民族大学学报(人文社会科学版)，2021，42(3)：161-166.

④ 李艺全，张燕刚.高校网络舆情共振现象仿真及应对策略研究[J].情报杂志，2019，38(12)：107-113.

导致舆情进一步发酵。[①] 换言之，高校与公众之间处于一种“双向的信息不对称”状态，[②]使得高校处置舆情时往往倾向于采取因人因事的权宜措施。形成这一局面的原因之一在于高校缺乏系统化、常态化的舆情应对与处置机制。目前高校舆情的回应与引导大多仍是科层制思维模式主导的治理范式，无法适应社交媒体时代多元、复杂的网络舆情新生态环境。很多高校制定的舆情回应与治理策略“在解决实际矛盾问题的操作路线上缺少必要的考核监督方法，使得高校舆情治理工作的很多事情不能够扎实开展并落实下去”[③]，进而导致高校时常出现话语回应或行动回应缺失的状况。

为改善舆情善后中的机制缺位，高校需要根据舆情事件反映出的根本性问题提供具有前瞻性的制度性回应，引入系统化、常态化的舆情应对与处置机制。其中，系统化强调多层次、高密度地发布权威信息，增强高校舆情回应的专业性和针对性；常态化则要求高校及时、合理、有效地疏导公众情绪，同时为合理质疑提供渠道与方式，从而让客观、准确、公正的回应占据舆论空间。[④] 具体而言，高校可以从舆情应对、防控责任、风险评估、信息发布等方面完善顶层设计，明确内部各部门的舆情治理层级，将公开作为常态，依法依规进行相关信息的发布；同时，推动协同治理，健全多方联动的响应策略，加强与各媒体、地方政府、网络管理部门、公检法部门等教育系统外的机构的沟通协作，[⑤]建立适应社交媒体时代公众信息需求的高效信息沟通平台。

〔詹骞，中国传媒大学新闻学院教授；李伟森，中国传媒大学新闻学院互联网传播方向硕士研究生〕

---

① 张志丹.抗疫舆情风险的治理之策[J].江苏社会科学，2020(3)：31-39.

② 李艳中，李瑞凡.多视角探赜政府—新媒体关系：一种善治关系模式的构建[J].岭南学刊，2020(3)：44-54.

③ 徐鹏.新时代高校舆情治理优化路径研究[J].中国高等教育，2019(Z1)：78-80.

④ 李明德，王含阳.新媒体传播模式及其对舆情治理的新要求[J].西北大学学报(哲学社会科学版)，2021，51(2)：151-159.

⑤ 唐亚阳，李璐.教育网络舆情危机干预效果影响因素及应对机制：基于100个教育网络舆情危机事件的实证分析[J].现代传播(中国传媒大学学报)，2017，39(9)：145-152.

短视频重度用户情感过劳的内生机制与调节治理

Endogenous Mechanism and Regulation of Emotional Overwork of Severe Short Video Users

◎张 卓 王立亚

Zhang Zhuo Wang Liya

摘要:作为产消者的短视频用户,已经成为被隐蔽的情感劳动者,被越来越广泛、深层次地卷入情感过劳的生产过程当中。通过对代表性短视频重度用户进行深度访谈,本研究发现身体与情感的过度劳动、无差别的自我失控、多样化的内容偏好是其具身性沉浸画像的主要特征,而情感迁移触发了短视频重度用户介入短视频内容观赏,进而呈现出从“动机—触发”“介入—依赖”“失控—受损”的情感过劳内生逻辑,背后隐藏着短视频平台对于短视频重度用户从流量剥削到数据剥削再到资本剥削的最大限度榨取剩余价值的本质。鉴于此,应从政策、平台、用户、社会四个面向重构短视频用户情感劳动的结构,回归短视频产消的健康良性调节治理生态。

关键词:短视频重度用户;情感过劳;内生机制;调节治理

Abstract:As producers and consumers, short video users have been involved in the production process of emotional overwork more and more widely and deeply in the name of hidden emotional workers. Through in-depth interviews with representative heavy short video users, it is found that physical and emotional overwork, indiscriminate self-control and diversified content preferences are the main characteristics of their immersive portraits, and emotional transfer triggers heavy short video users to participate in short video content viewing, which then presents the endogenous logic of emotional overwork from “motivation-trigger”, “intervention-dependence” and “out of control-damage”, which hides behind the short video platform from traffic exploitation to heavy short video users. In view of this, we should reconstruct the emotional labor structure of short video users from four aspects: policy, platform, users and society, and return to the healthy and benign regulation and governance ecology of short video production and consumption.

Keywords: severe short video users, emotional overwork, endogenous mechanism, regulate and govern

数字经济的纵深发展,推动了抖音、快手、B站、微信视频号等一批短视频平台的崛起,深刻重构了互联网产业的业态结构、当前及未来文化的生产传播样态与生态,且不可逆地重塑了大众媒介消费惯习乃至社会文化面貌。如今,“刷短视频”已深度嵌入、深刻融入公众日常生活,全国短视频用户规模已经达到10.3057亿人,网民使用率高达94.8%,位居各类移动互联网应用前列,[①]且呈现出时间线性的散碎化与板块化相结合,以及空间范围的多元场景交替的在地性、液态化等明显特征。因对短视频信息产品样态的深度依赖和行为惯性,已出现一批短视频重度用户群体。由清华大学新闻与传播学院、社会科学文献出版社、央视市场研究(CTR)、广视索福瑞媒介研究(CSM)、中国新闻史学会传媒经济与管理委员会联合发布的《传媒蓝皮书:中国传媒产业发展报告(2021)》也同样指出,数字化时代的中老年用户也逐步成为短视频重度用户,头部平台出现抢夺中老年用户的趋势。[②] 该类群体当前单日使用短视频累计时长远超普通用户的人均2.5小时,使用场景涉及工作、学习、生活、出行等各类空间场域,由此引发了情感过劳问题,对其身心诸多面向产生了不利影响。短视频沉迷成为继网瘾、游戏沉迷等问题之后的又一个亟须社会关注的重要网络现象和社会问题。情感过劳的短视频重度用户,作为一种极为广泛的被隐蔽的数字劳工群体的典型代表,背后隐藏着深刻的个体心理、生产传播、资本再生等内在逻辑。当前,在传播政治学、社会学等宏阔学术视野下,数字劳工理论、情感劳动理论等以批判的视角逐步加大了对数字劳工过度劳动、数字剥削、情感剥削等非物质劳工剥削现象的研究力度,展开了对网络游戏、网络直播、网络文学、老年数字劳工、青少年及儿童数字劳工等众多课题

① 中国互联网络信息中心.第51次《中国互联网络发展状况统计报告》[R/OL].(2022-03-22)[2024-04-10].https://cnnic.cn/NMediaFile/2023/0322/MAIN16794576367190GBA2HA1KQ.pdf.

② 传媒蓝皮书:中老年用户逐步成为短视频重度用户[EB/OL].(2021-08-23)[2023-07-01].https://www.chinanews.com.cn/sh/2021/08/23/9549817.shtml.

的细致探讨,但对于短视频特别是短视频重度用户的情感过劳问题的研究依然较少。鉴于此,本研究选取重度短视频情感过劳现象作为研究对象,采用深度访谈的方法,集中探讨短视频重度用户的基本画像、情感过劳的内生机制及内在实质,进而提出调节治理的合理建议,以期对破解该类社会问题有所裨益。

在研究设计和方法步骤上,本研究首先针对超过 100 名短视频用户的使用体验进行了随机初步访谈(单个对象访谈时长约为 10 分钟),从中筛选出了 12 名较有代表性的短视频重度用户(其标准为参考权威公开数据所公布的日均短视频使用时长超过 2.5小时;针对所选取的 12 名代表性短视频用户,分别按 Y1—Y12 的序列进行顺序编号),进而参考现有研究成果文献设计访谈提纲开展访谈(单个对象访谈时长约为 2 小时),同时对访谈对象的短视频使用行为进行观察。通过访谈与线上田野观察,本研究获取了访谈对象人口统计学、使用时长、内容偏好、数字劳动过程及认知情感体验等方面的较为完整的信息。其中,涉及人口统计学、使用时长、内容偏好三个方面的田野资料为短视频重度用户的基本画像奠定了较好的基础,而涉及数字劳动过程及认知情感体验方面的田野资料则为探讨短视频重度用户情感过劳的内生机制、内在实质及调节治理建议探讨提供了较为扎实的一手资料依据。

一、具身性沉浸:短视频重度用户的自我画像勾勒

自 20 世纪后半叶众多学科和领域开启“具身性转向”以来,从梅洛-庞蒂、唐·伊德到胡塞尔、海德格尔再到瓦雷拉、汤普森,关于具身性的探讨逐步由模糊走向清晰。现有研究者认为,所谓具身性,即是“人在投入到某活动的操持时,身、心、物及环境无差别地融为一体,达到一种身体与周围环境的物我交互”[①]。具身性以一种“什么是具身”借以“通达什么”的指引性逻辑结构,深刻描摹了人在特定实践活动中的身、心、物、环境的交互互动图式。近年来,伴随着虚拟现实(VR)、增强现实(AR)、扩展现实(XR)等技术应用的兴起与落地,以及对元宇宙技术逐渐深入的探讨,基于数字虚拟深度互动的沉浸概念得到越来越多的关注和重视。[②] 由此可见,具身性与沉浸二者较好地体现了内在的一致性。甚至从某种意义上说,具身性起到了解释沉浸概念的积极作用。一方面,从空间向度来看,沉浸内含着参与主体对于实践活动客体的深度具身嵌入性与融入性;另一方面,从时间向度来看,沉浸还蕴含着参与主体长时间与实践活动

① 张文娟.具身性之思想溯源、概念廓清与学术价值[J].新闻与传播研究,2022(9):112-128.
② 党琼,李奕霏.智能、沉浸与场景:元宇宙时代的国际传播[J].青年记者,2023,6(下):33-35.

客体的紧密勾连。事实上，无论是网民的网络沉迷，还是游戏上瘾，抑或是对于网络小说、网络视频、网络直播、元宇宙产品等的媒介使用，均在不同程度上体现了具身性沉浸的特征。而通过访谈及观察，本研究发现，短视频重度用户的短视频使用更是从媒介消费时长、人口统计学特质和媒介消费内容偏好三个方面印证了其具身性沉浸的特质。

（一）身体与情感的过度劳动

马克思主义政治经济学视野下的数字劳工理论认为，数字劳工包括了传统雇佣关系下的数字劳工、数字资本企业中的技术工人、平台零工以及非雇佣形式下的产消者四种主要类型。[①] 特别是伴随数字经济、平台经济在更深程度、更宽范围的发展，越来越多的非雇佣形式的产消者被卷入数字劳工的行列，成为各大短视频平台的免费劳动者，本研究所指的短视频重度用户即为其中的核心性代表群体。公开权威数据显示，一般而言，目前我国短视频用户每日短视频使用时长平均为 2.5 小时，但短视频重度用户的日均短视频使用时长则超过 5 个小时，甚至高达 7—8 小时，呈现出极为明显的过度劳动特征（即“劳动者在其工作过程中存在超时、超强度的劳动行为，并由此导致疲劳的蓄积，经过少量休息无法恢复的状态”[②]）。“我每天刷短视频的时间总共可能超过 5 个小时，白天可能有两三个小时，晚上至少玩两三小时。”（Y2）“我一般在工间休息时间、坐地铁、吃饭的时候都会看看短视频，晚上睡觉之前我也会刷刷短视频，好些时候一刷就可能到晚上两三点。”（Y5）不仅仅是时间生产的卷入，情感劳动（即人与人在真实或虚拟的交流与沟通过程中付诸的情感实践[③]）的介入更为明显，并体现为短视频重度用户过度劳动最为主要的特征，即情感的过劳。“我往往陷入短视频给我所带来的乐趣当中，几个小时都不会休息。”（Y7）由此可见，短视频重度用户不仅以大量的时间介入短视频消费结构，而且付出了超强度的情感劳动，时间生产与情感劳动螺旋并生，使其深度沉浸沉迷在短视频所构建的拟态环境、虚拟镜像之中。

（二）无差别的自我失控

自我控制是指个人在心理与行为上的和谐，包括个体的“冲动控制、健康习惯、抵制诱惑、专注工作、节制娱乐”等方面的内容，是积极心理、健康生活的表征。有研究者

---

① 朱悦蘅，王凯军.数字劳工过度劳动的逻辑生成与治理机制[J].社会科学，2021(7)：60-63.

② 孟续铎.劳动者过度劳动的成因研究：一般原理与中国经验[M].北京：中国劳动社会保障出版社，2014：12.

③ 吕鹏，毕斯鹏.情感递偿、情感迁移与情感反哺：主播与粉丝的情感劳动过程研究[J].青年探索，2022，241(5)：28.

将具有“易于控制自我、抵制诱惑、保护有价值的目标”等高水平自我控制特征称为“君子人格”。① 然而，对于普通人而言，面对纷繁芜杂的外部诱惑，要达成“君子人格”谈何容易。通过对本研究所访谈的 12 名代表性短视频沉迷用户的人口统计学特征进行分析发现，在性别维度，无论男性还是女性，短视频均对其具有较大的诱惑力，且短视频对女性的诱惑力强于男性，具体为男性 5 人，女性 7 人；在年龄维度，几乎所有年龄段的用户均乐于接受短视频产品，存在成为短视频重度用户的可能，其中 12—18 岁年龄段涉及 3 名，19—60 岁年龄段涉及 7 名，60 岁以上年龄段涉及 2 名；在学历维度，高中及以下学历段涉及 7 名，大专及以上涉及 5 名，体现出了无论学历高低，短视频均对其具有较强的吸引力，但总体上看学历较低者更易受到诱惑。

(三)多样化的内容偏好

短视频平台发展至当下，在个人、企业、平台、社会组织、政府等 UGC(用户生成内容)、PUGC(专业用户生产内容)的合力推动下，短视频的内容不断丰富，包罗万象。例如，B 站的短视频内容涵盖了资讯、网剧、纪录片、电影、知识、时尚、科技等近 40 项类别。借助短视频平台的传播优势，抖音发力抖音商城，让用户在观看短视频的同时可以实现一键购物。在本研究所选取的 12 名代表性短视频沉迷用户中，倾向于新闻类的用户有 3 名，倾向于文化类的用户有 2 名，倾向于亲子类的用户有 2 名，倾向于网剧类的用户有 2 名，倾向于垂直类的用户有 2 名，倾向于综合类的有 1 名。多样化的内容偏好显示了用户的不同特质和短视频内容消费的用户主体性特征，也为不同短视频内容的产出、传播与供给提供了足够的空间。

二、情感迁移：短视频重度用户过度劳动的内生逻辑

从数字劳动理论视角出发，情感是指“劳动者内生的一种感受，它代表了劳动者对某件事物的复杂而稳定的生理评价和体验，也代表了劳动者与其他个体的联系”②。基于非物质劳动面向的情感劳动，既是作为产消者的网络用户满足自身精神文化需求的重要通道，又是其牺牲个体生命时间和情感精力的一个载体。毫无疑问，合理的情感劳动，能够为网络用户带来精神的丰富和愉悦。但是，过度的情感劳动(即用户分配

① 葛枭语，侯玉波.君子不忧不惧：君子人格与心理健康——自我控制与真实性的链式中介[J].心理学报，2021，53(4)：374-386.

② 郭小安，李晗.情绪劳动与情感劳动：概念的误用、辨析及交叉性解释[J].新闻界，2021(12)：56-68.

过多的时间、精力与情感投入短视频内容观赏），则在很大程度上可能给其带来身心的不利影响。基于对12名代表性短视频沉迷用户的访谈和观察，我们可以较为清晰地发现情感迁移触发了短视频重度用户对短视频内容的观赏，并进而呈现出从“动机—触发”“介入—依赖”“失控—受损”的情感过劳内生逻辑过程。

（一）“动机—触发”：需要的情感迁移

马斯洛的需要层次理论认为，人类的需要从低到高可以分别划分为生理需要、安全需要、归属和爱的需要、自尊需要、自我实现的需要，并且呈现出因满足程度的不同而由强到弱的程度变化。[①] 后续的研究者进一步指出，人类的需要层次并不一定按照由低至高的强弱变化，不同层次的需要得到的满足程度不同，需要的强烈程度同样存在差异。比如，对于一个饥饿难耐的人来说，对于食物的生理需要是其非常强烈的需求，但是如果食物给予者以一种人格侮辱的方式给予其食物，则有可能遭到饥饿者的拒绝。[②] 由此可见，人类的需求有着自身的多元性与复杂性。就短视频重度用户情感过劳的动力机制而言，本研究发现主要包括了如下四种类型欲望的驱动。一是新闻欲。人类对周遭环境变化信息的需求有着天然的本能欲望，这也是驱动传媒发展至今的重要因子。了解新闻信息，是不少短视频重度用户情感过劳的重要动力之一。“我非常喜欢通过短视频去了解各种新闻，包括时政新闻、社会新闻、国际新闻等。”（Y3）二是休闲欲。休闲娱乐是人类亘古不变的生活追求。“我往往在工作之余就喜欢看看短视频，比如看看一些文化类、国学类的东西，这让我感到很放松。”（Y7）三是求知欲。知识是推动文明进步的重要力量，通过短视频获取知识也成为短视频重度用户情感过劳的另一个诱因。“很多时候，我都通过短视频获取关于汽车、旅游、美食等方面的信息，抖音教会了我很多。”（Y11）四是宣泄欲。现代人的生活压力较大，无论是工作、家庭还是生活，均可能对其带来身心的压力，而通过观看短视频则可帮助其逃避现实的压力。“我的工作压力非常大，一般我都通过观看短视频来缓解自己的情绪，我会一直看一直看很久很久。”（Y12）尽管短视频重度用户的情感过劳有着众多的驱动类型因子，但情感迁移无疑是其中最为根本的动力。所谓情感迁移，即研究者所谓的注意力转移，包括情感的界面化（即个体的物理身体和数字身体更多的相遇）、神交化（即个体的物理身体与数字身体的精神相通）和认同化（即个体对于数字界面所传递的价值理

① 马斯洛.动机与人格[M].许金声，译.北京：中国人民大学出版社，2012：19-41.

② 董洁林.人类科技创新简史：欲望的力量[M].北京：中信出版社，2019.

念的获取与认同）。[①] 同时，情感迁移的强烈程度，也规训着情感过劳的基本程度。“我有多么生气，就可能刷短视频有多久。”（Y7）对于短视频的深度使用，甚至成为用户逃避现实的重要手段。比如，访谈对象 Y9 就表示：“有时候生活真的让我很无奈，我只有一头扎进短视频，才能得到解脱。”

（二）“介入—依赖”：情感过劳的关键因子

媒介系统依赖理论认为，“当受众接受某一种媒介所传达的信息后会产生明显的路径依赖。一方面对该路径下的传播信息兴趣更强，另一方面则有明显的冲动希望该路径下的信息或功能更为全面”[②]。短视频是如此之短，短则 10 秒、15 秒、30 秒，长则 1—5 分钟，但因何能够吸引短视频重度用户投入每天长达 5 小时甚至更长的情感劳动？也许，媒介系统依赖理论对此能够作出较好的诠释。访谈及观察结果也表明，从用户接触短视频到每日长达几个小时的内容消费，日复一日的强黏性背后蕴藏着三套引导用户深度依赖的运行机制。其一，技术的控制力。短视频内容传播依托于各类内容生产主体的海量内容供给，更依赖于短视频平台的算法推荐技术。有研究者指出，算法掌握着一种独特的中介权力，此种权力通过推荐机制、生产机制和过滤机制的三重作用，“决定着人们可以看到什么、不可以看到什么，从而决定人们能思考什么、不思考什么”[③]。短视频平台基于用户的短视频浏览记录获取用户内容偏好，源源不断地向用户推荐同类内容，形成了远超电视新闻的强大传播能量，塑造了吸引用户持续观看的强大动力。其二，内容的吸附力。严格来说，短视频的内容品质无论是在画面、配音还是编辑策划方面，都不如电视节目内容。但是，短视频仍然可以吸引超大规模的用户，其背后的流量密码就在于短视频内容对于用户的特殊吸附力。这在短视频的网剧使用方面体现尤为明显。具体而言，虽然单集网剧时长一般在 1 分钟左右，但是其题材新颖、结构紧凑、情节冲突紧张，尺度远远超越了传统的长剧，往往使用户欲罢不能。“我真的很喜欢看网剧，比如《战神》之类的片子，虽然很多网剧的情节都是那么几套，但是我还是喜欢去看，非常劲爆、非常刺激，一个晚上我都能看好几部。”（Y8）“我觉得网剧对我的吸引力很大，因为爱上了看网剧，我已经很久没有看长剧了。”（Y3）其三，个人的自控力。研究发现，短视频的重度使用者往往在个人自控力方面较为薄弱。

---

① 吕鹏，毕斯鹏.情感递偿、情感迁移与情感反哺：主播与粉丝的情感劳动过程研究[J].青年探索，2022，241(5)：31-33.

② 林昱君.媒介系统依赖下的短视频受众研究[J].编辑之友，2020(7)：74.

③ 罗昕.算法媒体的生产逻辑与治理机制[J].人民论坛・学术前沿，2018，12(下)：25-39.

“我被短视频吸引进去之后，往往就跟着内容走，走到哪儿看到哪儿，我不想结束。”(Y4)正是这样的顺其自然、随波逐流的态度，带来了短视频重度用户情感投入的不断增加。

(三)“失控—受损”：情感过劳的不利影响

短视频重度用户过度的情感劳动，对用户的身心产生了较为严重的不利影响。通过访谈，本研究总结了三个方面的不利影响：一是认知错位。客观而言，尽管互联网有其内容的海量性，但仍然无法真实地反映现实，其所构筑的依然是一种与现实世界不同的虚拟世界、拟态环境、媒介镜像。比如，为了吸引流量的短视频摆拍，时至今日仍然屡禁不绝，如果不能得到及时的管理，就带来了网络的虚假性，影响了用户对真实世界的正确认知。对于短视频的大量观看，甚至可造成人的精神障碍。“我看了很久短视频之后，就觉得自己的头脑比较恍惚，分不清我到底是生活在短视频的世界里，还是生活在现实的世界中。”(Y10)二是身体受损。短视频作为视觉性媒体，长期的重度短视频使用，可使人的身体受到损害。“我几乎每天晚上都会刷短视频到两三点，第二天上班总是昏沉沉的。”(Y6)三是生活失调。在重度短视频使用的触发下，用户的生活节奏往往容易被打乱。“我经常因为观看短视频调整自己的生活节奏，很少能够按照计划安排去做事。”(Y11)毫无疑问，作为情感劳动者、数字劳工的短视频重度用户因短视频沉迷所带来的认知错位、身体受损、生活失调，并非健康良性的短视频使用习性，背后也必将带来非雇佣形式下情感劳动力“再生产的内卷化”①，影响短视频行业的可持续发展。

三、资本剥削：短视频重度用户情感过劳的本质

面对短视频重度用户的情感过劳问题，在社会舆论和国家政策的压力下，各大短视频平台纷纷通过开发针对青少年的“青少年模式”，以及针对成人的长时观看、深夜休息的信息提醒推送。但是，这些功能却并未发挥应有的效用。“作为一名学生，我有很多办法规避平台对我的使用限制，比如，我一般用爸爸妈妈的手机刷短视频。”(Y1)“我看到了晚上刷短视频时平台的休息提醒，但是我并不在意。”(Y12)更何况，诚如研究者所言，被资本驱动的平台，追求的永远是“剩余价值”，“是根本不关心工人的健康

---

① 朱悦蘅，王凯军.数字劳工过度劳动的逻辑生成与治理机制[J].社会科学，2021(7)：66.

和寿命的，除非社会迫使他去关心”[①]。平台资本将传统雇佣关系下的情感过劳与非雇佣形式下的情感过劳密切整合起来，特别是通过对非雇佣形式下的情感过劳的更大范围、更深程度的利用，实现了从流量剥削到数据剥削最终到资本剥削的平台剩余价值最大化。

具体到流量剥削，流量与互联网、资本天然结合在一起，体现为用户的点阅点看数量、停留时长、各类互动量等具体指标，“成了变现能力与商业价值的代名词”[②]，是资本控制的根本渠道和载体。在短视频生态之中，无论是平台，还是内容生产群体，都以收割大流量作为其内容成败的核心衡量指标，打造“爆款产品”“现象级产品”亦为其行动的根本内驱力量。从短视频重度用户的媒介使用习惯来看，其与短视频平台的流量剥削要求高度契合，是其最有价值的核心用户。

流量剥削的另一面，是短视频平台对短视频重度用户的数据剥削，意即平台对用户的每日活跃数量、每周活跃数量、每月活跃数量、点击量、访问平均时长、内容偏好、关注、点赞、评论、转发等数据的搜集。这些数据既可以实现对用户的短视频使用的全方位、全时段监控，又通过对以上数据的技术化分析，对其进行立体画像，并作为其完善内容、改进算法技术、推荐方式的依据，从而达到强化短视频重度用户情感过劳的客观效果。

无论是流量剥削，还是数据剥削，其本质均归结于短视频平台对短视频重度用户的剩余价值榨取。以B站的最新隐私政策为例，其在“我们可能如何使用信息”部分就明确表达了“帮助我们设计新服务，改善我们现有服务”“向您提供与您更加相关的广告以替代普遍投放的广告”。如果用户不提供或者不允许平台使用其较为完整的个人数据信息，其相关的服务功能将无法获取。由此可见，在政策规制的框架下，短视频平台虽然明确告知了用户的隐私权限，但也夹带了“私货”，将其资本剥削的本质暴露无遗并予以了合法化、公开化。与此同时，短视频平台还通过虚假的激励方式吸引用户使用其平台服务，比如抖音极速版推出的“刷视频领音符”奖励并兑换少量现金的功能，但是与用户所付出的大量时间和精力相比，奖励可谓微乎其微。可以说，作为产消者的短视频重度用户虽然把“刷短视频”作为其满足精神文化休闲需求的重要智力活动，但正如一位受访者所言，“我每天花费了大量时间和精力去刷短视频，但是我的内心依然空荡荡的”（Y8）。用户对于短视频的重度介入，并没有有效满足其精神需求，

① 朱悦蘅，王凯军.数字劳工过度劳动的逻辑生成与治理机制[J].社会科学，2021(7)：64.

② 张雪，田自豪.流量的正常化：主流媒体新闻品味的层级性维系[J].国际新闻界，2023(6)：123.

其作为劳动者所创造的价值与使用价值也未得到充分的尊重。相反,各大短视频平台却在该劳动过程中赚得盆满钵满。

四、多元治理:短视频重度用户情感过劳的调节治理

在2016年举行的网络安全和信息化工作座谈会上,习近平总书记指出:"网络空间是亿万民众共同的精神家园。网络空间天朗气清、生态良好,符合人民利益。"①伴随着短视频行业不断向前发展,其衍生出的短视频重度用户情感过劳问题,已然与网络虚假信息、网络诈骗、人肉搜索等问题一道,成为亟须干预的重要社会问题,而基于共建共享共治的社会治理原则,有所侧重地建立与完善基于政府、平台、用户、社会的四方协同调节治理机制,可能有助于促进该问题的解决。

政府层面应侧重于"督",提升法律法规的穿透力。当前,我国互联网治理无论从机构设置、人员配置、技术手段还是立法等各个方面,都得到了不断强化。特别是在立法领域,从《网络安全法》《数据安全法》到《个人信息保护法》《互联网信息服务管理办法》《互联网信息服务算法推荐管理规定》,我国互联网管理法律法规得到不断完善,它们对于短视频平台的规约规制同样具有很强的适用性。尤其是2022年正式施行的《互联网信息服务算法推荐管理规定》第十七条明确提出:"算法推荐服务提供者应当向用户提供不针对其个人特征的选项,或者向用户提供便捷的关闭算法推荐服务的选项。用户选择关闭算法推荐服务的,算法推荐服务提供者应当立即停止提供相关服务。"②这对于打破算法推荐导致的短视频用户重度使用、情感过劳无疑有重大意义。然而,各大短视频平台的具体落实情况却不甚理想,因此极有必要从政府角度加大法律法规的执行监督力度,对违规行为严肃追究法律责任,让良法善治真正得到贯彻落实。

平台层面应侧重于"公",寻求资本与用户的良性互动。随着市场经济不断向前发展,企业治理思想已由过去的简单追求"剩余价值"向更加注重政府、客户、员工、社会等各利益相关者的利益平衡方向转变,从而构筑企业"关系资本",创造"价值引擎"。③运营短视频平台的互联网商业巨头,由于面向数以亿计的网络用户,已经不能简单地

① 习近平.习近平著作选读:第一卷[M].北京:人民出版社,2023:472.

② 互联网信息服务算法推荐管理规定[EB/OL].(2022-01-04)[2023-07-01].http://www.cac.gov.cn/2022-01/04/c_1642894606364259.htm.

③ 吴应宇,丁胜红.企业关系资本:价值引擎及其价值管理研究——基于利益相关者理论视角[J].东南大学学报(哲学社会科学版),13(5):43.

追逐“最大限度剩余价值”私利，仅被动对短视频重度用户进行简单的提醒，而应当深度思索自身所承担的公共利益责任，主动减少算法推荐对于短视频用户的沉迷诱导，提升内容的品质，并采取更加有效的举措强制用户中途休息，同时更好保护用户的数字劳动权益，在与用户的良性互动中实现平台的可持续发展。

用户层面应侧重于“约”，不断增强自身媒介使用素养。短视频重度用户的情感过劳，与其自身对短视频媒介消费的个体认知不无关系。尽管短视频能够为用户带来精神的慰藉、知识的丰富，甚至帮助其逃避现实的生活，但用户在对短视频产品进行精神消费时，不应以牺牲自身的身心健康作为代价。因此，短视频用户特别是成人短视频用户应当形成对短视频产品的正确认知，主动获取有关短视频平台运行机制、内容属性、法律规制等方面的知识，提升自身媒介素养，增强自我约束能力，减少对短视频的依赖。

社会层面应侧重于“合”，发挥好调剂各方的中介效应。社会力量作为防治短视频重度用户情感过劳问题的中介力量，涉及了教育、媒体、医疗、公益等各个领域，有着重要的润滑剂作用。随着短视频重度用户情感过劳现象的凸显，社会力量应利用好各类公共领域空间，加强对该问题的重视和探讨研究，较为系统地动态监督短视频平台对公众的伤害，及时予以预警；同时，借助舆论呼吁的手段引起整个社会对该问题的广泛关注。社会力量亦可通过组织各类媒介素养特别是网络短视频使用媒介素养的宣传、讲座活动等，助力用户增强短视频沉迷的自我约束能力。

五、结论及讨论

本研究虽然在正式访谈前针对100名短视频用户进行了初步访谈，进而选取了其中的12名典型短视频重度用户作为访谈的对象，从而获取研究的基本素材。但是，研究的样本量依然较小，可能对分析结果和结论产生影响。同时，访谈法作为社会科学研究的重要案例分析方法，虽然具有一定的质效度，但是与严格的实证方法相比，依然在数量上缺乏足够的说服力。然而，对本研究所描摹的有代表性的短视频重度用户的沉浸画像仍具有一定的典型意义，特别是对于置身短视频时代的当下，本研究对如何处理身体与情感的关系、如何理解无差别的自我失控以及如何理解情感过劳产生的背景及原因等问题进行了深度的探索。情感过劳的调节治理已经成为日益受到关注的社会问题。情感过劳也许在某个阶段曾经对促进社会发展产生过积极意义，但在人类自身发展的长河中，沉沦于短视频的情感过劳需要适时校正和纠偏。未来，随着该课题研究的持续深入，从短视频重度用户情感过劳的基本维度、前置影响变量因素、情感过劳的影响危害三个侧面探讨各自变量、中介变量、因变量之间的相互关系，对于构建短视频重度用户情感过劳的理论分析框架将起到更好的作用，产生更大的价值与意义。

〔张卓，武汉大学新闻与传播学院教授、博士生导师；王立亚，武汉大学新闻与传播学院博士研究生，深圳广播电影电视集团办公室副主任，主任编辑〕

ChatGPT赋能:深度人工智能时代国际话语权的新维度*

ChatGPT Empowerment: A New Dimension of International Discourse in the Era of Deep Artificial Intelligence

◎董　超　白汶龙　刘笑盈

Dong Chao　Bai Wenlong　Liu Xiaoying

摘要:自20世纪50年代"人工智能"概念被提出后,技术更迭下人工智能在模仿人和超越人的道路上交叉前行。随着信息技术,尤其是硬件设备跟进,算力、算法以及信息"投喂"能力不断提高,2023年,人工智能领域出现了颠覆性成果——ChatGPT,标志着深度人工智能时代的到来。同人类多次重大的技术革命一样,ChatGPT必将给人类社会带来新的能力和能量,直接影响整个社会的信息内容生产、教育、医疗、文化传播等各个方面。同时,深度人工智能也将给国际话语权的争夺带来多种技术挑战。目前我国在深度人工智能方面处于后发状态,我们需要充分利用这一次技术革命的机遇,在国际话语权博弈过程中实现弯道超车,同时体现出中国在全球传播治理中应该作出的贡献。

关键词:深度人工智能;国际话语权;技术赋能

Abstract: Since the concept of "artificial intelligence" was introduced in the 1950s, artificial intelligence has crossed the path of imitating people and surpassing them with technological changes. As information technology, especially hardware devices, followed by the improvement of computing power, algorithms and information "feeding" capacity, finally in 2023, there was a disruptive result—ChatGPT, which can be said to mark the arrival of the era of deep artificial intelligence. Like many major human technological revolutions, ChatGPT will bring new capabilities and energy to human society, directly

* 本文得到江苏高校"青蓝工程"资助。

affecting the production of information content, education, healthcare, cultural communication, and other aspects of society. At the same time, deep AI also brings a variety of technical challenges to the struggle for international discourse. Currently, China is a latecomer in deep AI, and we need to make full use of the opportunity of this technological revolution to achieve a bend in the process of international discourse game, and at the same time reflect the contribution that China should make in global communication governance.

Keywords: deep artificial intelligence, international discourse, technology empowerment

当前,ChatGPT 以强运算、强智能、超可能性出现在人们眼前,其从“模拟人”到“超越人”的转变超出了我们对人工智能现有发展水平的预期,尤其是使用 ChatGPT 时体现出的便捷性已经展现出商业普及的可能。当下,深度人工智能的使用场景已经从实验室走向办公室,随着商业资本的注入,其使用场景很快将从办公室走向客厅、进入卧室。人工智能势不可挡,注定是人类的未来。[①] 但同时,也有人担心它会入侵人的主体性,人类将面临智能化的挑战。深度人工智能时代已经到来,以 ChatGPT 为代表的深度人工智能渗透到社会生活的方方面面,已经是可预期的事情。ChatGPT 深刻影响着人类语言的表达结构与方式,由于它的生成机制是“‘喂养’—‘训练’—‘输出’”,这造成了这种深度人工智能“吃”什么数据就说什么话,被谁训练得多就认可谁的价值观,其输出数据具有意识形态属性,这对我国网络治理、国际传播提出了严峻挑战。ChatGPT 赋权下的话语权维度检验着我国网络治理与国际话语博弈能力。

国际话语权是我国高度重视的国际传播的关键部分,但目前,我国国际话语权还没有完全匹配上我国在世界上的地位以及发展中的巨大优势。国际话语权包含四个向度:话语本体、话语主体、话语客体、话语介体,体现在说服力、影响力、吸引力三个方面。[②] 习近平总书记在党的二十大报告中指出:“加强国际传播能力建设,全面提升国际传播效能,形成同我国综合国力和国际地位相匹配的国际话语权。深化文明交流互鉴,推动中华文化更好走向世界。”[③]早在 2016 年 4 月 19 日的网络安全与信息化工作

---

① 赵汀阳.GPT 推进哲学问题了吗[J].探索与争鸣,2023(3):67.

② 蒋锐,华方正.中国新型政党制度国际话语权构建:现状、问题与路径[J].理论学刊,2023(1):81,84.

③ 习近平.高举中国特色社会主义伟大旗帜 为全面建设社会主义现代化国家而团结奋斗——在中国共产党第二十次全国代表大会上的报告[N].人民日报,2022-10-26(01).

座谈会上,习近平总书记就指出,“大国网络安全博弈,不单是技术博弈,还是理念博弈、话语权博弈”。在提高国际传播能力建设问题方面,在争取网络空间国际话语权的问题上,我们不仅要积极参与,还要争取变被动为主动,这就更需要我们把握每一次技术变革带来的机遇。

本文将从 ChatGPT 如何赋权国际话语权乃至生成话语霸权的角度切入,分析深度人工智能时代所带来的挑战,以及我国在深度人工智能时代的应对策略。

一、技术革命“赋能”国际话语权

话语权不仅是一种话语系统、话语“权利”(right),也是一种话语能力、话语“权力”(power)。话语权的形成需要有硬实力的基础,其中,技术的“赋能”,即通过关键的变革给予行事主体以能力和能量,在国际话语权的形成过程中非常关键。

(一)从交流到权力:话语、国际话语权、国际话语霸权

首先,话语是一种交流的工具,是进行表达和接受的象征性符号,是一种交流所需的共识,是消除不确定性的载体。话语具有载体多样的特点,可以是文字、语言、肢体语言乃至图像、声音等,其更加突出的特点是话语解构的多样性。基于文明、文化等基础,人类漫长的历史中呈现了不同的话语解构方式,这也造成了两个差异文化之间进行交流时最大的障碍。从文化语言学角度看,“话语”一词指的是一种思维符号和交际工具,包括语言、含义、符号等形式,人们借助于话语在言说者和受话人之间进行意义交流。[①] 不过,话语不仅是工具也是手段,不仅有说话权也有影响力。[②]

其次,话语即权力。福柯将话语延展到了权力的范畴,认为争夺话语就是争夺权力,“话语是制造和再造意义的社会化过程”。无论从学术研究还是生活实践看,他的观点目前都是具有强解释力的。权力是什么?权力就是影响和控制他人的能力。在国际传播中,话语权分为权利和权力两个维度,在实践中通过不同的方式和能力来体现,话语权利与话语权力都是国际传播话语权的体现,是一体两面的。一方面,国际传播中的话语权利,即指可以自由选择表达的方式、内容、时间、渠道、地点等的权利。由于受到媒体地缘属性、国家属性、经济属性、文化属性等的限制,许多国家在跨文化传

① 陈正良,周婕,李包庚.国际话语权本质析论:兼论中国在提升国际话语权上的应有作为[J].浙江社会科学,2014(7):78.

② 许开轶.论中国网络空间国际话语权的建构[J].南京师大学报(社会科学版),2022(4):117.

播中很难自由表达。如BBC、《纽约时报》等世界媒体性媒体的存在，事实上剥夺了广大不发达国家民众表达的权利。在自媒体时代，尽管这些限制有所松弛，民众的话语权利有所提升，但由于信息差距、信息鸿沟的存在，情况也不容乐观。另一方面，在国际传播的话语权力层面，更存在着巨大的不平等，不仅存在着马克思所说的“他们无法表达自己，他们只能被别人表达”，更存在表达也无用的问题，即使解决了说话的权利，在话语的影响力方面依然存在巨大的问题。根本原因还是如福柯所言，“权力形式是一种知识方式，权力和知识是‘共生体’”。

最后，国际话语权博弈的特点是通过竞争获得权力，实现赢家通吃和话语霸权。同一国家不同地区的人由于文化差异都会出现话语交流障碍，这不仅是因为所使用的话语符号元素不同，更深层的区别在于话语解构的共通性。话语交流范围扩展到国际传播后，由于文化差异更大、各自文化基础更深，导致话语解构的通约性减弱，交流、共情的难度增大，解释共通性就形成了话语权力。象征国家软实力的国际话语权，一方面是话语建构，要讲出对方认可的道理，正如福柯所说话语权包括“真理王国”的建立和对“他者”的界定；另一方面要通过经济、军事、科技等硬实力来支撑。硬实力解决的是“听谁说”的问题，话语权解决的是“信不信”的问题。在传播实践中，二战后美国迅速崛起，由硬实力支撑的美国话语权以“美式民主”和其宣扬的“普世价值”作为基础，从意识形态、艺术作品、新闻报道等多方面，美国构建起自身独特的话语权优势。美国所鼓噪的“全球公域说”，名义上是宣扬网络空间是类似于公海、外层空间的具有“全球公域性”的国际空间，否认网络空间的国家属性，实际上却是要凭借其技术优势建立起美国式的网络国际规范，维护美国的网络霸权。[①] 在国际传播中，任何方面的“公域和自由假说”都是基于美国强大的话语掌控力而释放温和价值观，只有一个话语主导体系是话语权赢家通吃原则的充分体现。

赢家通吃的话语权博弈必然导致话语霸权。软实力依托于硬实力之上，沿葛兰西文化霸权主义研究之路的一个分支就是话语霸权的研究，例如马丽蓉教授就在其著作《西方霸权话语语境中的阿拉伯-伊斯兰问题研究》中，考查了西方国家话语霸权的生成之路。以美国为例，其建立排他性或强解释力的话语体系，打压其他国家或文明的话语，“美元—大棒”政策在话语权博弈中也处处可见，强迫其他国家接受其话语解释结构，打击弱势文化话语，贬低和消灭其他文明成果等。文化帝国主义的另一种具体表现是话语霸权，大抵是“你闭嘴—听我说”的强权模式，在文化帝国主义的底色下，话

① 许开轶.论中国网络空间国际话语权的建构[J].南京师大学报(社会科学版)，2022(4):117.

语霸权逐渐形成。

(二)技术"赋能"国际话语权

在国际话语权形成和演变的过程中,技术革命发挥了关键作用。技术不仅是话语权的基础硬实力的组成部分,而且也对话语权的发展起了直接的助推作用。有学者研究技术革命推动国际话语权变革的路径,"蒸汽革命开启了英国获取国际传播话语霸权时代,电气革命加速了美国夺取国际传播话语霸权的步履,第三次科技革命成为美国彻底掌握国际传播话语霸权的'助推器',信息革命,特别是人工智能革命深刻冲击和重塑国际传播话语权的原有格局"[①]。从传播视角出发,国际话语表达需要"麦克风"和话语平台,在社交媒体之前,"麦克风"多指各类型媒体,如纸质媒体、广播媒体、电视媒体或各大通讯社,网络媒体出现之后,人人都有"麦克风",但是话语平台还是相对集中的。每一次媒介技术革命都能引发国际话语权格局的新变化,有的技术革命加强了原有的话语霸权,有的技术革命诞生了新的话语权力量,技术革命成了国际话语权演变的最大动力。

技术赋能主要体现在国际话语权力与权利两个方面:一是媒介技术更迭带来的媒体进化,不同媒体时期的技术演进都会给新的媒体赋权;二是新技术影响了传播主体,影响了表达内容和技巧的迭代。近代的印刷技术、现代的电子技术、当代的网络技术,无不带有这样的特征。而 ChatGPT 的到来使得信息收集、处理与表达形成了一种新的样式,借助智能算法,ChatGPT 的学习速度、信息处理速度、表达方式远远超过了人类个体能力,一个新的话语权之争在加速展开。新的技术赋能标志着全球话语权博弈又将进入新阶段,在新兴信息传播技术的推动下,全球和本土话语权的博弈和建设进入了一种全日制、全流域、全方位深度博弈和重构的轨道。[②]

二、以 ChatGPT 为代表的深度人工智能带来新挑战

对技术发展的评价,历来存在乐观主义和悲观主义两种倾向,对以 ChatGPT 为代表的深度人工智能的讨论也是如此。ChatGPT 作为人类生活的辅助工具,显示出了惊人的能力,它具备很强的辅助人类思考的能力。乐观开放者认为应以拥抱新技术的态度去研究人工智能,更好地利用其辅助人类生活走向更美好;悲观者则担心随着

① 王江波.智能驱动下的国际传播话语权:机遇、挑战与应对[J].渭南师范学院学报,2022(4):80-81.

② 姜飞.国际话语权认知与实践方向的转型[J].人民论坛,2022(13):51.

技术成熟度的提高，人工智能有超越人、替代人甚至消灭人的可能。但无论如何，ChatGPT 已介入大众生活，其深刻参与人类生活的可能性已是无法阻挡的客观事实，迎接其带来的挑战，是我们无法逃避的责任。

就国际传播和国际话语权而言，ChatGPT 同样具有积极和消极的双重作用。例如，ChatGPT 可以促进内容和传播方式的创新、可以促进人们消除理解障碍、促进文化融合，进而促进命运共同体意识。但是反过来，ChatGPT 也可能吞噬弱势文化、阻碍传播的多样性、生产不真实和不确定的产品、强化文化与话语霸权。应该看到，ChatGPT 必将强化价值观冲突和话语权的争夺，认清深度人工智能带来的挑战，将是我们利用好技术革命交替、实现国际话语权争夺的弯道超车的重要一环。其中以下三个挑战特别值得各领域的研究者的关注。

(一)再造“巴别塔”：数据来源挑战话语权

以 ChatGPT 为代表的人工智能，目前具有再造语言“巴别塔”的可能，具有以数据、算力、算法垄断为基础的意识形态垄断的前兆，具有混淆人与机器人意识独立性的趋势。简单而言，它具备了“拟人”与“机器人”的双重特征，同时兼容且具有不确定的二象性特点。作为观察者的用户可以随时让这个机器变成一个有意识的“人”。用户需要它是人的时候，它可以“无限分身”完全拟人化，具有站在意识形态高地、打通语言障碍、精准说服每一个用户的作用。当用户需要它是工具时，它又可以成为数据处理机器。

通过将 ChatGPT 作为交流工具，冲破传统文化世界和跨语言思考围墙的无边界文化世界正在逐渐生成。多维场景和多元交互的 ChatGPT 重塑了跨国传播交往模式，提供了“无所不知”的多语种百科全书、“无所不能”的智能化创作机器、“客观中立”的世界性虚拟伙伴。[①] 语言是不同文明交流的最大障碍，也是辨识文明的重要标准，语言不仅是交流工具，也是思维方式，语言的结构体现在思维结构之中。随着深度人工智能时代的到来，在语言交流方面，我们看到了两个重大的变化：一是翻译软件越来越及时准确，不断建立信息交互的桥梁，人们不再需要花费大量时间学习一门外语，在跨国交流中，人们通过软件就可以及时完成翻译，并准确交流；二是语义与思维打通，ChatGPT 已经能够排除大部分语言障碍，完成语义沟通，甚至达到思维共振。所以就语言而言，这种体现文明又保护文明的围墙，正在被人工智能推倒重建，一个不因语言

---

① 何天平，蒋贤成.国际传播视野下的 ChatGPT：应用场景、风险隐忧与走向省思[J].对外传播，2023(3)：66.

差异性而存在的信息交互机器赫然出现。从某种程度而言,人类正在通过 ChatGPT 重建沟通的“巴别塔”。

从交流与思维方面,语言的墙正在被 ChatGPT 打破,带来的挑战将是深远的。随着未来应用领域和场景越来越多,ChatGPT 带来的影响将逐渐在深层次上呈现出来。就国际话语权而言,我国在这场话语博弈中未能占领先机。ChatGPT 的数据来源有 92%以上是英文数据,中文数据量只有 5%左右。在深度人工智能时代,数据的语言来源决定了这个工具的话语结构、话语属性,甚至深刻影响着它所传递的价值观。因此,这 92%的数据意味着其内容、思考、思维都深深雕刻着 ChatGPT 这种语言模型未来生成的样貌。

(二)谁训练谁获益:来自训练者身份的挑战

训练是 ChatGPT 这一类的人工智能在使用上的重要变量,训练的方式主要包括数据输入与人工对话。例如,根据某一主题让 ChatGPT 帮助分析或给出答案,训练者不断告诉 ChatGPT 什么是对的,什么是错的,引导 ChatGPT 给出最终符合训练者期望的答案,同时促进 ChatGPT 更加聪明、更加成熟。在这个过程中存在的最大挑战是关于对错的认识,清华大学陈昌凤教授曾经提及自己使用的经验:国庆节到底是哪天,当我们用中文输入关于国庆节的文字时,ChatGPT 最初的答案默认并坚持默认是 7 月 4 日。通过不断的对话和纠正,ChatGPT 的确能够将中国国庆节纠正为 10 月 1 日,但是不难看出,在对人工智能进行训练的时候,很多带有西方意识形态的元素,已经渗透到其肌理之中。不难推论,未来随着数据量加大、训练程度加深,ChatGPT 会呈现拟人意识的表达,这种表达必然伴随着“对与错”“善与恶”“正义与邪恶”的判断。这个判断的生成情况,很大程度上会来源于对 ChatGPT 进行训练的人,即训练者的价值观念在与 ChatGPT 对话训练的时候会潜移默化地决定 ChatGPT 的价值观输出。ChatGPT 的话语模型的决定权在美国,语言数据来源于英语,最初的训练者也不来源于中国,ChatGPT 这个从小就在美国长大的新工具,正在对人类产生越来越大的影响。在成长的过程中被谁教育、如何教育、对其价值观如何尽可能地加以引导,将成为我们国际话语权博弈过程中面对的重要挑战。

(三)随时可能“顿悟”的 ChatGPT:出现垄断性的数智危机

2022 年 11 月底 ChatGPT 横空出世,2023 年 3 月 14 日 OpenAI 就发布了 GPT-4,仅仅数月时间,在人们还在惊讶于 ChatGPT 强大的智慧能力的时候,它就完成了快速迭代，在文本输入量、可图像输入、扩大语种输入范围、输出准确性增强等多个方面，完成了一次突飞猛进的跃迁。ChatGPT 的学习和迭代能力让世界大为震惊。GPT 进入了语言领域，而语言是人类的本质，这就切中了人类主体性的要害。① 人的社会性特点之一就是语言，可以说语言是意识最重要的表现，ChatGPT 的语言能力恰恰让人类感到恐慌，其引发的担忧不仅来自它强大的数据处理能力，还来自其作为一个自主学习的数字化多模态模型可能拥有的自主意识。人类对于人工智能是否拥有自主意识或者说拥有自主意识的可能产生了担忧。人类担忧 ChatGPT 是否会突然“顿悟”，变成一个人类无法控制的意识体，甚至反杀或奴役人类。笔者认为这些担忧都具有一定的科幻色彩，无法证实，所以可以搁置讨论。但是 ChatGPT 作为一个人工智能模型具有强大的信息处理、分析、输出能力，这是一个毋庸置疑的事实。在国家话语权博弈过程中，它将起到较为强大的“外脑”作用，这无疑是升高了国际话语权的博弈维度。而我国目前除“文心一言”还在蹒跚起步之外，还没有能够与 ChatGPT 相抗衡的人工智能模型，这将在一定时期内造成国际话语权博弈过程中的“外脑”真空，在分析和处理信息的“外脑”方面，出现人有我无的危机。

三、把握深度人工智能带来的新机遇、新维度，实现国际话语权弯道超车

深度人工智能时代的来临，给我国在国际传播领域争夺话语权带来了新的挑战，但新的挑战也意味着新的机遇。可以说，深度人工智能给我国的国际传播竞争增加了新的维度。维度是来自自然科学和哲学领域的概念，既指事物“有联系”的抽象概念的数量，又指人们观察、思考与表述事物的“思维角度”。对于深度人工智能，我们也需要从新的维度来理解它所带来的挑战。

数字技术带来的海量信息与复杂舆论危机，还需凭借数字技术来化解。② 正所谓解铃还须系铃人，面对汹涌而来的深度人工智能浪潮，说它是一个“外脑”工具也好，是一个拟人的智慧集成也罢，抑或像科幻小说中描写的形成独立意识，客观上它都已经对我国国际话语权博弈产生了潜在影响，我们不仅要应对危机与挑战，还需要将挑战转化为机遇，面对它、认识它、使用它。胡泳从传播效果的角度提出，国际话语权的目标，“互联网国际话语权具体体现是：说了有人看（认知维度），看了有人信（态度维度），

① 赵汀阳.GPT 推进哲学问题了吗[J].探索与争鸣，2023(3)：67.
② 胡正荣，李涵舒.智媒时代舆论的特征、实质及对策[J].青年记者，2022(9下)：14.

信了有人做(行为层面)”[①],利用好更智能的信息化工具,是我们要思考的重要议题。

其实,尽管我国目前在人工智能领域处于相对落后的位置,但是后来者往往具有后发优势。所谓后发优势,是指赶超者所具有的独特条件,包括选择与先行者不同的“替代性”的制度与发展模式、吸取先行者的经验和教训、引进先进的技术与设备,以及由于后发而带来的紧迫感和赶超动力等。把握机遇,实现国际传播话语权的弯道超车,笔者有以下三个方面的建议。

(一)加快建设我国自主研发的深度人工智能语言模型与传播系统

拥有一套能够和ChatGPT抗衡的中国“外脑”是弯道超车的关键,尽快弥补国际话语权博弈中“外脑”真空期,需要国家、社会、信息企业共同努力,尽快实现技术突破。目前,我国的数字技术和产业正处于快速发展期。统计表明,目前我国的科技企业有20多万家,其中软件和信息服务企业达7万多家,在数据与人工智能领域,百度、腾讯、阿里、科大讯飞已经成为头部企业,还有如华为、中兴这样在通信领域的世界知名企业,这些企业是实现技术突破的基础。

(二)加快形成在我国人工智能领域的发展战略与治理对策

在ChatGPT引发的公众热议中,有一个疑问如影随形,就是ChatGPT以及类似的产品为什么没有产生在中国?有人认为是中国企业的商业化意识不强,有人认为是制度缺陷带来的限制性过严、创新性不足,也有人认为是资本和技术积累不足。总而言之,这些问题都指向了我们在这一领域的发展战略和治理对策。在人工智能领域,我们的发展战略应该是以技术突破为主线、实现发展与治理的平衡。其实,我国在人工智能的三个关键领域——数据、算力、算法方面——还是有一定基础的。此外,我国已经在人工智能开发层面积累了一定的技术能力和人才储备。我国还具有庞大的应用市场,具有世界领先的通信基础与能力。可以预计,在未来我国类似于ChatGPT的产品会大量涌现。我们需要的是建立适应我国特色的人工智能发展战略,避免简单封堵的消极策略;建立边发展边治理的治理结构,鼓励科技企业与西方企业的正面竞争;同时利用制度优势,解决“卡脖子”技术,建立开放多元化的竞争体系,在国内竞争的同时参与国际竞争。

---

① 胡泳.互联网国际话语权构建的三个维度[J].对外传播,2012(11):35.

(三)参与人工智能的国际竞争与全球治理,抢占国际话语权高地

在现有条件下,加强数据资源管理、同时全球化数据资产流通将成为我国不得不选择的道路,在保证信息安全的前提下,将数字资产融入全球化信息供应体系,是我国人工智能技术发展的必经之路。同时,我国需要加大在训练人工智能端的投入。谁训练谁获益,在人工智能领域建立自己的训练队伍,使拥有中国灵魂、中国价值观的训练者进入深度人工智能的开发中,以后发制人的姿态加入这场话语权博弈。

在我国实现伟大民族复兴的道路上,在深度人工智能技术的加持下,国际传播话语权重新分配成为可能。历史告诉我们,国际传播话语权的争夺是一个赢家通吃的游戏。未来国家对元宇宙国际传播话语权的争夺将不同于传统方式,超越内容的表征生产,话语之争从“语词之争”变成“场景之争”。① 我国是人口大国,也是信息消费大国,要通过多元的消费场景不断建立使用优势,从市场入手,利用多元复杂的消费场景,探索出一条具有中国特色的深度人工智能使用之路,在建立信息大国到信息强国的过程中,成为国际话语体系的主要建立者,提高国际话语权。

与此同时,我国还应该积极参与人工智能的全球传播治理。所谓人工智能的全球治理,包括治理的价值、规则、主体、对象以及效果等内容,目的是生成负责任的人工智能应用,通过协商对话,建立公平公正、价值多元共存、生态良好的全球人工智能社会。

〔董超,南京传媒学院副教授,中国传媒大学博士,江苏省“青蓝工程”学术带头人;白汶龙,香港珠海学院文学与社会科学院环球传播学硕士研究生;刘笑盈,中国传媒大学传播研究院教授、博士生导师、国际新闻研究所所长〕

① 胡正荣,蒋东旭.元宇宙国际传播:虚实融合空间中的交往行动[J].对外传播,2022(4):6.